阿米巴经营的进化

理论与实践

日本阿米巴经营学术研究会◎编

张仕英◎译

中国大百科全书出版社

图字：01-2018-4206

图书在版编目（CIP）数据

阿米巴经营的进化：理论与实践 / 日本阿米巴经营学术
研究会编；张仕英译 . —北京：中国大百科全书出版社，
2018. 7

ISBN 978-7-5202-0311-1

Ⅰ . ①阿… Ⅱ . ①日… ②张… Ⅲ . ①企业经营管理
Ⅳ . ① F272.3

中国版本图书馆 CIP 数据核字（2018）第 154103 号

AMEBA KEIEI NO SHINKA RIRON TO JISSEN
©CHUOKEIZAI-SHA.INC. 2017
Originally published in Japan in 2017 by CHUOKEIZAI-SHA.INC.
Chinese (Simplified Character only) translation rights arranged with
CHUOKEIZAI-SHA.INC. through TOHAN CORPORATION, TOKYO.

策 划 人　郭银星
责任编辑　张　岚
责任印制　魏　婷
装帧设计　零创意文化
出版发行　中国大百科全书出版社
社　　址　北京阜成门北大街 17 号
邮政编码　100037
电　　话　010-88390969
网　　址　www.ecph.com.cn
印　　刷　北京君升印刷有限公司
规　　格　880 毫米 ×1230 毫米　1/32
印　　张　13
字　　数　270 千字
印　　次　2018 年 8 月第 1 版　2018 年 8 月第 1 次印刷
书　　号　ISBN 978-7-5202-0311-1
定　　价　59.00 元

本书如有印装质量问题，可与出版社联系调换。

出版寄语

　　所谓阿米巴经营，指的是将企业内组织分为小的核算单位，将核算结果及时地反馈给一线现场，以此为基础进行合理判断的全员参与型经营管理制度。2010年，京瓷创始人稻盛和夫开始致力于对日航（日本航空公司）的经营改革，使日航当年就扭亏为盈，在地震、海啸、核电站事故等严峻的环境之中，奇迹般地实现了V字反转。日航至今仍保持着高收益率。

　　稻盛和夫的企业重建有两大支柱。第一大支柱是理念主义经营。通过确立经营哲学，明确了公司的目的、强化了员工的工作态度，这正是稻盛理念主义管理奏功的结果。在他看来，企业的目的与京瓷一样，在于追求员工物质和精神两方面的幸福。第二大支柱则是合理主义经营，关注利润数值，开展合理的管理，这就是阿米巴经营。这两大支柱互相支撑，才能产生效果。

　　如果只有理念主义，那么有可能劳而无功。如果只有阿米巴经营，公司内部的气氛就会显得紧张。而通过日航成功重建，再次证实了稻盛经营不但能应用在制造业，在航空产业以及广义的服务行业也能取得成功。

　　本书主要收录"阿米巴经营学术研究会"的论文，研究会的目的是从学术角度研究阿米巴经营。本书是继 2010 年出版的《阿米巴经营学》后的第二本，收录了很多对日航、医疗护理及教育机构等"非制造业"的研究成果，这是本书的特色。我衷心希望，管理学、会计学者们的这些研究成果的出版，能为各位人士的经营提供参考，作为引发学者新发现的契机。

甲南大学特别客座教授、神户大学名誉教授
加护野忠男

前言

"阿米巴经营"是京瓷的创办者稻盛和夫构建的经营体系，它是京瓷从一个小作坊一跃成为世界级企业的原动力，20 世纪 90 年代之后受到了实务家的瞩目。在接受京瓷通信系统株式会社（以下称 KCCS）的咨询服务后，或靠书籍杂志上的信息而开展阿米巴经营的企业也日益增多。

与此同时，对阿米巴经营的研究也变得越来越热。对于阿米巴经营这样来自于实践的卓越经营体系，由于努力实践的实务家，以及在理论或研究方法上持有见解的研究者们互相协作，研究的质量也越来越高。此外，具有不同观点的学者互相交换看法、开展共同研究，就会产生新的发现。我们的研究者们肩负着把阿米巴经营的研究成果向世界传播的热诚期待。

为了回应这一期待，阿米巴经营学术研究会于 2006 年成立。如今研究会已经拥有管理会计、经营管理、组织文化及经营哲学等领域的研究者共 15 人，还有 KCCS 的咨询师 1 人、对研究会成立做出过贡献的观察员 3 人，他们共同进行着产学协作的跨学科的研究交流活动。KCCS 的员工负责联络，每个研究者根据关注对象做调查报告，安排定期研究活动。

这些年研究会的成果之一是，于 2009 年召开了第一届研讨会。之后又以研讨会的报告内容为中心，于 2010 年出版了《阿米巴经营学》一书。在该书中，对此前模糊不清的阿米巴经营的定义进行了研究。"作为（条件尚不充分的）应满足最低限度必要条件的定义"，或是"暂定的"定义，做了如下阐述："阿米巴经营是活用了以功能划分的小集体部门独立核算制度，使全体员工都参与的全员参与型经营。"

之后，每年都召开特定主题的研讨会。2012 年第二届的主题是"导入阿米巴经营"，2013 年第三届的主题是"导入阿米巴经营：以日本航空公司的案例为基础"，2014 年第四届的主题是"医疗、护理组织的经营改革与阿米巴经营"，2015 年第五届的主题是"阿米巴经营与哲学"。每一届研讨会不仅报告成员们的最新研究成果，还与作为嘉宾的实务家们进行对话，大厅里实务家和研究者之间的热烈讨论引人注目。

我很荣幸能够参与到这样的研究之中，也越发觉得应该做出更有价值的研究成果。2016 年是研究会成立 10 周年，但没有召开研讨会，这是因为阿米巴经营研究会的第二本书即将出版，大家把精力都放在了论文写作上。

研究会的第一本书已经出版 6 年了，这期间，有关阿米巴经营的明显动向是，导入服务部门的事例越来越多了。有关稻盛任职董事长、完成经营重建的日本航空（以下称日航）的事迹，每天都会出现在新闻里。此间，日航又制定了"日航哲学"，导入了堪称日航版阿米巴经营的部门核算制度，这些都在新闻中有大量的报道。阿米巴经营原本孕育于制造业，如今又经过改进，应用在医疗机构中。目前有很多医院都导入了阿米巴经营，取得了令人瞩目的成果。

于是我们给这第二本书起了一个《阿米巴经营的进化：理论与实践》的书名，收录了与服务部门的阿米巴经营有关的7篇论文（第1—6篇和第10篇）。此外，我们还从稻盛那里获赐他关于日航的哲学与阿米巴经营的特别讲演录，从京瓷通信系统株式会社董事长大田嘉仁和该公司理事兼咨询事业本部长松井达朗那里获赐日航及医疗机构中的阿米巴经营实践的特稿。这些也一并收录在本书中。除了关于服务部门导入阿米巴经营的情况外，有关制造业中导入阿米巴经营的流程、稻盛经营哲学、阿米巴经营和管理者行动的3篇论文也收入书中，使本书成了一个大部头。研究者读了本书，一定可以了解到阿米巴经营研究取得的切实进展。另外，虽然文章采用了论文的形式，但其中有很多实例，应该比较易读。相信从事实务工作的人们一定能够从中吸取对工作有益的部分。

当然，阿米巴经营学术研究会的活动，并不仅限于上述一些内容。大家除了在各自大学或研讨会上做着教学工作，同时也在发表论文，出版著作。借此机会，我稍作以下介绍。在第一本书出版后的6年中，潮清孝、近藤大辅、铃木宽之3人以阿米巴经营为题写了学位论文，获得了博士学位。此外，潮清孝获得了日本成本计算研究学会奖，铃木龙太获得了日经经济图书文化奖，挽文子获得了日本会计研究学会奖。虽然这些是他们的个人奖项，但也可以说是因为有了阿米巴经营学术研究会这个平台，才产生了这样的化学反应吧。

然而，我们针对阿米巴经营做的研究，只有很少一部分向世界公开了。考虑到海外企业对阿米巴经营的关注，我们认为应该更多地做一些面向外部世界的研究。在此，期待着本书各位读者的批评指正，以使我们的研究取得更大的收获。

　　本书能够最终出版，有赖众多人士的热情支持。首先要感谢京瓷公司名誉董事长稻盛和夫先生。自研究会成立以来，就得到稻盛先生的热情帮助，并为本书惠赐了特别讲演稿。还要感谢对研究会活动大力支持的京瓷通信系统株式会社董事长大田嘉仁先生、社长黑濑善仁先生和理事兼咨询事业本部长松井达朗先生，3位对研究会的活动助力甚多。此外该公司咨询事业本部产学联系推进室的堀直树、八代彩子和濑山晓夫诸位，不但对研究会的运营鼎力支持，在编辑工作中也出力甚多。此外，向对我们的研究工作充分理解、全力配合的调查对象企业的各位，以及认真校对的神户大学大学院学生刘美玲（现任鹿儿岛大学稻盛学院专任讲师）、早川翔两位表示感谢，还要感谢负责本书策划、编辑的中央经济社董事专务小坂井和重先生等。对大家的竭诚帮助，我在此表示衷心的感谢。

阿米巴经营学术研究会委员长

神户大学大学院教授 三矢裕

2017 年 3 月

译者序

　　稻盛和夫走进我们的视野始于 21 世纪之初。2004 年 4 月
6 日，稻盛应邀在中共中央党校做了《致新时代的中国领导人》
的演讲。目前关于他的著作和相关论著被译成中文的已有数十
种之多，例如《阿米巴经营》（中国大百科全书出版社，2009
年版）、《稻盛和夫阿米巴经营实践》（中国大百科全书出版社，
2018 年版）等。可见，稻盛和夫与他的"阿米巴经营"所展现
的带有东方儒学思想色彩的经营管理方式，以及他对社会、对
企业、对人生的设计与思考，正契合了中国新时代企业持续发
展的需要，因而打动了以企业家为代表的千千万万的读者。稻
盛和夫现象方兴未艾，"阿米巴经营"理论的中国化正迎来无数
的践行者。

　　在数十种介绍稻盛和夫的人生与"阿米巴经营"的书籍
中，本书体现了与众不同的特色。本书的一个特色是，本书由
"日本阿米巴经营学术研究会"所编，是集体研究的智慧与成
果，是从学术视角对稻盛及其"阿米巴经营"的阐释。虽然如
此，但本书重数据、实证与实例的论述方式，又使人读来清晰
易懂。另一特色是，除了分析"阿米巴经营"成功导入并拯救
日本航空公司（以下简称"日航"）外，还重点分析了"阿米巴

经营"导入"非制造业"所取得的成功以及存在的问题。这对中国的"非制造业"导入"阿米巴经营"无疑具有先行的示范价值。

除了稻盛本人对日航重建过程现身说法外，本书所辑其他论文的作者包括长年跟随稻盛左右，深谙稻盛经营思想的人，如大田嘉仁，现为京瓷通信系统株式会社董事长兼社长；松井达朗，现为京瓷通信系统株式会社咨询事业本部长。此外，还有长年追踪研究稻盛及其"阿米巴经营"理论的学者。因此他们的客观描述更为真切，他们的实证分析也更为严谨可信。

稻盛和夫被称为当今时代的"经营之圣"，创立了两家世界500强企业，但是他的经营思想并非无源之水。本书作者之一田中一弘指出，稻盛和夫的"阿米巴经营"理论所揭示的机制与亚当·斯密（1723—1790）的"慈惠"（或称"仁爱"）和"正义"的思想，与涩泽荣一（1840—1931）的"道德经济合一说"理论都有相通之处。联系到稻盛的"以利他之心为原动力创造全新文明时代"等论述，可知稻盛的思想理论是承上启下的，是具有新时代特点的东方智慧，因此更适合当下中国企业家学习和借鉴。

译者认为，"阿米巴经营"理论创造者的最伟大之处在于，他不仅从人性的角度设计了促使企业发展的"单位时间核算制度""全员参与经营"等竞争机制，而且同时根据人性的弱点，满怀慈爱地设计了"为社会，为世人""追求全体员工物质和精神两方面的幸福"等机制，从而使人们在激发出来的无穷潜能的同时，有了被约束的"堤坝"，如同洪水有了正确的流动方向。

此外，译者还注意到，稻盛的经营理论始于 1959 年，是年，他 27 岁，正处在为了自己企业的生存而不断挣扎与苦虑之时。而开花结果，誉满天下，则在他年近 80 岁应邀赴日航进行企业改革之后。是时，他以耄耋之躯出掌大印，不但挽救了濒临绝境的万人大企业，践行了自己的经营理念，同时留下了令人咀嚼不尽的阐述企业经营的理论。这不禁使人联想起中国历史上的姜子牙，其智慧的闪光期也是在晚年。这对已经步入老龄化社会的日本和正在步入老龄化社会的中国，无疑是一个颇有启示意义的励志故事。

最后，译者要感谢中国大百科全书出版社社科学术分社郭银星社长、曾辉副社长的信任、关照和指导，感谢友人徐波为本书的翻译提供帮助。尽管译者已经尽了最大的努力，但由于时间所限，该书又是"阿米巴经营学术研究会"多人合作的研究成果，译文在体现该书的学术深度、学术语境与专业术语的使用方面，可能还存在一些疏漏或误译之处，在此敬请读者批评指正。

张仕英

2018 年 6 月 28 日

于浙江越秀外国语学院

目录

图表目录

日本航空公司的重建

——以哲学为基础的经营

2014 年 5 月 9 日

在牛津大学的演讲

京瓷公司名誉董事长　稻盛和夫

1　引言

承蒙介绍。大家好，我是稻盛。

今天，我想先谈一谈，到去年（2013 年）3 月为止，我为之奋斗了 3 年的日本航空公司（以下简称"日航"——译者）重建情况，然后再谈一谈，在我半个多世纪的经营生涯中贯彻始终的"以哲学为基础的经营"理论理念。

在正式开始之前，请允许我简单地做一下自我介绍。1959 年，我以自有技术精密陶瓷技术为基础，创办了京瓷公司。如今，京瓷已经发展成为综合性制造商，生产范围从各类零部件、设备，到太阳能系统，甚至手机、复印机等电子设备。2014 年，营业收入 14,400 亿日元，税前利润率 10%。

1984 年，日本通信自由化之际，我创办了 KDDI 的前身，进军电信业务。如今，KDDI 凭借移动通信业务，已成为日本屈指可数的通信企业之一。2014 年，营业收入 43,300 亿日元，通常收益率 15%，保持着高收益并不断发展壮大。

到了 2010 年 2 月，我出任当时已经破产并适用了《会社更生法》的日航的董事长一职，致力于日航的重建工作。通过革新公司风气，日航业绩实现了 V 字反转，2012 年成功再上市。2014 年，营业收入 13,000 亿日元，通常收益率 12%，日航脱胎换骨，成为一家高收益企业。

下面，我就从日航的重建开始谈起。

2　日航重建的三个大义

2009 年末，我收到日本政府的邀请，希望我出任当时已经陷入严重经营不良的日航的董事长一职。

1951 年，日航作为国家航空公司（National flag carrier）创立以来，一直站在日本国际化的最前线。伴随着日本经济的高速增长，日航也一路发展壮大，到了 20 世纪 80 年代，已经成为驰名世界的一流航空公司。

然而，由于无视核算地盲目扩大线路，加上公司的官僚风气，从泡沫经济崩溃的 20 世纪 90 年代开始，日航的业绩便持续低迷。接着，没能经受住雷曼破产导致的金融危机，于 2010 年 1 月，背负着日本二战后非金融机构当中数额最高的 23,000 余亿日元债务，日航破产了，并适用《会社更生法》，开始重建。

日本政府认为日航的业务支撑着国民的空中交通，公共性强，而且其破产时负债数额过于巨大，据此判断必须进行政府干预，便由以企业重建为目的而设的官民基金——企业再生支援机构主导，依据《会社更生法》，开始推进重建工作。于是，政府向我发来邀请，希望我出任重建工作的掌舵人。但当时，我已年近 80 岁高龄，而且对于航空运输业来说，完全是一个门外汉，故而坚决地拒绝了。

转年到了 2010 年 1 月，我又多次收到"务请出任董事长"的邀请，最终，出于以下三个理由，我决定接受这个邀请。

　　第一个理由是对日本经济的影响。日航不仅是代表日本的企业，更象征着停滞不前的日本经济。如果它二次破产，不仅会对日本经济造成极大影响，甚至可能会让日本国民丧失信心。反之，如果它重建成功，那么国民就能鼓起勇气，他们会觉得破产的日航还能重建，日本经济也应该能重建起来。

　　第二个理由是保住留在日航员工们的工作。重建时，很遗憾，不得不辞退了大量员工。可如果二次破产，留下的那32,000 名员工也将失去工作。我想，一定要避免这种情况的发生，无论如何都必须保住这些员工的工作。

　　第三个理由是为国民，也就是那些搭乘飞机的人们谋方便。如果日航二次破产，那么日本的大型航空公司就只剩下了一家。那样的话，竞争机制就将失效，机票价格将居高不下，服务也会恶化。只有在健全且公正的竞争条件下，多家航空公司相互切磋，国民作为用户才能以低廉的价格享受到优良的服务。所以，我认为日航有必要继续存在。

　　于是，在不断收到邀请的过程中，在"为社会，为世人"的正义感驱使下，我决定承担起日航重建的任务。只是，考虑到自己年事已高，加上还有别的工作，时间上不能百分之百地投入日航重建工作，我便提出了"分文不取"的要求。

　　2010 年 2 月，我出任董事长时，企业再生支援机构已经依据《会社更生法》制订了业务重建计划。其主要内容包括大幅削减债权，裁员超过 16,000 人，降薪 20% ~ 30%，削减 40%的国内外线路，大型机退役等，计划由此实现第一年营业利润

641 亿日元，第二年 757 亿日元，第三年重新上市，将企业再生支援机构提供的出资款返还给国家。

我认为，切实执行这个业务重建计划，应该能够实现重建，也曾在记者见面会等场合表达过这个想法。但当时，大部分媒体都持否定态度，认为"日航不可能重建，肯定会二次破产"。事实上，从 1962 年有数据以来，日本适用《会社更生法》的上市企业有 138 家，其中 59 家，也就是接近半数的企业实际上已经消亡，而能够重新上市，也就是重建成功的企业只有 9 家，而且重建周期最短也将近 7 年。

航空公司的经营尤其困难。自 2000 年以后，美国联合航空（United Airlines）、全美航空（US Airways）、达美航空（Delta Airlines）、西北航空（Northwest Airlines）、美国航空（American Airlines）等大型航空公司接二连三地破产了。欧洲也不例外，比利时世界航空（Sabena）、瑞士国家航空（Swissair）、意大利航空（Alitalia）等国家航空公司相继倒闭。日航也曾多次发布过重建经营计划，但一次也没成功过。从这些情况来看，媒体断言日航不可能重建或许也在情理之中。

但实际情况是，日航重建之后的第一年，2011 年就创造了 1,884 亿日元的营业利润，2012 年达 2,049 亿日元，2013 年达 1,952 亿日元。日航最终重获新生，成为全球航空业屈指可数的高收益航空公司之一。我刚才已经说过，截至今年（2014 年）3 月，仍然继续保持着良好的业绩。

此外，日航最初接受了约 3,600 亿日元过渡贷款，一年内悉数还清并支付了高于通常水平的利息。2012 年秋，成功再上市，由此归还了企业再生支援机构提供的 3,500 亿日元出资款，并且多还了约 3,000 亿日元。这为日本严峻的国家财政做出了些许贡献。

3 成功重建的主要原因①——确立了新的经营理念

那么，人人都认为会二次破产的日航，如何在短时间内摇身一变，成为高收益企业，并成功再上市了呢？众多研究人员、评论家等分析并公开了其中原因。而作为当事人，我认为我将要阐述的五点至关重要。

第一点，明确了新日航作为企业的目的所在。也就是说，日航作为企业的目的是"追求全体员工物质和精神两方面的幸福"，并将此目的确立为"经营理念"，彻底地传达给员工。这个理念是我经营哲学的根基，我自己创办的京瓷、KDDI 也是基于同一理念开展经营的。

当时，这个经营理念受到了批判，人们认为"接受政府援助的企业不适合把员工的幸福设定成企业的第一目的"。但是，企业是为了它所聚集起来的全体员工的幸福而存在的，这是我不可动摇的信念，我丝毫没有想过要改变这个想法。经营者如果不考虑员工的幸福，一味地追求利润，那么员工是不会发自内心地予以配合的。反之，如果经营者把员工放在第一位，努力让全体员工都能安下心来，鼓足干劲、满怀自豪、生气勃勃地投入工作，那么结果就能够提升业绩，向股东回报得更多。

通过宣讲这样的企业经营目的，员工们开始把日航当成自己的公司，全体员工都树立起实现重建的强烈意识。接着，从管理层到员工，大家都抱着为了自己的公司不惜自我牺牲的精神，投入到重建当中。这一点成为公司重建的最大动力。

4 成功重建的主要原因②——以经营哲学为基础的意识改革

第二点，以我的经营哲学为基础，在公司内部推进了意识改革。

我一到任，就强烈地感到必须改变领导层的官僚主义和僵化体质。而且，我还注意到，日航缺乏集体凝聚力，这些都必须尽快地进行改善。接着，我开始以自己在京瓷、KDDI 等经营过程中，常年贯彻下来的"经营哲学"，着手日航管理层的意识改革。

"经营哲学"是实践哲学，是在询问自己"作为人，何谓正确"，坚持做正确的事情的过程中形成的。其理念是基于我们从小学到的、由"正义、公正、公平、诚实、谦虚、努力、勇气、博爱"等词语表达出来的普遍性伦理观，来判断每一件事情，进而采取行动。语言表达纵然通俗，却洞穿事物本质，引领我们做出正确的判断。从经营的应有状态到日常工作的开展方式，甚至人生万事皆通用，堪称"原理原则"。在这里，我介绍其中一部分标题的内容。

适用于经营的"以心为本的经营""光明正大地追求利润""贯彻客户第一的原则""透明化经营""统一方向"等，阐明了应该开展怎样的经营活动以实现员工的幸福。

适用于日常工作的"动机善，私心无""认真地全身心投入工作""贯彻完美主义""不断从事创造性工作""用将来进行时看待自己的能力"等，阐述了工作中应该秉持怎样的心态以取得成果。

适用于创造美好人生的"与爱和真诚相协调的心性为基础""以利他之心为判断标准""拥有一颗实诚的心""保持乐观开朗""人生及事业的结果＝思维方式 × 热情 × 能力"等，指出要通过提高心性，创造丰富多彩的人生。

在经营京瓷、KDDI 时，作为经营者，我首先会身体力行，同时努力让全体员工共享这些哲学。重建日航时，我也带来了这些哲学，并且耐心地逐条解释，为什么在企业经营当中，在一个人的生命当中，需要这样的想法。

具体来说，首先，我召集了约 50 名经营管理人员，花了一个月的时间，进行了彻底的领导力培训，为的是通过经营哲学，让他们彻底地理解作为领导者应有的状态，乃至经营上的思维方式。同时，也对其人生态度提出要求，比如管理人员必须具备能获得下属尊敬的优秀人格，并为此必须日复一日地提高自己的心性，等等。

日航的经营管理人员都是毕业于日本一流大学的精英，因此一开始，他们对我所说的哲学感到别扭。更有甚者表露出抵触情绪："为什么我们到现在还要学习这些理所当然的事情？"

我对这些管理人员说了这样一番话："你们似乎看不起这些内容，觉得幼稚，恰恰这些幼稚的东西，你们或许都知道，但未必掌握，更别提付诸实践了。或许大家都拥有广博的知识，却并没有掌握一个最基本的观念，那就是为人要追求正确的事情。这正是日航陷入破产的原因。"

经过这样不断的交流，起初对我的经营哲学感到别扭的日航管理人员也都逐渐加深了理解。他们大部分都开始觉得"要是早一点知道这些怎么做人，怎么当管理者，乃至怎么当经营者的思想，日航就不会破产，我们自己的人生也一定会变得不一样。这么棒的思想，我想转达给下属们"。接着，各个岗位的管理人员听完这些管理人员的感想，也纷纷要求"接受同样的培训"，最后，受训人员达到了数千人。

与此同时，我考虑到，在航空公司，最重要的是身处一线的每一个人带着什么样的意识工作，于是面向普通员工组织了培训。

从我到任时起，我就觉得，虽然航空运输业拥有包括飞机在内，航行、维护等所需的大量机械设备，容易被认为是巨大的设备产业，但实际上却属于"终极的服务业"，让乘客满意比什么都重要。也就是说，在机场柜台负责接待的员工怎样应对顾客，在飞机上负责照料的空乘人员怎样招待顾客，驾驶飞机、安全航行的机长或副驾驶怎样进行机上广播，甚至那些负责保养飞机的维护人员、运送手提行李的地勤人员怎样用心地工作，这些一线员工与顾客的连接点对于航空运输业来说是最为重要的，如果不能通过这些连接点，让顾客觉得"想再次搭乘日航"，那么顾客就不可能增加，业绩就无法提升了。

因此，我决定到一线直接讲给员工们听，告诉他们，每一名接待顾客的员工需要有什么样的理念，应该怎么开展工作。实际上，我本人曾经几赴机场，召集那些直接面对顾客的柜台女员工、空乘人员、飞行员、维护人员，向他们呼吁："我们现在不得不进行严峻的重建工作。大家可能会很辛苦，但我希望大家无论如何都要为顾客提供用心的服务，路一定会走通的。"

我还认为，要想全公司上下同心，统一方向投身重建工作，就要让员工无论身处什么岗位，无论站在什么样的立场，都秉持着同样的价值观和判断标准开展工作，于是我要求建立"日航哲学"。管理人员和员工们以我的经营哲学为参考，聚在一起进行了彻底的讨论。现在，"日航哲学"已经编制成册，全体员工人手一本。手册上汇总了员工应该具备的约 40 条共同的价值观，比如"拥有一颗美丽的心灵""心怀感恩"等，都是一些为人应当拥有的质朴理念。

在这里，我想分享我为这本《日航哲学手册》所写序文中的一段。

这套"日航哲学"明确了日航今后的准则，即应该以什么样的理念、什么样的哲学为基础开展经营。所以我们必须让全体员工都共享这套哲学，把全体员工的思想统一到这套哲学指明的方向上，在这个理念指导下做出每一个判断，推进公司的经营工作。我们要把这套哲学当成日航的宝贵财产加以守护，同时也应把它当成个人的人生准则加以充分地利用。

哲学仅仅写出来是没有意义的，仅仅学了也没有意义，只有付诸实践才有价值。大家一定要认真、反复地学习"日航哲学"，并且能够在自己的人生、工作中遵循这套哲学。我坚信，这么做，不仅大家的人生会收获更多成果，日航也会以员工高水准的思想意识，发展成为一家有代表性的世界级优秀企业，而不是依靠规模的大小。

带着这样的想法，我竭尽全力促成全体员工共享"日航哲学"。通过这样的活动，每一名员工的意识慢慢发生了变化。

日航以前的官僚风气一点点不见了，被称为教条主义的服务也得到了改善。一线员工开始自发地努力让客户满意，全体员工在各自的岗位上不断创新，努力改进工作，这样做的结果就是业绩在我们眼前不断地提升。

现在，我已经退居二线了，但日航还在自发地、频繁地举办"日航哲学"学习会。像这样，日航已经变成了一个全新的集体，每一名员工们都努力地提高自己的心性，为公司的经营做贡献。而这成为日航重建工作的强大推动力。

5 成功重建的主要原因③——导入了独特的管理会计体系

日航成功重建的第三个原因是引进了独特的管理会计体系。

我一到日航上任，就问："现在的经营业绩如何？"可是，数字怎么都报不出来。好不容易出来了，却是几个月前的数据，而且极为宏观。究竟谁对哪一项收支负责，责任机制也不明确。

更有甚者，航空业的利润来自航班，可当我询问每条线路、每个航班的核算情况如何时，得到的回应却是一问三不知。在那之前，日航没有把握这类核算的机制，也没有相应的想法，事实上，他们根本不清楚哪条线路或哪个航班创造了多少收益，因此赤字失控的线路不在少数。我认为，如果不打造一套能够实时了解各条线路、各个航班的核算体系，那就无法提高整个公司的核算。

于是我决定，一方面，以我设计的、除了用于京瓷、KDDI，还被日本和中国等超过400家企业导入使用的、独特的管理会计体系为基础，构建一个能够实时掌握分部门、分线路、分航班核算情况的体系。这套体系同时也是一个能够让各部门以各自的负责人为中心，想方设法提高部门收益性的机制。当时，一线员工们一起参与了这套管理会计体系的构建。

结果，分部门的详细核算次月就能出来，全体员工看到自己部门的实际业绩，就会努力工作，希望把收支情况做得更好一些。同时，所有航班分线路、分航班的决算次日便能看到，一线人员能够根据需要，随机应变地改换器材，增加临时航班等。

另一方面，维护、机场柜台等非营利部门，也被分成尽可能小的集体，对自己的费用进行细致的管理。在这样的机制中，所有人都看得到每月的费用明细，进而提出"有没有浪费""还有没有更高效一点的办法"等问题，集思广益，致力于改善经营。

接着，我们开始召开月度例会——业绩报告会，召集本部、子公司的各个负责人，以根据这套管理会计体系计算出来的分部门数字为基础，汇报本部门的实际业绩。每个月花两到三天时间，从早开到晚。而我会看着分部门、分科目，密密麻麻写着上个月业绩及当月计划的核算表，一发现有疑问的数字，哪怕是交通费、电费或燃气费等细小的费用项目，也会打破砂锅问到底："为什么数字会是这样？"

月度例会持续召开了一段时间，依靠数字开展经营变成一件理所当然的事情。不久，各个部门的负责人在汇报时，已经能够将作为经营者的想法融入数字当中了，比如，之前做了怎样的努力改善经营，接下来如何做好收支，等等。

日航的这套管理会计体系是从重建第二年的 2011 年 4 月开始正式投入使用的，如今，员工们的核算意识得以提高，每天都在充分利用这个机制，努力进一步提高收益。

6　成功重建的主要原因④——共享"为社会，为世人"的大义

成功重建的第四个原因是我前面说过的，在我接受董事长一职时考虑的"为社会，为世人"的三个大义。第一个是对日本经济的影响，第二个是保住日航员工的工作，第三个是为了方便日本国民。

我努力让日航的员工都理解日航重建的这三个大义。这样一来，员工们也会把这些大义当成是自己的事情，理解日航重建不仅是为了自己，也是为了社会，为了世人，从而充满信心地努力工作。同时，重建工作的大义也支撑着员工们，鼓舞着他们坚定不移地投身于工作。

也就是说，日航重建有其大义名分，我们要努力实现它。全体员工共享这份纯粹、强烈的信念，就能齐心协力，竭尽所能地投入重建工作当中，这就为重建成功提供了巨大的力量。

7　成功重建的主要原因⑤——不取报酬致力于重建的无私态度

最后，第五个原因，我觉得，我面对重建的态度也打动了员工们。也就是说，我分文不取接下董事长一职，年事已高还倾注全部心力开展重建的态度，应该也给员工们带来了有形无形的影响。

刚才我说过，考虑到我不是全职专注于董事长一职，故而分文不取，投入重建工作。可是，我想着无论如何也要重建成功，就拼命地工作，结果，原以为每周上 3 天班的，变成了 4 天、5 天，每周大部分时间都花费在日航上面。我家住在距离遥远的京都，因此，年近 80 岁的我每周基本都住在东京的宾馆里，还常常一顿晚饭就靠两个饭团来解决。

虽然不是有意而为，但是众多员工们看到我这般无私，这般拼命地投入重建工作，心里就想：稻盛先生的年纪跟我父亲甚至祖父一样大了，不取分文报酬，为重建与自己没有任何关系的日航而拼命工作，我们自己就必须比他更努力，全力付出才行。于是，这便成为日航每一名员工全力投身重建的巨大动力。

我想，虽然还有很多其他原因，但是通过我上面提到的 5 个方面，日航员工的意识发生了巨大变化。结果，每一名员工都在自己的岗位上不断地拼命努力，希望让自己的公司变好一些。而这，我以为，是日航成功重建的最大原因。

人们一般认为，决定企业盛衰的是那些可见的财务能力、技术实力以及经营者的企业战略。这些固然重要，但我认为更重要的是眼睛看不到的员工意识，以及由此汇集而成的被称为组织风气、企业文化的东西。也就是说，每一个员工是对自己工作的公司感到自豪，衷心希望公司发展，并为之拼命努力呢？还是对职场充满愤懑，像评论家一样一味地批判自己的公司呢？答案不同，公司的业绩也会截然不同。

演讲一开始时，我就说过，在日本，就算公司破产后适用《会社更生法》，成功的概率也非常低，这是现实。这是因为，依据《会社更生法》能够推进可见的财务改善，比如大幅削减债权、费用等，但它的副作用是我们看不到的人心涣散。也就是说，员工意识没有转变得积极乐观，他们不是由衷地配合重建，没有最大限度地发挥自己的能力，因而导致重建失败。

日航最开始也是这样。公司破产了，职场的众多同伴们离开了。奖金没了，工资大幅下降，养老金遭到削减。堪称航空公司生命线的飞行线路也被大幅减少，无数器材被变卖。于是，员工意志消沉，自豪感丧失，职场气氛日渐沉重。

就像前面说的那样，我就任董事长之后致力于重建工作，在被打蔫儿了的员工心里燃起了火苗。员工们心中产生使命感："这是我们自己的公司，无论如何都要靠我们自己重建起来。"同时，还在公司里形成了"我们是命运共同体"的集体意识。

就这样，每一名员工的意识、内心变了，由此汇集而成的组织风气也变了，从而使日航的业绩实现了戏剧性的提升。正是以哲学为基础的经营，为日航注入了"全员参与型经营"理念，引导日航实现了公司重建。

8 以哲学为基础的经营是如何诞生的？

那么，我的经营理念是如何诞生的呢？

我 27 岁时，在多方支持下，创办了京瓷公司。虽然是一家只有 28 名员工的小公司，但甫一创办，下属们就接二连三地找我请示"接下来要怎么做"。可我原本是一名技术人员，没有管理经验，也不具备管理知识。

即便如此，身为经营者，我必须做出决断。当时我很担心，万一判断错误，刚刚成立的公司就会即刻倾覆，员工们也将露宿街头，光这份担心就让我夜夜难眠。

当时我想，作为人，如果做了不合情理的事情，那也绝对经营不好公司。因此，就像前面说过的那样，我决定把"作为人，何谓正确"当成自己的判断标准。在这条判断标准之下，努力坚持做正确的事情。我的经营哲学就是在这样的实践当中逐渐形成的。

就这样，在刚刚创业的那段时间里，我首先努力地确立自己作为经营者的判断标准，同时全力建设新公司的组织风气。

我创办京瓷公司时，距离第二次世界大战结束已经过了 14 年，在日本经济复兴的大环境下，社会主义势力渐强，劳资纠纷频发。京都的革新势力尤其强劲，战后很长一段时间，劳动者一味地主张自己的权利，对经营者的烦恼与苦楚不予理解。经营者当中也存在一小部分人，遗留在战前的旧体质中，只把劳动者视为工具。结果就变成了劳动者只主张自己的权利，不去理解公司所处的状况，而经营者也不去理解劳动者的苦楚和烦恼等，不予保障他们的生活和权利。双方都强调自我，对对方不存体谅之心，导致劳资对立逐渐激化。

而我就是在劳资对立日益激化的京都地区创办了公司。或许是因为生长在这片土地上的缘故，当时入职京瓷的很多员工也相信经营者是为榨取劳动者，也不愿意相信我。

当时，京瓷只是一家刚创办不久的小微企业，必须让全体员工齐心协力，在严峻的市场竞争中存活下去。这种时候，如果每天受劳资对立所累，那么连公司存续都会成为大难题。我想，无论如何，一定要建立一家没有内部对立、劳资齐心协力的公司。经过一番苦思冥想，我得出的结论是："要建立一家这样的公司——经营者尊重劳动者的立场及权利，同时劳动者和经营者一样，自发地为公司做贡献。"

公司有个体户、有限公司、股份公司等各种形态，我想，如果其中有一种形态叫"全员都是经营者"，那么劳资对立将不复存在，这样全体员工就一定会投身公司发展，成为团结一致的最强集体。

当时，我听说在美国的会计师、律师事务所等当中有一种经营形态，通过与作为联合经营者的合伙人实行连带责任，来开展经营。我便想，要是京瓷这家公司能够让所有员工都成为合伙人就好了，但是很遗憾，日本的法律制度中不存在这样的经营形态。

尽管如此，我还是觉得全体员工为了共同目的而互相协作是一种理想的状态，于是我从日本传统"家庭"中寻求模式。也就是说，一家人，包括祖父母、父母、孩子，为了自己家人的幸福会通力协作，竭尽所能。在互相关爱，为了对方倾尽所有，被"爱"环抱的关系的基础上，父母疼爱子女，子女体谅父母，看到家人成长、家庭发展，自己就会感到无比的喜悦。

如果公司也能结成家人一般的"命运共同体"，经营者和员工互相理解，互相鼓励，互相帮助，那就会成为劳资一体的好公司。而且，即便置身于严峻的市场竞争，即便有任何经济波动，劳资双方都将能够携手攻克经营难题。我把这个想法称为"大家庭主义"，作为经营的根基。

就这样，在当时那个劳资对立司空见惯的日本产业社会里，京瓷的目标是让经营者和员工建立起家人一般的关系，让每一名员工自发地参与公司的经营。

要想让全体员工超越劳资的不同立场，团结一致投身经营，就需要一个能够让全体员工打心底里产生共鸣的经营目的。于是我决定确立"经营理念"。

京瓷的经营理念是"在追求全体员工物质和精神两方面幸福的同时，为人类社会的发展进步做出贡献"。就像前面谈日航重建时说的那样，我明确地把追求员工经济上的满足、精神上的幸福摆在首位。只要公司把员工幸福摆在第一位，员工就一定会把公司当成"我们自己的公司"。这个经营理念具有普遍性，能够让全体员工打心底里产生共鸣并且能共享，它的确立为京瓷创造超越劳资对立、团结一致的企业氛围提供了土壤。同时，有了这个经营理念，身为经营者，我也能够向员工提出高目标、严要求了。

如果我是一个以中饱私囊为目标的经营者，那么当我提出严苛的经营目标或很大的要求时，就会变成我为了一己私利而强迫劳动者工作，榨取劳动者。但在京瓷，提出严苛的高目标，动机是高远的，是为了实现全体员工的幸福。

正因为如此，身为经营者，我能够无所顾忌地呵斥或激励员工，员工也产生了无论如何都要实现经营目标的强烈意识。当然，身为经营者，我自会身先士卒，为了全体员工的幸福，在工作中付出不亚于任何人的努力。

像这样，我把京瓷定位为一个在明确的判断标准之下，全员连心，努力实现共同目的的集体。同时，在这个基础上，为了让全体员工都具备经营者意识，与经营者站在相同的角度上工作，我还尽可能地公开公司业绩。

在当时那个劳资对立激化的社会，日本的经营者一般不会让劳动者知道公司的实际情况，而我却反其道而行，尽可能地让全体员工了解公司业绩并正确理解公司的现状，实现"透明化经营"的目标。因为我想，如果每一名员工都能正确地理解公司所处的状况、所面临的经营课题，那么身为经营者，我就能和员工共有烦恼，齐心协力谋求解决。不仅如此，这么做还有利于培养具备经营者意识的员工。如果员工了解了公司的经营信息，能够积极地参与经营，自发地尽到自己的责任，那么员工就不再是单纯的劳动者，而是一起共事的经营伙伴，甚至树立起经营者意识。若能如此，员工甚至会为尽职尽责而感到喜悦。这就意味着，每一名员工会在自己的岗位上为自己的公司做出贡献，对于目标的实现会产生成就感，不仅如此，还能够找到人生的意义，最大限度地发挥自己的能力。而在这个过程中，员工自身也会成长为一个顶天立地的人。

就这样，全体员工为了公司的发展，最大限度地发挥自己的能力，主动地参与公司的经营，由此，京瓷做到了自创办以来，55 年里不曾出现过一次核算赤字。

并且，不单是保持盈利，每年的利润率基本都超过两位数，最高时还超过了 40%。我想，这样的企业在日本 150 万余家股份公司中也属罕见，应该会在日本企业经营史上留下浓墨重彩的一笔。

9 以哲学为基础经营的重要性

我认为，我的经营哲学不仅能够引导企业发展，还能打破现行资本主义社会的矛盾。

目前，世界经济的运作是基于资本主义的。1991 年苏联解体之后，我们基本上把资本主义当作唯一的经济体系，把资本主义提出的"市场原理主义""自由经济主义""成果主义"当成正确的社会原理加以采纳。市场原理主义和自由经济主义都是在经济自由竞争的环境里，明确区分强者和弱者，创造"格差社会"。而成果主义导致有能力的人和没能力的人之间产生了报酬悬殊，扩大了格差社会，使得社会矛盾成为决定性因素。

尤其是美国经济界，在 2008 年金融危机当中，获取巨额报酬的企业经营者受到了世人的质疑。人们不仅质疑社会和企业内部的不公平，还强烈地谴责这种源自个人欲望的利己主义行为，认为是一种贪婪。企业的利润应该是通过所有员工忘我的努力和协作创造出来的，不能认为企业利润是仅仅凭借经营层的力量实现的，故而向经营层支付高额报酬。

从那以后，美国宣布了相应措施控制那些接受政府援助的金融机构经营者的报酬，还就经营者的合理报酬开展了讨论。

然而近年来，美国金融界又发生了同样的问题，不仅如此，我听说，英国金融界也曾在 2012 年发生过股东强烈批判经营者报酬过高的事情。

贪婪的资本主义还继续存在着，1% 的富人控制着 99% 不富裕的人。针对这样强欲的资本主义而发起的"占领华尔街"大规模抗议活动仍然叫人记忆犹新。

这样的格差社会不仅仅美国才有。比如区别对待年轻人及移民等群体就业的现象，那便可以说这是标榜资本主义的世界主要国家都面临的共同问题。如果它所带来的社会矛盾、混乱继续发展下去，我担心会引发全球性社会秩序的崩溃。

一个有能力的经营者获得高薪，负责企业经营，控制众多员工，榨取财富的经营方式是不应该存在的。经营者获得员工认可的合理报酬，最大限度地激发每一个员工的力量，把这些力量集结起来，努力实现所有员工物质和精神两个方面的幸福，这样才能矫正资本主义社会的矛盾，才是适合 21 世纪全球化社会的经营方式。

今天，我谈了我的"经营哲学"。这套哲学以普遍性的经营哲学为基础，最大限度地激发组织里每一个人的干劲，把这些力量集结起来，谋求组织的发展壮大。这套哲学在京瓷、KDDI 的经营当中，在日航的重建当中都发挥了巨大的作用。

我坚信，以哲学为基础努力经营，就能带领企业发展壮大，这是超越业态的通用真理。

01 第一章

提高服务品质的阿米巴经营

——改变日航客舱服务的日航哲学

立正大学讲师 近藤大辅

神户大学大学院教授 三矢裕

1 引言

在服务业组织的管理研究中，对于如何管理与顾客接触程度高的服务品质这个课题，还没有给出明确的解决方案。阿米巴经营能够成为解决方案吗？

服务业组织正在不断导入阿米巴经营，但从研究角度看，目前还只有寥寥几例报告。而这些报告也没有关注与顾客接触程度的大小。要想弄清"阿米巴经营对与顾客接触程度高的服务品质的影响"，需要一些线索。本研究便以提供相关线索为目的，以日本航空公司（简称"日航"，JAL）的客舱本部为调查对象，开展了深入的实地调查。

从本研究的结论来说，客舱本部通过导入部门独立核算制度和日航哲学提升了服务品质。其中，构成阿米巴经营重要元素的日航哲学是关键所在。与本公司服务相适应，设立日航哲学，创造讨论机会以加强日航哲学的渗透，想方设法增强在日航哲学指导下讨论的活跃程度，如此这般，都对服务品质的提升产生来了积极的效果。

本章的构成如下，首先回顾先行研究，"设定问题"，接着阐述"调查设计"，按时间顺序记述"日航客舱本部导入阿米巴经营的案例"，然后对调查结果进行"考察"，同时在"结语"

中阐述本研究的意义。

2　问题设定

2-1　服务品质

　　制造业主要提供有形产品，而服务业组织主要提供无形的服务。

　　制造业的产品品质可以从视觉上进行检验，而服务业组织提供的服务是无形的，因此很难像制造业那样进行检验。比如在餐馆，服务员接待顾客的服务品质如何，要等到向顾客提供时才能知道。而且，情况不同，服务内容的价值也不同。还是以餐馆为例，顾客的嗜好、气候等外因不同，恰当服务的内涵也不尽相同。

　　像这样，服务既无形还具有异质性，因而被认为难以进行品质管理。在服务业组织当中，需要某种经营体系来管理服务品质。

　　虽然同样都是服务，但像数据处理服务、烹饪服务等与顾客接触程度低的服务，按照制造业的工厂所采取的措施进行品质管理的成功案例很多。可是，与顾客接触程度高的接待服务等，就不宜使用工厂所采取的措施了。尤其是如何管理与顾客接触程度高的服务品质这个课题，服务业组织的管理研究还没有给出明确的解决方案。

2-2 服务业组织也在陆续导入阿米巴经营

阿米巴经营是一种独特的经营体系，它把组织分成小集体，完全追求部门独立核算[1]，在被称为"京瓷哲学"的经营哲学渗透下，不会陷入局部优化，而能够实现企业整体优化[2]。

原本诞生于制造业的阿米巴经营，现在已经被导入众多服务业组织当中[3]。既然如此，阿米巴经营是否解决了上述课题，即是否提高了与顾客接触程度高的服务品质呢？

关于阿米巴经营对服务品质的影响，有两个先行研究。调查日航王子酒店导入案例的庵谷指出，为了提高部门独立核算的指标，负责人有可能太注重缩短时间，从而轻易地缩短提供服务的时间。而调查医疗组织导入案例的挽文子则认为，为了提高部门独立核算的指标而开始有意识地进行时间管理，这样就有可能用心地考虑时间怎么分配，从而提高服务品质。

从发现部门独立核算机制影响服务品质这点来看，这些先行研究都是有意义的。但是，服务是一种输出（output），服务品质很难反映到部门独立核算的数值上。直接影响那些为实

---

① 一般的阿米巴经营将收入减去不含人工成本的支出，然后除以劳动时间，计算出单位时间核算，以此作为部门独立核算的指标。但日航不采用单位时间核算，而采用收入减去含人工成本的费用所计算出的营业利润或税前利润，作为全公司通用的核算指标。

② 哲学是属于阿米巴经营的一部分，还是要和部门独立核算制度分别视作不同的存在？关于这一点，阿米巴经营研究还没有形成共识。本章采纳三矢的观点，也就是认为日航哲学和该公司部门独立核算制度一样，都属于广义的阿米巴经营，并在这个立场上推进讨论。

③ 根据从事阿米巴经营咨询业务的京瓷通信系统株式会社（KCCS）的数据，从 1989 年该公司开始提供咨询起，到 2016 年 6 月末，共有 660 家企业导入了阿米巴经营。其中，48% 制造业，41% 非制造业，11% 医疗或护理机构。大约一半都属于制造业以外的非制造业，包括医疗或护理机构等服务业组织。

施服务而采取的行动、活动的是哲学。可是，两份研究均未集中讨论哲学与服务品质的关系。而且，他们在调查阿米巴经营为服务带来的影响时，所分析的案例也没有把与顾客接触程度高的部门和与顾客接触程度低的部门区分开来。他们的分析都没有特别提及接触程度[①]。

这样的话，转过头来看，目前就没有足以对"阿米巴经营对与顾客接触程度高的服务品质的影响"这个课题做出判断的合适案例了。因此，本研究的目的就是提供相关案例，作为弄清这个课题的线索。

2-3　日航的客舱服务

出于上述目的，本研究把着眼点放在了日航的客舱服务上。日航所从事的航空运输业和医疗、宾馆等服务一样，与顾客的接触很重要。该公司于 2010 年 1 月 19 日适用了《会社更生法》，而后，京瓷名誉董事长稻盛和夫出任新日航的董事长。稻盛为了重建日航，导入了部门独立核算制度和日航哲学。

后来，日航的财务业绩实现了惊人的复苏，以贯彻核算管理闻名的阿米巴经营成功奏效，对此，商业杂志等也进行了报道。数年后，该公司在顾客满意度方面也获得了很高的评价。在服务产业生产率协议会的国际航空板块，在"今后还想使用该服务吗？"的"再使用意向"排名中，2010 年度到 2012 年度，日航都止步于第三名。而从 2013 年度到 2015 年度，日航

[①] 这些研究并不关注与顾客接触程度的高低，因此自然不会特别锁定这一点加以考察。

却连续三年获得了第一名。更在 2015 年度，首次获得"顾客满意度"第一名。

再使用意向、顾客满意度的提高应该归功于完善的线路网、准点航行、丰富的座席及机内餐食等。但即便这些都得到了改善，如果与顾客接触程度高的 CA（乘务员）在服务过程中给顾客留下了不好的印象，那么最后的顾客满意度也会下降。顾客今后就不会想再次搭乘了。笔者猜测，该公司客舱服务的品质对顾客满意度的影响很大。

如果该公司客舱服务品质的确得到了改善，那又是怎么做到的呢？因此，本研究设定了以下这个研究课题：

为什么说日航的阿米巴经营提高了客舱服务的品质？

3　调查设计

3-1　调查点的概况

在关于服务业组织阿米巴经营调查的先行研究中，调查对象也包括了与顾客接触程度低的部门。但正如 2-1 所述，与顾客接触程度低的部门采用制造业的工厂所采取的措施，已经成功地实施了服务品质管理。因此，本研究只调查尚未解决的与顾客接触程度高的部门所提供的服务。

具体而言，按照上述研究课题，针对日航中与顾客接触程度最高的客舱本部的服务，开展了深入的调查。

日航的 CA 主要负责两方面业务，即确保机舱内安全的保安业务与机内服务业务。本研究关注的是机内服务业务，与顾客接触时做何应对尤其重要。具体而言，聚焦在向顾客提供饮料、餐食，进行机内广播，在机舱内与顾客交流，为了让顾客在机舱内度过舒适的旅途时间而提供毛毯等并进行照顾的业务。

3-2 调查方法

本研究通过实地调查，实施了访谈、会议观察等。作为调查前的准备工作，我们从日航破产前后的相关文献中收集信息，并且录下了《盖亚的黎明》《坎布里亚宫殿》等以商务人士为受众的电视节目，收集日航变革的相关信息。此外，2012 年 3 月开始调查时，我们还获准查阅公司内部报刊 *ROUTE*，为了追寻破产前开始发生的变化，我们从 2009 年 12 月期开始查阅。我们还获准翻看了收录稻盛在日航内部教育、演讲内容的《领导力教育——稻盛董事长讲话集》。

本研究的实地调查从 2012 年 3 月开始，日程安排如表 1-1 所示。

表 1-1　实地调查的日程安排

年月日	时长	内容	调查方法	调查对象（调查时的职务）【省略敬称】
2012 年 4 月 20 日	1	客舱部业绩讨论会	观察	大川顺子（客舱本部长），客舱本部经理
2012 年 5 月 29 日	0.5	观察哲学教育	观察	哲学教育参加人员
2012 年 5 月 29 日	1	关于哲学教育	访谈	意识改革与人才培养推进部部长

2012 年 6 月 7 日	1	关于哲学教育	访谈	来自京瓷的干部
2012 年 7 月 5 日	3	客舱小组会（本部长观看 DVD，安全讨论）	观察	客舱经理，国际线某 CA 组成员
2012 年 7 月 5 日	1.5	客舱小组会（顾客服务讨论）	观察	客舱经理，国际线某 CA 组成员
2012 年 7 月 5 日	2	日航哲学集中培训	观察	在某个期限内隶属意识改革与人才培养推进部的航行本部员工。日航哲学教育参加人员
2012 年 7 月 5 日	1.5	客舱小组会	观察	第一客舱服务部室长，客舱经理，国际线某 CA 组成员
2012 年 7 月 23 日	1	关于编制日航哲学	访谈	大川顺子（客舱本部长）
2012 年 11 月 22 日	1	野村部长在 KCCS 组织的阿米巴经营俱乐部第 26 期交流会上的演讲	参加演讲会	意识改革与人才培养推进部部长
2014 年 1 月 9 日	2	回顾日航重建	访谈	大西贤（董事长）
2014 年 1 月 9 日	2	回顾日航重建	访谈	植木义晴（总经理）
2014 年 1 月 24 日	3	野村部长在 KCCS 组织的阿米巴经营俱乐部第 26 期交流会上的演讲	参加演讲会	大川顺子（专务执行董事、客舱本部长）
2014 年 4 月 18 日	1	回顾日航重建	访谈	稻盛和夫（名誉董事长）

3-3 记述方针

本章中，通过 3-1 及 3-2 的调查弄清事实，在 4 中加以记述。

在 4 中，按照时间顺序记述"破产之前的客舱服务"，然后阐述"部门独立核算制度"以及改变客舱服务契机的"日航哲学"。接着，记述以日航哲学为基础的培训"日航哲学教育"，进而阐述为把日航哲学与优质客舱服务相连而创造出来的"日航梦三角"（JAL Dream Triangle）。最后，记述"产生服务的平台"以及"提供客舱服务"。

而后，在 5 中，将参考先行研究的知识见解，考察通过阿米巴经营，日航客舱本部的服务品质发生了什么样的变化。

4 日航客舱本部导入阿米巴经营的案例

4-1 破产之前的客舱服务

关于以前的空乘人员，破产后立刻担任客舱本部长的大川顺子认为："空乘人员完全不想提供超出工作指南范围的服务。"

以前，日航多使用以巨型喷气式客机为代表的大型航空器，空乘人员也遵照工作指南提供品质划一的服务。于是，即便个别顾客有不同的需求，也很少会提供相应的定制化服务。因此，顾客满意度并不高。

4-2　部门独立核算制度

2010 年 1 月 19 日，日航破产。为了避免二次破产，无论如何都需要做好收支问题。于是从 2011 年 4 月开始，日航正式导入了部门独立核算制度。

但是，在部门独立核算制度之下，尽管各部门的核算一目了然，却有可能出现核算责任过强，视野变窄，眼前利益优先的情况。如果为了提高效率，在客舱部门实施不合理的措施，那么连空乘人员提供的服务品质都可能会下降。

4-3　日航哲学

仅仅依靠部门独立核算制度，存在不能合理地发挥作用的危险。部门独立核算制度只有与解决课题时正确的判断标准配套实施，才能够合理地发挥作用。关于这一点，稻盛对企业干部们说道："经营公司最重要的不是技术，而是作为人应该有正确的思维方式。"

日航也遵循稻盛所说的思维方式，制定了企业理念[①]。但是，即便有企业理念，也有很多公司不能将之反映到行动及经营判断中去。京瓷有京瓷哲学，那是基于创业以来发生的各种失败案例、成功案例所制定的旨在实现经营理念的行动指南。

破产之前，日航并没有哲学之类的东西。所以，破产之后，为了让一线的员工能够采取适宜的行动，制定哲学是不可或缺的事情。

---

① 该公司的新经营理念是"追求全体员工物质和精神两方面的幸福。第一，为顾客提供最好的服务；第二，提升企业价值，为社会的进步发展做出贡献"。

与部门独立核算制度的导入准备相并行，2010 年 8 月，日航哲学制定委员会成立，委员会主席由时任总经理的大西贤担任。委员会下设工作组，由选拔出来的 10 名员工组成。其中就有时任飞行本部长的植木义晴（现任总经理）。为了避免制定出来的日航哲学偏向某个部门的主观意愿，工作组成员分别来自飞行本部、客舱本部、维护本部等部门的各个岗位，代表各部门讨论对公司整体而言，什么是正确的。其中也包括了代表客舱本部的大川。

稻盛认为，如果不是日航员工亲手制定出来的哲学，是无法让日航全体员工接受的，因此他没有直接干预工作组，此举颇有"你们自己做做看"的意思。经过这样的制定流程，2011年 1 月 19 日，日航哲学公布于世（附录 p.47 列出了目录）。

在此仅举一例，日航哲学中有一项是"每个人都代表着日航"。大川谈道："我们列举了半年前破产的理由。包括依赖他人和天真地认为日航不会倒闭的意识。"以前的日航，大多数员工要么是旁观者，期待着有谁来帮忙，要么是评论家，光嘴上批判，自己却一动也不动。工作组成员们通过反思，在日航哲学里加上了这么一项，即每个人都代表着日航，要有当事人意识。

考虑到日航哲学有可能会被一线员工理解成是公司上层强加的，工作组还对应日航的实际业务，编写了说明。

4-4 日航哲学教育

日航哲学制定完成之后，为了将日航哲学渗透到全体员工当中，公司举办了被称为"日航哲学教育"的培训。

以前的日航，一提到培训，往往是从公司外面请讲师。日航哲学教育的教材和讲师都成问题，对此，和稻盛一起从京瓷来的干部向日航员工提议："讲师和教材都自行准备，自己公司的文化应该自己来建设。"

于是，为了自行运作日航哲学教育，旨在渗透日航哲学的部门——意识改革及人才培养推进部部长承担起召集人的角色，把工作在飞行、客舱、维护等第一线的员工召集起来，让这些员工站在一线的角度，汇总稻盛、大西、植木的讲话，编制了大约2个小时的教材。时任意识改革及人才培养推进部部长说："公司大部分员工都身处一线，我希望，通过让一线员工来编订日航哲学教育的内容，向一线员工传递'大家一起学'的想法。"

从2011年4月起，面向包括合同工等在内的全体员工，日航哲学教育在全国范围实施开来。比如，羽田地区，几乎每天都实施"75人×2个教室×上下午两次"的培训。无论是总公司还是子公司，无论是哪个部门，集团全体员工每年都要接受4次、每次2个小时的培训。

以前的日航，CA几乎没有机会能够和机场、维护等其他部门员工一起讨论日航整体的服务。自从导入日航哲学，在日航哲学教育中，CA也能够和其他部门的员工一起讨论日航整体的服务了。

笔者于2012年7月5日对日航哲学教育进行了观察。那天的召集人是来自飞行本部的飞行员。召集人说明了在日常业务中必须遵从日航哲学，他说："冬天，有时机场因为下雪，能见度低，路面滑，怎么都不能降落。在这种危险的局面下，必须把'我们背负着整架飞机乘客的宝贵生命'作为判断标准，贯彻安全第一的原则。"像这样结合一线经验的举例说明，让参加人员之间的交流变得活跃起来。

4-5 日航梦三角

在不断推进相关措施渗透日航哲学的过程中，2012 年，客舱本部、机场本部、预订中心等接触顾客的部门就如何将"日航哲学"与具体的接待服务相结合展开了讨论。于是便有了图1-1 的"日航梦三角"（JAL Dream Triangle）。

图 1-1 客舱本部的"日航梦三角"

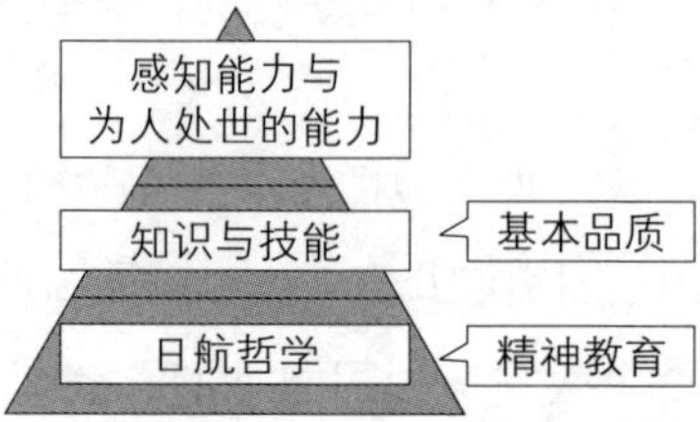

大川说："当时，我们希望能够通俗易懂地传达日航哲学的概念。"以前，基于工作指南的"知识与技能"是客舱本部接待服务的中心，但导入日航哲学之后，作为服务基本品质的"知识与技能"必须有一个前提，即"日航哲学"。图1-1 揭示了这一情况。

大川以客舱服务中的"微笑"为例，指出只讲求"知识与技能"的职业微笑会让人把全部注意力都放在嘴角的上扬方式上，因此顾客看着会觉得不自然。只有同时做到"心怀感恩"这一"日航哲学"，才能自然地展露微笑。如此这般，通过对以前客舱服务的反思，明确了图1-1最下方的"日航哲学"是最关键的部分。

但是，只有"日航哲学"和"知识与技能"还未必能够获得较高的顾客满意度。这是因为，每一位顾客所寻求的服务不一样，光靠与其他公司一样的服务，是无法获得较高顾客满意度的。因此，感知每一位顾客需要什么的能力——"感知能力"，以及按照所感知到的需求提供打动顾客的个性化服务的能力——"为人处世的能力"被放在了图1-1的最上方。

按照"日航梦三角"，只有同时具备"日航哲学""知识与技能""感知能力与为人处世的能力"，才能够获得较高的顾客满意度。

从2012年4月起，日航开始基于"日航梦三角"讨论客舱服务。以新员工培训为例：破产前，日航的新员工培训以"知识与技能"教育为中心，但从2012年开始，变成了以"日航哲学"为基础的精神教育为中心。这是为了让新入职的CA能够在奠定"日航梦三角"基石的"日航哲学"的指导下，在乘务工作中珍惜一颗贴近乘客的心。

4-6　孕育服务的平台

(1) 小组会议

按日航的传统，工作在同一架飞机上的客舱组成员要召开小组会议。讨论的中心内容是按照工作指南，确认客舱服务的知识与技能，比如保持仪容仪表，嘴角上扬保持微笑等。

"日航梦三角"明确了实现新型服务的概念后，这个讨论客舱服务的平台就换了一种交流方式。在小组会议上，乘务员们不再只是确认客舱服务的知识与技能，还开始讨论遵循日航哲学的客舱服务。

2012 年 7 月 5 日，笔者对小组会进行了观察。会上讨论了当一位搭乘国际航班的乘客指出"机内便餐里的荚豌豆是黑的"时，该怎么应对。当时负责的乘务员说，她以为顾客"只想更换荚豌豆"，后来意识到乘客"在国外出差很辛苦，还想用日语说说话"，便进行了反思。她与小组成员们分享了这个没能遵循"贯彻客户视角"这一日航哲学项目、运用对话技巧提供服务的失败案例。

在当天的小组会上，笔者有机会观看了大川的演讲视频。大川以"贴近顾客的心"为主题，介绍了精彩的服务实践案例。

或许是这个措施进展顺利，后来在 2014 年 1 月 24 日阿米巴经营俱乐部的高端论坛上，大川回顾道："令人高兴的话题、振奋精神的话题扩展开来，职场氛围慢慢地发生了变化。得益于这个契机，乘务员们每天反思的不再是'多此一举会挨骂的'，而是'怎么做才能让顾客满意'，服务意识发生了巨大的变化。"

（2）航前准备会

在执飞每趟航班之前的航前准备会上，也不再只讨论工作指南，还开始讨论日航哲学了。乘务员们提出，必须顾及顾客的心理，比如"顾客是不是想休息""顾客想不想交谈"等，比起直接询问顾客希望在飞机上度过一段怎样的时间，自然地揣测需求更能获得较高的顾客满意度。

不过，自然地揣测需求，需要具备从顾客的反应中领会其需求的能力。而且，在顾客愿意交谈的情况下，如果不在对话过程中多动动脑子，还是无法获得较高的顾客满意度。在航前准备会上，乘务员们互相讨论何谓遵循了日航哲学的客舱服务。在聆听其他乘务员提供服务时的成功或失败经验，互相分享更多亲身经历的过程中，乘务员们磨炼着自己的感知能力与为人处世的能力。

4-7　提供客舱服务

(1) 合乎需求的服务：斟酌提供饮料的时机

我们来确认一下，日航是如何提供合乎需求的客舱服务的。在客舱服务当中，很大程度上左右顾客满意度的是提供服务的时机。

其中，饮料服务更是争取让顾客满意的重要因素之一。比如，如果碰上顾客睡着了，有时就会错过提供饮料的时机。

2013 年 1 月 7 日，互联网信息网站 RBBTODAY 上刊登了一则乘务员记住一名一上飞机就睡着了的顾客的消息。乘务员留心着这名顾客，等他睡醒时，瞅准时机过来说："刚才您在休息，所以我们没有向您提供饮料，如果您有什么需要，请告诉我。"

乍一看很简单，但做到这样，不仅需要记住大量的顾客，还得时刻注意顾客睡醒的时机。再加上，顾客睡醒之后心情好坏不一，要是搭话方式不当，就会导致顾客心情不快。

注意顾客睡醒的时机，搭话搭得令人心情舒畅，这样顾客就会很高兴地接受饮料服务。如果顾客有其他要求，还能进一步进行询问。

(2) 基于个性的服务 1: 体现在客舱广播上

在破产后的改革中，大川就客舱广播提出了一个方针，即"包括措辞、结构、音调等在内，做出当下自己能够做到的最完美状态"。遵循这个方针，2011 年除夕之夜，当伦敦—东京的班机降落在成田机场时，乘客们听到了这样的广播：

对于大家来说，今年是怎样的一年呢？ 3 月份，东日本大地震发生之后，日本长时间陷于举国同悲的状态。听说此刻还有很多人待在避难所迎接新年。当我们发现在日常生活中，还有那些看上去很小却无可替代，还没有引起我们留意的事情时候，不禁会涌起感恩之情。今年对大家来说是否也是这样呢？对于我们日航来说，无可替代的就是每一位乘客。公司所有员工都非常希望我们能够成为一家满足每一位乘客需求的航空公司，这是我们的目标。虽然还有许多地方做得不周到，但我们会以乘客们的鞭策、激励为精神食粮，继续努力精进。因此，尽管冒昧，但请允许我借此机会，代表全体员工，向大家表示感谢。

这段话的目的是遵循"心怀感恩"这一日航哲学，表达感激之情。"不能把平时觉得习以为常的东西当成是理所当然的。平时就要认识到这些东西的可贵，心怀感恩。"这是当时负责广播的乘务员自己想说的话。这一段合乎当时顾客的心情，彰显个性的暖心话语，比起照本宣科，更能表达对顾客的谢意。

（3）基于个性的服务 2：体现在信息卡上

此外，日航还开始采取一项新措施，充分利用被称为"感谢卡"的信息卡。卡片大小和名片一样，内容由乘务员自行设计，用来向顾客表达在客舱里交谈的过程中获得的细微感受。

比如，在和顾客交谈时，发现顾客正在度蜜月，就可以在表示感谢的同时道一声"永远幸福"。遇到上了年纪的顾客，就可以递上一张卡片，上面写着"如果您需要帮助，请不用客气，尽管告诉我"。

关于这项措施，大川谈道："我感觉这让大家养成了一种习惯，面对眼前的每一位顾客，时刻思考自己能够传递什么，能够做些什么。"

5 考察

5-1 日航的阿米巴经营为什么提高了客舱服务的品质？

本研究设定的研究课题是："日航的阿米巴经营为什么提高了客舱服务的品质？"这个课题的答案就是："因为日航哲学让提供合乎需求、基于个性的服务成为可能。"下面在 5-2 到 5-4 详细地进行考察。

5-2 日航哲学的设定

首先，日航客舱本部根据部门独立核算制度，搭建了确保核算的框架。但如果核算意识过强，就存在服务品质下降之忧。此时，在依靠部门独立核算制度控制成本的同时，让提供合乎需求、基于个性的服务成为可能的正是日航哲学。为了说明这一点，我们通过图1-2研究一下"日航梦三角"的组成要素。

以前，客舱本部的状态属于Ⅰ，客舱服务的知识与技能等都总结在工作指南上，连服务细节都有相应的规定。

图1-2　对"日航梦三角"的考察

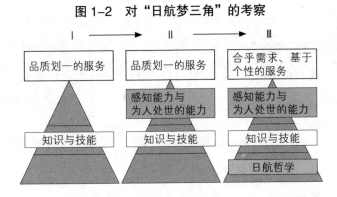

Ⅱ增加了"日航梦三角"中明确提出的感知能力与为人处世的能力。如果缺乏感知能力，就无法根据顾客需求提供合适的服务；如果缺乏为人处世的能力，就无法提供体现员工个性的服务。不过，光靠感知能力与为人处世的能力，也未必能够提供合乎需求、基于个性的服务。这是因为合乎需求、基于个性的服务是工作指南上没有的服务，存在无意中引起顾客不满的风险。为了避免这种风险，乘务员就可能选择提供与其他员工一样品质划一、无可厚非的服务。

我们再来看Ⅲ。正如4-3中稻盛强调的那样，日航哲学是以"作为人，何谓正确"为基础的。

作为人，什么样的服务可谓正确？这不是一个容易回答的问题。但是，提供服务时认真考虑"作为人，何谓正确"，就能降低引起顾客不满的风险。这就意味着，把日航哲学置于基础地位，使得积极提供合乎需求、基于个性的服务成为可能。

比如，前述 2011 年除夕夜的客舱广播，负责广播的乘务员基于自己的个性，对乘客说了"不能把平时觉得习以为常的东西当成是理所当然的。平时就要认识到这些东西的可贵，心怀感恩"的一段话。以日航哲学为基础，负责广播的乘务员判断认为"明确表达谢意的服务是正确的"，从而说出了这么一段打动顾客、充满个性的话。

5-3　遵循日航哲学讨论的平台

仅仅设定了日航哲学、"日航梦三角"，还不一定能够提供合乎需求、基于个性的服务。提供渗透这些理念的平台也是不可或缺的。

笔者整理了导入日航哲学前后，日航提供客舱服务的流程，如图 1-3 及图 1-4 所示。图 1-4 中铺灰底的部分表示导入日航哲学之后新增的内容。

图 1-3　导入日航哲学之前，提供客舱服务的流程

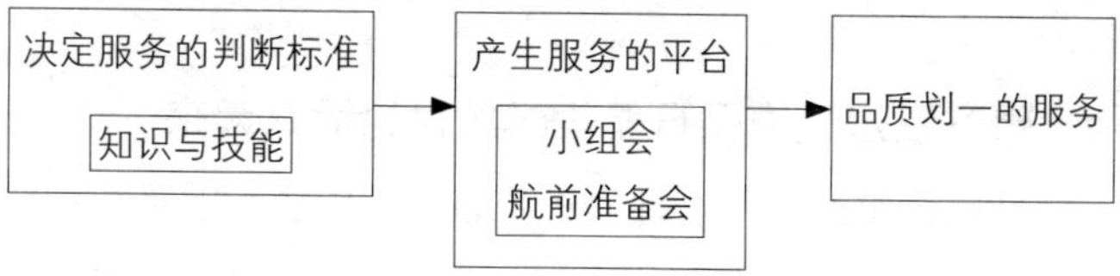

图1-4 导入日航哲学之后,提供客舱服务的流程

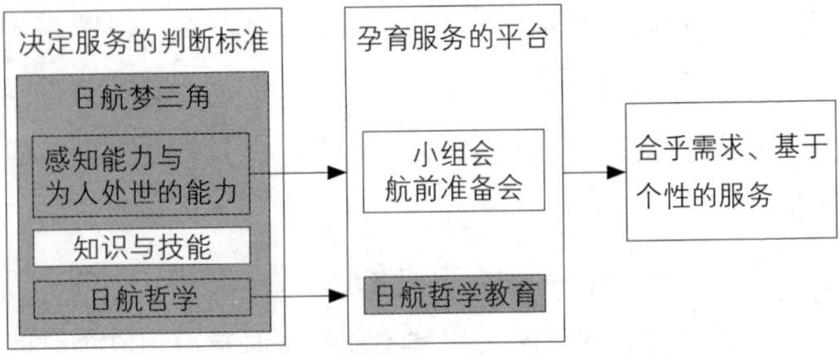

如图1-3所示,导入日航哲学之前,日航没有日航哲学教育这一平台,CA无法同机场、维护等其他部门员工一起讨论日航整体的服务。而小组会及航前准备会关注的只是如何按照工作指南上记载的知识与技能提供服务。

而如图1-4所示,导入日航哲学之后,CA也能够在参加日航哲学教育培训时与其他部门员工一起讨论日航整体的服务了。这样一来,CA不仅增加了自己思考遵循日航哲学提供客舱服务的机会,还能够听取其他部门关于有损日航哲学的客舱服务的意见。同时,员工们之间能够按照"日航梦三角",一起商量如何才能提供合乎需求、基于个性的服务。讨论中心不再是工作指南,而变成了日航哲学。结果是,乘务员们开始思考什么是适合每一位顾客的服务,怎样充分发挥自己的个性为顾客提供服务。

5-4 想方设法让遵循日航哲学的讨论活跃起来

像日航哲学这样阐述抽象思维方式的内容,很难在一线服务中引起注意。关于这一点,日航在导入哲学时,做了以下两

方面的努力。

第一，以日航的一线服务为基础，设定日航哲学。如果日航所用的哲学和京瓷的完全一样，那么一线员工或许不能接受把它作为决定服务的判断标准。为此，日航召集了来自飞行本部、客舱本部等理解一线工作的负责人，来制定日航自己的哲学。这些一线代表参照日航提供服务的实际情况，制定了日航哲学的各个项目以及项目说明。制定的日航哲学反映了日航一线服务的情况，这样一来，一线员工就能把日航哲学当成自己的事情来理解，从而在小组会、航前准备会等日航哲学教育的平台上，热烈地讨论何谓遵循日航哲学的服务。

第二，一线员工自行制作了视频、资料等教学材料，甚至自行担任讨论召集人，组织开展日航哲学教育。由此，员工容易在脑海中浮现出日航各个一线服务的样子。此举在日航哲学教育时，有助于活跃遵循日航哲学的服务讨论。

6 结语

正如本文开头所述，在服务业组织的管理研究中，对于如何管理与顾客接触程度高的服务品质这个课题，还没有给出明确的解决方案。本研究提供了一些案例，以作为厘清"阿米巴经营对与顾客接触程度高的服务品质的影响"这个课题的线索。

日航经历了破产，导入了阿米巴经营。在取得惊人的业绩回升之后，顾客满意度也在几年之后提高了。笔者推测，与顾客接触程度非常高的乘务员所提供的服务品质提高了，受其影响，顾客满意度也就提高了。于是，为了研究为什么通过导入阿米巴经营，乘务员提供的服务品质提高了这个问题，笔者以日航客舱本部为调查点，实施了深入的实地调查。

根据调查结果，笔者整理、考察了从日航客舱本部导入阿米巴经营到实际提供客舱服务的一系列流程，并得出了这样的结论：构成阿米巴经营重要元素的日航哲学发挥着关键作用。结合本公司的服务设定日航哲学，进而为了渗透日航哲学，创造遵循日航哲学讨论的平台，想方设法让员工遵循日航哲学展开热烈的讨论。笔者认为这对提高服务品质产生了积极的效果。

那么，这个结论具有什么样的含义呢？单凭工作指南，本就无法提供合乎需求、基于个性的服务。为了提供这样的服务，还需要感知能力与为人处世的能力。但光有感知能力与为人处世的能力还未必能够转化成合乎需求、体现个性的服务。这是因为存在无意中引起顾客不满的风险。此时，以日航哲学为依据，能够降低这样的风险，便于员工积极地提供合乎需求、基于个性的服务，其结果就提高了服务品质。而且，结合本公司的服务设定日航哲学，创造讨论的平台以渗透日航哲学，想方设法地让员工遵循日航哲学展开热烈地讨论，这些做法都对提高服务品质产生了积极的效果。

本研究是针对日航客舱本部的个案研究，结论含义能够普及的程度有限。即便如此，通过研究这个案例，为缺乏知识见解的服务业组织的阿米巴经营研究提供了一个线索。尤其对于如何管理与顾客接触程度高的服务品质这个尚未解决的课题来说，起到了提示日航哲学重要性的作用。

（附录）日航哲学的目录

第1部：为了度过美好的人生

第1章　成功的方程式（人生·事业的方程式）
○人生·工作的结果＝思维方式 × 热情 × 能力

第2章　拥有正确的思维方式
○依据"作为人何谓正确"来做判断
○拥有一颗美丽的心
○保持一颗谦虚、实诚的心
○保持乐观开朗
○小善乃大恶，大善似无情
○站在土表中央相扑（全力以赴）
○把事物简单化
○兼具两个极端

第3章　满怀热忱，脚踏实地，坚持不懈
○认真、努力地投身工作
○脚踏实地，坚持不懈
○"有意注意"的工作观
○自我燃烧
○努力做到完美

第4章　能力必定会提高
○能力必定会提高

第2部：为了创造美好的日航

第1章　每个人都代表着日航
○每个人都代表着日航
○真心以对
○带头示范
○成为旋涡的中心
○背负着宝贵的生命
○心怀感恩
○贯彻顾客视角

第2章　提高核算意识
○销售额最大化，经费最小化
○提高核算意识
○光明正大地追求利润
○在正确的数字指导下开展经营

第3章　全员一心
○完美的交接棒
○统一方向
○贯彻现场主义
○贯彻实力主义

第4章　成为充满斗志的集体
○抱着强烈而持久的愿望
○不成功就不放弃
○言出必行
○拥有真正的勇气

第5章　不断创造
○今天比昨天好，明天比今天好
○乐观地构思，悲观地计划，乐观地实行
○彻底地思考，直到想出答案
○快速决断，付诸行动
○果敢挑战
○拥有高目标

摘自日航内部资料

谢辞

衷心感谢配合本调查的日本航空公司诸位员工。此外，本研究是科学研究费资助项目·青年研究（B）"与制造业相异的服务业的成本策划研究"（项目代表：近藤大辅，2015-2017年度）、神户大学批准的"在景气低迷期促进合理的组织行动的研究、教育项目"（项目代表：三矢裕，2012-2013年度）以及科学研究费资助项目·基础研究（C）"关于实现创新的管理控制的研究"（项目代表：洼田祐一，2015-2017年度）的研究成果。

02 第二章

医疗机构导入阿米巴经营

一桥大学大学院教授 挽文子

1　引言

服务业正在不断地导入诞生于制造业的管理会计体系。在服务业当中，我们尤其重点关注的是医疗机构。因为医疗品质的提高以及医疗机构的良好经营已经成为一个紧迫的课题。知名的战略论研究者 Porter 在其合著书里写道：

实际提供医疗价值的是医院、诊所、医生团队、个体医生等，他们是医疗系统的核心……结果，医疗系统的好坏是由医学如何付诸实践，患者接受怎样的治疗所决定的，因此，医疗提供者是核心。

……医疗品质低的案例堆积如山，这显然是因为医疗提供者缺乏改善医疗价值的战略、组织体制、业务运营等。这表明，并非医疗技术水平低，而是医疗提供体制及其运营不良。

Porter 等人指出，不是医疗技术水平低，而是医疗提供体制及其运营不良，这一点值得注意。日本在 2016 年修订诊疗报酬时，基本认识之一就是面向 2025 年，也就是"团块世代"（1947～1949 年生育高峰时出生的人口——译者）都达到 75 岁以上时，构建出效果好、效率高、品质高的医疗提供体制

（2016 年修订诊疗报酬的基本方针）。从同样的问题意识出发，各个研究领域的研究者们着手研究，充分发挥各自的专业知识，对医疗机构应有的战略、组织体制或管理会计等提出建议[①]。

本章的目的是研究作为管理会计体系的阿米巴经营在被导入服务业，特别是医疗机构的过程中是如何演化的，与医疗品质的提高又有何关联。

阿米巴经营已经被超过 60 家日本医疗、护理法人导入，其中约九成法人在两年内实现了财务业绩的改善[②]。如果医疗、护理品质下降，那么使用这种医疗、护理服务的人就会减少，这样就很难创造良好的财务业绩。由此，笔者推测，阿米巴经营也有助于提高医疗、护理的品质。

本章的构成如下：第 2 节通过与制造业的对比，明确服务业的特征。第 3 节，搞清第 2 节所考察的服务业特征对开发于制造业的阿米巴经营体系的设计及运用流程带来了什么样的影响，以及阿米巴经营与医疗服务提供方法和医疗品质提高有何关联。第 4 节阐述结论及遗留课题。

[①] 比如有世界知名的战略论研究者 Porter、创新研究者 Christensen 等。关于前者的研究成果，挽文子做了详细的介绍。

[②] 公立甲贺医院于 2009 年导入了阿米巴经营，次年，2010 年度创造了超过 4 亿日元的利润，2011 年度的利润也在 3 亿日元以上。

2 服务业的特征

广本敏郎、挽文子从成本计算或成本管理的角度，列举了服务业的以下四个特征。

① 不容易对"输出"下定义。

② 提供输出所需的活动量很大程度上依赖顾客。

③ 生产要素中包含外部要素。

④ 固定支出占总成本的比例大。

因为②和③关系密切，所以本章把服务业的特征归结为三个。

2-1 向患者提供的"服务集合"

在制造业，生产活动输出"产品"，肉眼可见，容易定义。如图 2-1 所示，在制造业，经过研发、设计、从企业外部采购材料等环节，再根据所采购的材料制造产品，完成之后经过检验，将产品作为输出（output）销售给顾客。制造业通过市场调查，力求以顾客希望的价格提供需要的物品，为此展开相关活动。顾客本身并不直接接触制造业的一系列活动。

图 2-1　制造业中经济资源的流向

服务业输出"服务"。服务不同于产品，不可见，不容易定义。虽然输出不容易定义，但并不意味着成本管理无计可

施。医院面向患者，出于什么目的，提供怎样的医疗服务，此时花费了多大的成本，这是可以测定的。

医院输出的是向患者提供的医疗服务。在这里，关于输出的质量，也就是医疗品质与成本的关系，Porter等人是这么说的：

> 应丢掉品质越好成本越大的假设。相比我们所见过的其他产业，在医疗的世界里，优秀的医疗提供者的效率更高，这是普遍现象。也就是说，越优质的医疗，成本越低。这是因为，诊断更准确，治疗失误少，发生并发症的病例也少，患者恢复快，感染率低，只需最低限度的治疗即可。

按照Porter等人的研究，医疗品质和成本并不是此消彼长的关系，而是有可能同时改善的。如图2-2所示，医院向患者提供多方面的医疗服务，要想长期实现医疗品质的提高及成本降低，关键要推进整个完整关护周期的协作与统一。这里所说的完整关护周期是指从监测、预防开始，到诊断、准备、治疗、恢复及复健、监测及管理的一系列流程。

图2-2　完整关护周期与医疗服务

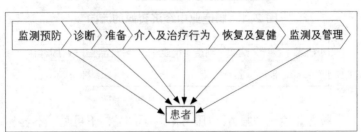

基于Porter and Teisberg（2006）的叙述修改绘制

一提起医院，人们往往只关注手术等治疗行为，但无论从医疗品质的角度，还是从成本管理的角度，整个完整关护周期都很重要，而绝不仅仅是治疗行为。治疗之前的诊断以及预防，治疗之后的复健等都有助于实现提高医疗品质以及降低医疗成本①。比如，基于错误的诊断而实施的治疗行为，别说让患者病情好转了，有可能还会导致病情恶化。这样不得不再一次回到诊断的流程，结果就会使医疗品质恶化，成本增加。此外，如果手术（治疗行为）后引起并发症，那么病人就会恢复得慢，住院期延长，结果也会使医疗品质恶化，成本增加。

医院一般采用分职能的组织结构，外科及内科等诊疗科、护士部门、药剂部门、检查部门、营养管理部门等不同部门提供专业的医疗服务。那么，上述完整关护周期中，在监测及预防、诊断、准备等各个流程中提供医疗服务的是哪个部门呢？

有过住院经验或在门诊看过病的人都知道，提供医疗服务的不仅是诊疗科的医生。住院时，比起诊疗科的医生，病房护士提供医疗服务的时间更长；如果临床检查技师检查不到位，

---

① 根据 OECD（经济合作与发展组织）公布的"医疗统计"，2016年，日本医疗费（保健医疗总支出）占 GDP（国内生产总值）的比例，在 OECD 的35个成员国中，排名从上一年的第8位大幅度提高到第3位。按照最新标准，统计数值要包括 LTC（Long Term Care），也就是预防、长期疗养、护理等。基本上所有的国家都采用了最新标准，而日本2015年并没有按照最新标准统计。统计范围扩大至 LTC 的结果，就是日本医疗费占 GDP 的比例大幅上升。厚生劳动省公布的"国民医疗费"推算的是属于医疗保险范围的伤病治疗所需费用，因此被指不如称为"国民治疗费"更符合实际情况（《周刊钻石》2016年8月10日号）。

诊疗科医生就无法按照这个结果做出准确的诊断；在糖尿病预防等方面，营养管理至关重要。像这样，提供医疗服务的是跨科室、跨职能部门的医疗从业者。完整关护周期内的所有流程都是由跨科室、跨职能部门的医疗从业者参与的。

目前，日本在推进地区综合护理体系的发展，就完整关护周期来说，医疗服务更多是以地区而不是以医院为单位来提供的。也就是说，为了提供优质的医疗服务，所有科室、职能部门的医疗从业者在提高自我能力的同时，还需要谋求与其他科室、职能部门医疗从业者的协作，甚至与当地其他医院或诊所的协作。

如此想来，服务业向顾客提供的可以说不是单个服务，而是由若干个服务组成的"服务集合"。首先，医疗机构向患者提供的首先是贯穿整个完整关护周期的综合服务；其次，跨科室、跨职能部门的医疗从业者在完整关护周期的各个流程上相互协作以提供"服务集合"；第三，一家医院并不是整个完整关护周期的服务集合的唯一提供者，还需要与其他医院协作（院院协作）或者与诊所协作（院诊协作）。

制造业和医疗机构之间还有一个很大的不同点。从前述图2-1可以看出，对于制造业来说，顾客位于企业的外部。顾客不能直接看到制造业的生产活动，也不能直接影响该活动。而图2-2中，患者位于医疗机构之内，也就是说，不同于制造业，医疗机构是在患者面前提供"服务集合"的，因此医疗从业者如何接待患者也很重要。

2-2 患者的作用

人对人提供服务，这是服务业的特征。在这种情况下，服务提供方是企业的一员，而服务接受方是不属于企业的外部因素。这里所说的外部因素是指，对于提供服务来说是不可欠缺的因素，但不属于提供服务的企业，因此企业无法自由地处理。医疗的外部因素是指患者及其家属，他们是提供服务时不可欠缺的因素。

在制造业中，提供输出所需的工作量由制造的产品及其数量所决定。因为顾客位于制造业之外，与产品的生产流程没有关系。而在服务业，顾客和医疗从业者处在同一个机构里，影响着医疗从业者的业务工作量。比如，同一种病的患者，有的在门诊会请求诊疗科医生详细解释，有的则不会，前者需要的诊疗时间会比后者长。可以说，对医疗服务活动的资源要求，不光依赖于输出服务本身的性质，同时还依赖于患者的要求。

此外，左右医疗品质的不仅是医疗从业者，患者的影响也很大。试举乳腺癌为例。相比大肠癌，乳腺癌发生在较年轻的女性身上，正因为年轻，所以病情发展得快，治疗得晚会直接关系到生命安全。但乳腺癌和大肠癌等一样，如果早期发现，是可以治愈的。要想尽早开始治疗，最好在癌症的早期阶段就能够做出准确的诊断。

在欧美国家，通过提高完整关护周期第一个流程即监测及预防流程的乳腺癌筛查率，使早期发现（诊断）增多，死亡率逐年下降。而在日本，虽然国家鼓励定期做乳腺癌筛查，但在OECD（经济合作与发展组织）35个成员国当中筛查率处于最低水平，死亡率呈逐年上升趋势（http://www.pinkribbonfestival.jp）。

像这样，就乳腺癌而言，完整关护周期的上游流程至关重要，患者参与该流程能够促进医疗品质的提高以及成本的降低。糖尿病等众多疾病都是一样的情况，患者积极地参与上游流程是最理想的状态。

同理，在完整关护周期的治疗、恢复及复健、监测及管理等流程中，患者的积极参与都是不可或缺的。比如，脑中风等疾病，实践证明，发病之后若能尽早地进行足够的复健，就能够提高治愈率。总而言之，在医疗机构等服务业中，患者作为外部因素，已成为左右生产效率、成本，乃至医疗品质的重要因素。如图 2-3 所示。

图 2-3　完整关护周期与医疗服务提供的
成本和品质

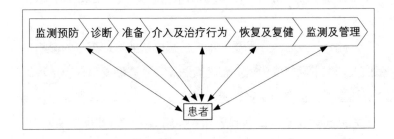

2-3　固定支出占总成本的比例大

在制造业，随着自动化的发展，固定支出的比例正在提高。但即便这样，直接材料费（可变支出）仍然是主要的成本要素，这一点没有变。而服务业成本的大部分是固定支出。

尽管如此，这并不意味着成本管理就无计可施了。因为传达在哪里测算？为了什么？付出了多少成本等相关信息，就有可能促进医疗从业者自行思考维持和提高医疗品质、降低成本的方法，并予以落实。

3 服务业的阿米巴经营

如前所述，医疗机构向患者提供的是贯穿整个完整关护周期的服务集合，跨科室、跨职能部门的医疗从业者在完整关护周期各个流程中向患者提供综合服务。而且，医疗服务并不全部由一家医院提供，因此还要求医院之间、医院与诊所之间互相协作。于是，在医疗机构，为了实现提高医疗品质以及降低成本两方面的目标，第一，需要有一套管理会计的体系与流程，强有力地推动整个完整关护周期的协作与统一，以及跨科室、跨职能部门之间的协作；第二，需要一个机制，敦促患者积极地参与到医疗服务流程当中。

医疗机构的阿米巴经营包含上述这两个机制吗？从结论上来说，阿米巴经营重视单位时间核算，能够提高医疗品质并降低成本，同时缩短时间和增加收入，通过以下方面发挥其功能：①利润中心的设定与合作对价；②单位时间核算表与重点项目单；③全院会议与部门会议。三者缺一不可，否则阿米巴经营就难以促进医疗品质以及经营（单位时间核算）品质的提高。毫无疑问，医疗机构的阿米巴经营要提升原本的效果，其前提与制造业一样，都要把经营理念和哲学放在重要位置上。以下，按照上述①②③的顺序展开阐述。

3-1 明确的角色分工与加强协作
——利润中心的设定与合作对价体系

　　医疗机构的使命是通过向患者提供优质医疗服务，开展良好的经营。为此需要跨科室、职能部门的医疗从业者在整个完整关护周期提供医疗服务集合。然而，即便是那些导入部门独立核算的医疗机构，在诊疗报酬制度之下，能习惯性地将行医收益与业绩相联动的，只有诊疗科这一个部门。而阿米巴经营中，除了诊疗科，护士、检查技师、药剂师等医务辅助人员所属的各部门都将成为利润中心。以护士为例，护士又分为门诊护士、住院护士、手术护士等，他们承担不同任务，所属的部门成为下一级利润中心，住院护士还可以再进一步按各个病房楼细分。

　　在阿米巴经营当中，利润中心的设定很重要。下面以具体事例解释其理由。社会医疗法人慈生会的经营理念是"与地区共生，慈爱的综合医疗保健"[1]。这里所说的综合医疗保健指的是包括从增进健康到居家护理、医疗等在内的广义医疗。虽然包括居家护理，范围比完整关护周期要大，但主旨是一样的。为了实现这一经营理念，该法人将充实复健领域作为经营方针之一。该法人伊藤理事长（东京都医师会理事）在与近藤医院院长（东京都医师会副会长）的高层对话中，谈到了复健在综合医疗保健中的重要性：

　　在患者处于急性期时，充分复健也很重要。除了从急性期

---

[1] 社会医疗法人慈生会案例的详细情况请参照挽文子（2015b）。

开始融入复健，在急性后期的恢复期，复健医院、在家康复及作为中间机构的介护保养机构，也要开展以功能恢复为目的的复健，从而让复健发挥出它本来的目的。

为了充实复健，复健部门细分为理学疗法科、职能疗法科以及语言疗法科三个利润中心。利润中心细分到哪一级，也与医疗机构的理念及经营方针等相关。比如，考虑到癌症早期发现的重要性，有的医疗机构将内镜中心从内科或外科独立出来，设为利润中心。笔者还发现，为了鼓励患者积极接受体检，有的医疗机构新设立体检中心作为利润中心，并加强相关的营销工作，期待以此促进患者积极参与完整关护周期的上游流程。如前文所述，患者积极参与完整关护周期的监测及预防是很重要的。

这样一来，在医疗机构，向患者提供医疗服务的相关医生、护士以及医务辅助人员都隶属某一个利润中心，成为阿米巴经营的主角。但如前所述，在诊疗报酬制度之下，行医收益不计入护士部门、医务辅助人员的部门。要想让隶属这些部门的医疗从业者成为主角，就需要在管理会计上想办法。为此建立的机制就是合作对价。合作对价是医院导入阿米巴经营时新开发的体系，目前日本航空公司等都在采用。

医院的合作对价体系是按照事先设定的比例，将计入诊疗科的行医收益支付给为获得该收益而提供医疗服务的各利润中心（其他诊疗科、护士或医务辅助人员等所属部门）。对于支付方诊疗科而言，这属于院内合作成本，对于收入方部门而言，这将计入院内合作收入。

医疗机构合作对价的要点之一在于与诊疗报酬联动。因为行医收益是由诊疗报酬决定的，因此对于医疗机构而言属于获得。比如，住院患者的营养支持、呼吸护理等诊疗，如果是由医生、护士和医务辅助人员一起实施的，就会加收诊疗报酬。现行的诊疗报酬制度规定，营养支持组加收标准为每周1次2,100日元（计分210分），呼吸护理组加收标准为每周1次1,500日元（计分150分）。诊疗报酬每两年修订一次，这一规定至少到2018年修订之前不会变。

诊疗报酬分配给其他诊疗科、护士、营养管理师、临床工学士、理疗师等所属利润中心的比例，在由利润中心代表组成的项目组里，经多名当事者（该服务集合提供者）协商设定。一旦确定，原则上不予更改。合作对价体系这一机制不同于制造业阿米巴经营的公司内部手续费、公司内部调拨价格等[①]。

这样设定利润中心，运用合作对价体系，有三点好处：

第一，通过阿米巴经营，设定利润中心，进一步明确了一个部门在提供医疗服务时应尽的职责；进而通过合作对价体系，明确了在特定的医疗服务（跨科室的团队医疗）中，本部门与其他科室、其他部门应尽的职责。因为，在设定院内合作成本、收入的比例时，不可避免地要明确提供该服务过程中所涉及不同科室、不同部门的职责。进一步加深对本部门职责的理解，加深对提供特定服务时其他科室、其他部门的参与方式

① 关于合作对价、公司内部调拨价格及公司内部手续费的不同，请参照挽文子（2015a）。

及职能的理解。这是第一点好处。

第二，科室内部、科室之间，部门内部、部门之间顺畅地开展协作。铃木龙太认为，职场上互相关联的紧密程度与职责的模糊程度成反比。这就是说，在互相紧密关联的职场上，每个人的职责认识很明确，反之，每个人的职责认识就模糊不清。为了在职场上互相紧密关联，职责必然明确。这里所说的互相关联的职场，是指目标一致、工作上互相关联的职场。互相关联的紧密程度可以解读为协作的顺畅程度。也就是说，第一点的职责明确化有利于第二点的协作顺畅开展。

第三，从营养支持、呼吸护理等开始，完整关护周期各流程提供集合服务的护士、医务辅助人员也发挥着重要的作用，不过在现行制度下，必须由诊疗科医生开单，他们才能够向患者提供服务，这很容易陷于被动。但是，通过合作对价体系，把这些部门也设为利润中心之后，护士、医务辅助人员为了增加本部门的合作收益及单位时间附加值，会积极地推动诊疗科医生开单，这一点让人期待。实际上，在前述慈生会中，复健部门下属的阿米巴或营养管理师已经采取了类似的行动。

看一下医疗机构的人员构成比例可知，护士、医务辅助人员的数量相比医生数量，占有压倒性多数。通过与诊疗报酬联动的合作对价体系，让更多医疗从业者分属于某一个利润中心，成为主角，参与到经营当中，这方面的效果是不错的。

3-2 通过协作提高医疗品质及经营品质
——单位时间核算表与重点项目单

企业不是实现利益最大化就可以了。实现利益最大化的手段才是关键。这就要求企业通过正当的手段创造利润。作为促进医疗品质及提高单位时间附加值的机制,医疗机构的阿米巴经营应充分利用成本管理表(单位时间核算表)与重点项目单。

阿米巴就单位时间附加值设立目标并自行开展活动,所谓成本管理表,就是检验活动成果的体系。阿米巴一边自行思考提高医疗品质的办法,一边实现单位时间附加值的目标。而重点项目单,就是为实现目标,对各种活动成果的检测体系。

表 2-1 是医学影像诊断部门的重点项目单格式。在提高医疗护理水平及品质方面,计划栏填了①到④四个目标,实施结果则填在成果栏里。① KPI(关键绩效指标)里列出了对收益影响最大的临床指标目标。部门要想实现这些目标,与诊疗科医生、体检中心等其他科室、其他部门的协作不可欠缺。

医疗机构的重点项目单最大的特点是表 2-1 里的合作请求。所谓合作请求,是指请求其他部门合作。无论是本部门请求其他部门合作,还是接到其他部门的合作请求,都可以填入。这能够有效地促进与其他科室、其他部门之间的协作。比如,受病房护士的请求,口腔科护士为住院患者做口腔护理。此举大受患者的好评,病房护士也颇为受益。这是因为,口腔护理预防了感染和并发症等,有利于提高医疗品质。

但是,要提高单位时间附加值,有三种方法:大幅提高营业收入(收益),降低成本,节约时间。关于提高收益,如上所述,在重点项目单上的①处加以考虑。关于降低成本和节约时间，在重点项目单上，在计划栏填写费用削减方案及时间有效利用计划，在成果栏填写相应的结果。此外，还可在合作请求栏里填写跨科室、跨部门的协作计划。

表2-1　重点项目单格式

所属部门　制表人		职种	人数
责任人		医疗影像技师	19名
医院的医疗目标		临床检查技师	1名
		非全职事务员	2名
部门的医疗护理目标		技术员	1名
			名
计划		成果	
<医疗护理水平及品质的提高>		<医疗护理水平及品质的提高>	
① KPI 目标 第1 CT：×件，第2 CT：×件，MRT：×件，RI：×件 ② 教育、技术目标 ③ 亲切、接待目标 ④ 医疗安全目标		① KPI 目标 ② 教育、技术目标 ③ 亲切、接待目标 ④ 医疗安全目标	
<经费削减方案> <有效利用时间>		<经费削减方案> <有效利用时间>	

合作请求

部门名称	开始月份	内容	结果	情况

收到其他部门的合作请求

部门名称	开始月份	内容	结果	情况

在森田［（2014）p.174］的基础上修订绘制

在医疗机构，即便固定支出占总成本的比例很高，还是会产生一定比例的可变支出。削减可变支出也很重要。关于削减可变支出，导入阿米巴经营的公立甲贺医院护士长认为：

我们护士部门通过不丢物品提高"附加值"。体温计等医疗器具都很小，很容易丢失。还有夹在手指上测量氧气饱和度的器具也一样。因为小，所以常常忘记放在哪里了，而且电池也容易坏，光修理就得花掉两到三万日元。费用支出增加，单位时间附加值自然就会下降。这会让我们觉得很懊恼，所以我们彻底地讨论了"为什么会丢"这个问题，后来，白班、夜班都开始仔细确认器具的存放位置和数量了。

请注意一点，作为阿米巴领导人，护士长提到医疗器具的丢失或修理会产生额外的费用支出，结果导致本部门单位时间附加值下降，这让她们觉得懊恼。通过导入阿米巴经营，核算意识以及作为部门经营者的当事人意识开始萌芽，因为懊恼，护士们就通过沟通，想办法削减可变支出，以避免产生无谓的费用。得益于这份用心，还节省了到处找注射等器材的时间。

虽然不是降低固定支出本身，但提高病床使用率，也能大幅提高营业收入。对此，该医院另一位护士长谈道：

对京瓷式理念最初我是持怀疑态度的，但现在却是我工作的动力。以前，我不会在意空病床，反而还觉得（患者少）轻松了。但现在我会想，住院患者人均4万日元的"收入"就这么没了，真浪费。单位时间附加值什么的，一开始完全没有概念，不过转成图表，可视化之后就变得有意思了。不管怎么样，我相信，零失误、高效率对患者也是有利的。

测算病床使用率的医院很多，但提高病床使用率能够增加多少收益，有这个意识并付诸行动的护士肯定不多，因为缺乏相应的机制让护士们产生这个意识。公立甲贺医院导入阿米巴经营，制作成本管理表，以便让护士们有单位时间附加值的意识。由此，成功地让身为阿米巴负责人的护士长具备了核算意识及作为部门经营者的当事人意识。

关于节约时间的手段，下面举例说明可通过跨科室、跨部门协作缩短时间。公立甲贺医院（导入阿米巴经营时的）院长谈道：

因为设定目标的"单位时间附加值"及其结果每个月都出报表，所以全院上下充满了干劲，大家团结一致，立志要完成目标，努力提高哪怕一点点的附加值。尤其是缩短时间的意识非常高涨。同样的手术，如果医生和其他工作人员协作顺畅，节省无谓的时间，那么所需时间甚至缩短了一半。

在完整关怀周期的其中一个流程——手术这一治疗行为中，对患者提供的也是服务集合，由跨科室、跨部门的医疗从业者参与其中。通过节省无谓时间缩短了手术用时，促进了单位时间附加值以及医疗品质的提高。关于前者，不用多做解释，仅对后者稍做补充。手术时间长的话，术中低体温等导致的术后颤抖会成为疼痛的增强因素，增加患者的痛苦。此外，长时间手术中，如果体位不变，术后就会出现肌肉疼痛。缩短手术时间能降低上述风险，从而提高医疗品质。

关于按多少分钟测算支援时间（时间移动），不同的医疗机构是不同的，有案例表明，病房护士和门诊护士之间互相支持（部门内部协作）促进了人员的有效利用以及合理配置。此外，复健部门也为了有效利用时间而加强了部门内部协作。在有限的时间内能够做多少单位的复健，直接关系到医疗品质的提高。

按照阿米巴经营学术研究会的定义，所谓阿米巴经营，就是分功能，充分运用小集体部门独立核算制度，让组织的所有成员都参与到经营当中的过程。稻盛和夫也把以下三个目的视为阿米巴经营的本质，即确立直接与市场挂钩的部门独立核算制度，培养具有经营者意识的人才，实现全员参与型经营。然而，根据北居明、铃木龙太以制造业为对象实施的实证研究，阿米巴经营聚焦阿米巴领导人，目的是激发领导人的自律行动以及高积极性。这是以培养阿米巴领导人为目的的体系，未必把焦点放在阿米巴成员身上。

医疗机构的阿米巴经营虽然以培养领导人为目的，但笔者推测也聚焦在成员身上，全员参与型经营的色彩更浓。这是因为，单位时间核算表上，特定账目的责任是由全员来背负的；重点项目单也不是负责人一个人制作，而是由成员轮流制作的。笔者至今已赴多个医疗、护理机构进行实地研究，从笔者的经验来看，印象中，尤其是护士部门、复健部门以及营养管理部门的阿米巴领导人及成员在导入阿米巴经营之后，都带着核算意识，生气勃勃地投入工作。实际上，比如在慈生会，员工满意度提高了，护士的退休人数及离职率等都有锐减。

3-3 激活部门内、部门间的交流，促进协作
——部门会议与全院会议

阿米巴经营的部门会议与全院会议是基于成本管理表和重点项目单展开讨论的平台，而不是简单汇报的平台。上个月的业绩一出来，就要立刻召开部门会议，利用单位时间核算表和重点项目单，确认上个月的业绩，明确课题，讨论下个月的计划，发现课题。也就是说，通过利用成本管理表和重点项目单进行交流，实现部门内部的计划、统一管理和调整。

部门会议结束后召开全院会议。阿米巴领导人就成本管理表的计划和成果进行汇报，同时公开重点项目单的内容，与会人员对此进行讨论，谋求信息共享。全院会议的目的是让领导层和部门负责人以及部门负责人之间实现信息共享、信息联通。这个过程和制造业的阿米巴经营并无二致。

但是，导入阿米巴经营以前，在医疗机构，这样的过程并不见效。或者说，在不少医院，压根没有开过院长和跨科室、跨部门的负责人齐聚一堂的全院会议、部门会议。这里的问题在于没有一个齐聚一堂联通信息的平台。即便有平台，会上做什么也是需要探讨的。比如，在医院里，护士部门属于人数众多、上传下达型组织，部门会议通常是护士部长的一言堂，年轻护士别想发言。这是因为，在护士部门，只存在一种交流，即"护士部长——护士长——护士长的下属"。护士部门是医院里一个独立的大集体，但院长也只和护士部长交流，他并不理解护士部门内部实际发生的问题，因为无从理解。导入阿米巴

经营之后，某医院评价称，院长开始参加护士部门的部门会议了，年轻护士等也在部门会议上发言，引起了"护士革命"。

全院会议是领导层与部门负责人以及部门负责人之间直接面对面交流的平台，也是做决定的平台。医院是一个以医生为顶点的金字塔形组织。以前，医院里没有医务辅助人员在公开场合向医生提意见的风气，但是，导入阿米巴经营之后，情况大变。由于医生开单开得晚，药剂部要加班，单位时间附加值停滞不前，因此，药剂部向诊疗科提出要求，"希望早一点开出处方单"，诊疗科当场接受，结果药剂部的加班时间大幅度减少了。信息共享固然重要，但信息联通更能促进决策时间的缩短及风气改革。

4　结语

为了提高医疗品质和经营品质，医疗机构必须具备相应的管理会计体系和流程，以便促进整个完整关怀周期的协作与统一以及跨科室、跨部门的协作。此外，还需要建立相关机制，以促进患者积极地参与到医疗流程当中。本章厘清了随着医疗机构的导入，阿米巴经营是怎样演化的，以及与提高医疗品质有着怎样的关系。

虽然利润中心组织编制的逻辑本身与制造业并无二致，但在医疗机构，经营理念、经营方针与利润中心应细分到哪种程度、应将哪里设为利润中心等决策相关。完整关怀周期的出发点，即监测与预防很关键。可以观察到，为了让患者积极地参与到医疗流程当中，有的医院想了一些方法，比如将体检中心、内镜中心等设为利润中心。

设定利润中心及合作对价能够让职责明确化，从而有利于加强跨科室、跨部门协作。单位时间核算表和重点项目单作为促进协作加强的机制，被有效地运用到部门会议和全院会议中。

对促进患者积极地参与到医疗流程的机制，本章只是初步探讨，还需要留作今后的课题进一步讨论。

03

部门独立核算制度对发现
经营理念的影响
——酒店的阿米巴经营案例

京都大学大学院教授 泽边纪生
长崎大学副教授 庵谷治男

1 目的及问题意识

为了加强对阿米巴的经营理念与管理会计体系之间关系的理解，本研究探讨当经营理念 [①] 的渗透程度与部门独立核算制度的运用水平之间产生不协调时，对员工意识及行动等会有怎样的影响。

阿米巴经营的理想状态是以经营理念和管理会计为车之双轮，实现全员参与型经营。但即便在创造出阿米巴经营的京瓷，也并非从一开始就有现在这样的经营理念和管理会计体系。这两者是在京瓷的历史进程中孕育出来，并发挥车之双轮作用的。

在那些导入阿米巴经营，实现了全员参与经营的企业、组织，经营理念和管理会计的关系是密不可分的，将它们从整体当中切分出来进行分析，或基于单个功能的分析来探讨关联性，如此获得的知识见解是有局限性的。两者的关系需要从整体论的角度进行理解。因为站在有机的组织观的角度，不能像对待可替换的机器零部件那样对待组织

---

① 在京瓷，"经营理念"和"京瓷哲学"是有区分的，但在本章中，"经营理念"中包含"京瓷哲学"。

的构成要素[①]。

对阿米巴的经营理念与管理会计的理解，不仅可以通过研究两者均衡发展、成熟度高的状态下的案例，还可以通过研究两者不完善状态下的案例得以发展。阿米巴经营导入过程的研究就是一种具备这方面可能性的研究。从实务的角度来看，导入阿米巴经营时让人关心的其中一点就是"导入时期（时机）"问题，即经营理念的渗透和部门独立核算制度的设计、运用是同步进行，还是需要时间差。然而，至今为止的研究为了经营理念与管理会计的整合性，都是以采用怎样的流程为中心展开分析的，并没有立足于未整合状态的分析，考察其中不足要素的作用。

在导入阿米巴经营的组织当中，也存在一些经营理念与部门独立核算制度很难说已经整合的案例。如表3-1所示，从经营理念的渗透度和管理会计的实践度这两个维度，将导入阿米巴经营的企业简单化、类型化。刚导入型企业还停留在经营理念的渗透度和管理会计的实践度双低的水平。理想型企业的经营理念和管理会计都处于较高水平，能协调发展。而理念主导型企业的经营理念水平高并且已经渗透，但机制建设水平还较低。机制主导型企业的管理会计实践度高，但经营

---

① 有机组织观中整体与部分的关系，如果用生物类推来思考的话就很容易明白。为了理解脑功能，即使将脑从生命体中切分开来进行分析，能够获得的知识见解也是有限的。人脑的理解是通过与前头叶不如人类发达的猴子相比较以及研究前头叶受损之人的行动等不断进化而来的（Ramachandran & Blakeslee. *Phantoms in the brain: Probing the mysteries of the human mind.*1998，山下译《脑中的幽灵》，角川书店，1999年）。

理念流于形式。

表 3-1　导入阿米巴经营的企业类型

管理会计实践度＼经营理念渗透度	低	高
低	刚导入型（双低水平型）	理念主导型（机制不足型）
高	机制主导型（理念形式化型）	理想型（高水平协调型）

　　历来的研究是以经营理念渗透度和管理会计实践度都高的、协调发展的理想型为中心开展的。在阿米巴经营的导入研究方面，也是心系理想型，从应该理念先行还是管理会计机制先行的角度展开研究的。本研究关注的是经营理念渗透度和管理会计实践度不协调的状态，理解其中不足要素的作用。也就是说，历来研究的趋势是从实践性问题意识展开讨论，如推进阿米巴经营导入时"要从哪里着手"，而本研究是为了理解阿米巴经营的本质，从理论性问题意识出发的，即"本应该有的事物不足，导致怎样背离了理想状态"。

　　本章的构成是，下一节通过回顾先行研究，整理围绕经营理念渗透度和部门独立核算制度实践度之间整合性的论点。接着第 3 节提出研究设计，第 4 节记述案例，第 5 节分析案例并进行考察，最后一节阐述结论和课题。

2 先行研究回顾

本节整理了关于阿米巴经营形成或导入流程的案例研究，就经营理念和部门独立核算制度的关系，分别从渗透度和实践度的发展时机这个角度对先行研究加以整理。在阿米巴经营中，应如何把握经营理念和部门独立核算制度的整合性，这个问题本身就是一个大论点，但本节在讨论先行研究时只简单地聚焦于发展时机这一个侧面上。

从发展时机这个角度俯瞰回顾范围内的各个研究，发现存在不同的情况：有经营理念渗透和部门独立核算制度实践虽然时间上有不同步的情况，但整体而言还是同步进行的；也有二者任一先行因而产生了时滞。在此，将先行研究归为三类进行整理：①同步推进的情况；②经营理念渗透先行的情况；③部门独立核算制度构建先行的情况。以下按顺序介绍分析各类先行研究所获得的知识见解，在此基础上明确研究差异，提出本研究具体的研究课题。

2-1 同步推进的案例

经营理念的渗透与部门独立核算制度的构建同步实施、整合的典型案例，从阿米巴经营形成的角度来看当属京瓷，从阿米巴经营导入的角度来看主要有京瓷化学以及京瓷三田。其中，京瓷阿米巴经营的形成过程是同步进行、整合发展的最佳案例，相关先行研究也很丰富，因此，本项集中论述京瓷阿米巴经营。

在京瓷，身为创始人的稻盛和夫名誉董事长创造并发展了京瓷哲学以及以单位时间核算为支柱的部门独立核算制度。二者的产生及逐步发展都是稻盛先生自己在不断面对经营课题时想方设法应对的结果。于是，包括京瓷哲学在内的经营理念渗透与部门独立核算制度构建是在京瓷漫长的历史中同步推进，发展成今天的样子。

那么，以京瓷阿米巴经营为对象的先行研究是如何解释经营理念渗透与部门独立核算制度构建之间的关系呢？对此，存在两种观点。

第一种观点始于 Cooper 的"微型利润中心"（Micro-Profit Center，以下简称"MPC"）研究。Cooper 广泛观察日本企业的管理会计案例，在考察当中推导出 MPC 的概念。京瓷的阿米巴经营，由于是基于市场价格构建起公司内部体系，细分化了利益责任单位，因此其阿米巴称为 MPC，甚至"真正（real）MPC"。后来，MPC 研究的进一步发展归功于谷武幸以及三矢裕的一系列 MPC 研究。具体而言，以"赋能授权"（empowerment）为核心概念，力求实现 MPC 理论化。其中，三矢通过案例研究以及采用问卷的实证研究，验证了阿米巴作为 MPC 起到了什么样的作用。

关于 MPC 研究值得强调的一点是，经营理念被解释为对部门独立核算制度具有"补充完善"的作用。比如，MPC 研究认为，各个阿米巴唯独独立核算论，乍一看有可能会带动局部优化的行动，但通过在全体员工当中渗透经营理念，就能引导大家往全体优化的方向思考。像这样，他们认为在以 MPC 理论为支柱的京瓷阿米巴经营中，经营理念起到了缓解部门独立核算制度弊端的作用。

而第二种观点来自于上总康行、泽边纪生、潮清孝等人的一系列研究。具体而言，认为经营理念在部门独立核算制度里得以"具体化"。比如，潮清孝基于行动者网络理论详细分析了京瓷阿米巴经营的形成过程，明确了经营理念通过某一件具体事情"铭刻"（inscription）在部门独立核算制度（包括单位时间核算）上。也就是说，经营理念不只具有缓解部门独立核算制度带来的弊端的作用，还能够通过部门独立核算制度的实践，使经营理念得以实现。

综上所述，在经营理念和部门独立核算制度的整合性同步推进、成熟度高的案例中，存在两种解释。为了理解阿米巴经营中经营理念与部门独立核算制度在时机上的关系，笔者决定从第二视角，即"经营理念在部门独立核算制度里得以'具体化'"的立场研究整合性①。

2-2　经营理念渗透先行的情况

　　导入阿米巴经营时，经营理念渗透先行，部门独立核算制度后建的典型案例有日航导入阿米巴经营。在支援日航时，

---

① 关于阿米巴经营中经营理念与各部门核算制度的关系，如 MPC 研究那样，有两种观念，即互补关系的观点和各部门核算制度是经营理念的具体体现的观点。两种观点并非互相排斥，都会提供更便于多方面理解现实的有用的认识。两者的不同是源于基本解释框架的不同。解释为互补关系的观点，认为经营理念与各部门核算制度是独立存在的，从分别会对员工的行动产生什么样的影响的角度理解两者的关系。简单可归纳为以下图式：

图 1　经营理念 → 行动 → 各部门核算制度

图 1 是在将经营理念和各部门核算制度视为客观存在的基础上，研究这些会对员工的行动产生什么样的影响后梳理出来的，可以说是功能主义的静态分析框架。利用与此相同的功能主义静态分析框架，做出各部门核算制度是经营理念的具体体现解释的观点，可归纳为以下图式：

图 2　经营理念 → 各部门核算制度 → 行动

另外，因为图 1 和图 2 是相同的分析框架，所以，可以扩展至如图 3 那样的普通模型。

图 3　经营理念 → 行动
　　　　↓　　　↑
　　　各部门核算制度

但是，如果站在解释主义观点动态理解流程的立场，功能主义静态分析框架的图式化就会混入不同范畴的概念，这是一种误导。

各部门核算制度是经营理念的具体体现的观点，是依据结构化理论（Structuration theory）等中所见到的解释框架，想通过经营理念和各部门核算制度来理解不断变化的动态流程，误导性分析只不过是其中的一部分。

图 4　结构（经营理念） <=> 情况（各部门核算制度） <=> 行为（阿米巴经营实践）

经营理念般的抽象概念和价值观通过各部门核算制度等影响到具体行为，同时，具体实践使各部门核算制度和经营理念不断发生变化。理解这种动态过程，从经营理念和各部门核算制度存在着具体关系的角度，在这一框架下进行研究，是本文的目的所在。

稻盛先生首先着手经营管理层的意识改革，而后展开全公司的意识改革。在这个过程中，效仿京瓷哲学，制定了日航自己的哲学"日航哲学"，并将"日航哲学"编制成文，创建专门部室负责"日航哲学"，由此推进哲学在整个组织里下沉、渗透。

在部门独立核算制度方面，以"合作对价体系"这一公司内部交易体系为基础，构建了分职能核算管理。虽然从 2010 年 4 月，日航就在研究部门独立核算制度，但正式启用是从 2011 年 4 月开始。尽管从导入阿米巴经营之初，就开始推进部门独立核算制度基本设计的讨论，但当时优先制定和渗透了"日航哲学"这一经营理念，之后（大约一年后）才开始正式启用部门独立核算制度。日航认为对对员工（尤其是职级高的）实施彻底的意识改革是最优先的课题，因此便优先渗透经营理念。

在日航的案例中，由于通过渗透经营理念，推进了意识改革，因此面向改革，公司内部处于能量满格的状态，于是，此后实施的部门独立核算制度也取得了显著的效果。

2-3　部门独立核算制度构建先行的情况

与上述情况相对的，是优先构建部门独立核算制度，而后再试图渗透经营理念，努力达到整合性的情况。代表性案例有 ACTEC 以及荻野工业。比如 ACTEC，导入阿米巴经营之初，盘活了组织，提升了业绩，培养了竞争意识等，但从第四年开始，组织内部的本位主义行为开始变得突出，业绩停滞，阿米巴经营变成了"形式化"。后来，ACTEC 通过导入"京瓷哲学"，努力让公司内部出现了整体优化的行为。这就是先构建部门独立核算制度，培养各个阿米巴的独立核算意识，而后再努力渗透经营理念，以求纠正局部的优化行为（往整体优化引导）。在优先构建部门独立核算制度的情况当中，导入阿米巴经营之初成效明显，但后来，推动经营改革的能量就会枯竭，从而停滞。

2-4　研究课题

目前为止，笔者就经营理念的渗透与部门独立核算制度的构建，从时滞（time-lag）的角度把先行研究归为三类进行了讨论。产生时滞的经营理念先行与部门独立核算制度先行两种情况，都出现了一些很有意思的见解。总而言之，在经营理念先行的情况下，通过渗透经营理念，部门独立核算制度效果显著，而在部门独立核算制度先行的情况下，经营理念缺位则显现出负面影响。两种情况都表明，要想发挥效果，经营理念的渗透和部门独立核算制度都是必要条件，不可或缺。

但先行研究并未直接讨论部门独立核算制度对于经营理念而言具有什么样的意义。比如，经营理念已经渗透，但部门独立核算制度还没有构建完善，关于这种情况的讨论基本上没有出现。

因此，在阿米巴经营中，部门独立核算制度对于经营理念而言具有什么样的意义和作用，为了加强对这一点的理解，本文设定了如下研究课题：

在导入了阿米巴经营的企业里，经营理念虽已渗透到位，但部门独立核算制度在设计、运用上还存在问题，这对组织成员的思维方式及行动等会产生什么样的影响？

这个研究还可以分解为下列三个子课题：

①部门独立核算制度是怎样设计、运用的？

②经营理念渗透到了什么程度？

③组织成员的思维方式及行动等怎么样？

回答了这三个子课题，就能够导出原研究课题的答案了。

3 研究设计

为了回答研究课题，本节说明本研究采用了什么样的研究设计。

首先，为了回答研究课题及其子课题，对于经验性材料及其含义解释，从研究者角度的客观把握以及当事人角度的主观认识两方面展开研究。本研究关注的经营理念与部门独立核算制度之间的关系，采用素朴实在论的研究方法是难以把握的。比如，"经营理念的渗透"，这不能依据客观事实机械式地测定认识，而应该通过反复琢磨当事人的认识与研究者的理论分析，进而做出判断。因此，本研究充分利用阿米巴经营研究领域累积至今的理论性知识见解，在从研究者角度努力做到客观理解的同时，重视当事人自身的理解，在此基础上进行解释。

为了回答研究课题，本研究采用个案研究（case study）为研究手段。这是因为，笔者认为，要想理解阿米巴经营中经营理念与部门独立核算制度之间的动态关系，以少数抽样为对象，实施深入调查是有效的方式。从个案研究的性质来看，这能够增加阿米巴经营中经营理念与部门独立核算制度之间关系性的类型。

本研究是从以下观点出发，理论性地选择案例的。

考虑到本研究的目的，要求调查对象"导入了阿米巴经营""经营理念虽已渗透"，但"部门独立核算制度在设计、运用上还存在问题"。无论是经营理念的渗透程度，还是部门独立核算制度在设计、运用上的问题，不实际展开调查就不知道真实情况。尽管如此，为了提高可能性，在经营理念渗透程度方面，选择导入哲学后经过若干年以上的公司；在部门独立核算制度的设计、运用问题方面，以与京瓷主体业务模式相距甚远的业务模式为参照，进行了理论性抽样。结果，笔者正在展开酒店业阿米巴经营调查的 A 酒店（以下简称"A 酒店"），其部分组织确定出现了接近本研究问题意识的情况，故而将 A 酒店列为候选案例。此外，调查是在京瓷通信系统株式会社（KCCS）的配合下实施的。

在个案研究中，经验性材料的收集工作主要通过基于准结构化方式的访谈来完成的。作为补充，还进行了组织结构图等内部资料阅览、现场观察等。在选择访谈对象时，有意从多个角度来设计，以便能够从多角度把握经营理念的渗透与部门独立核算制度的设计、运用情况。为此，笔者制作了涵盖多个层次、多种职能的访谈清单，实施了访谈。此外，为了收集部门独立核算制度设计、运用相关的可信的经验性材料，访谈对象都是责任人以上级别。按照访谈清单，笔者访谈了核算部门／非核算部门、涵盖不同层次和职种的共 26 名访谈对象。为了排除组织内部的人际关系或政治关系影响，访谈基本上一对一进行。访谈地点都在 A 酒店的会议室，由调查组直接前去实施。调查日期、访谈对象所属部门及工作年数、主要询问内容的概要如表 3-2 所示[①]。工作年数分布广，主要有不足 10 年、10 年以上 15 年以内、15 年以上三个区间。

　　采访者共三人，分别是我们的两名研究人员和来自 KCCS 的一名协助人员（主要负责现场的内容速记），三人组成一个调查小组[②]。调查内容的记录方法除录音之外，还有现场电脑速记及手写笔记。录音数据全部形成文字后在组内共享，电脑速记和手写笔记内容也全部保存到电子介质上并进行信息分享。在上述三项研究关注点的分析中，没有使用软件进行分析，但每次调查结束后，研究人员都会互相沟通，以求形成一致意见。对于经营理念，以"经营十二条"和"六项精进"为共识进行了分析。对于经营理念的渗透程度、经营理念与各部门核算制度的一致性，通过反事实分析法对实证材料进行了严谨

---

① 此外，为了提高访谈的隐私性，有些地方使用了修改过的调查信息，当然尽力避免了修改对本研究结论产生的影响。特别是在图 3-1 的组织结构中大幅度地改变了名称，尽可能地避免了具体人物信息的暴露。
② 第 1 次及第 23-27 次调查中，另有一名 KCCS 的派遣人员。

的解释[①]。

表 3-2　A 酒店访谈调查概要

	时间	访谈对象	工作年数	内容	备注
1	2014 年 3 月 4 日 10:30–12:20（110 分钟）	总经理	10 年以上 15 年以内	阿米巴经营的机制以及今后的研究计划	阅览内部资料（组织结构图、核算表），无录音
	12:20–13:00（40 分钟）			参观酒店	总经理介绍酒店内部设备情况
2	2014 年 5 月 12 日 9:55–11:10（75 分钟）	总经理	同上	访谈对象的工作经历，阿米巴经营（核算表与哲学）的实践与理解	有录音
3	11:15–12:15（60 分钟）	客房部门 A 氏	15 年以上	同上	同上
4	12:15–13:20（65 分钟）	宴会部门 B 氏	15 年以上	同上	同上
5	14:15–15:15（60 分钟）	管理部门 C 氏	10 年以上 15 年以内	同上	同上

---

① 所谓"反事实分析法"（counterfactual analysis），指的是以并未实际观察到的现象为条件，分析因果关系的方法。例如为了研究"X 则 Y"的因果关系，对"非 X 则非 Y"或"X 则 Y"是否成立进行思考实验，就是反事实分析法。不明推论式（abduction）是反事实分析法的推论形式，例如"我们发现了一个惊人的现象 Y""但如果命题 X 是正确的，Y 就是当然的""因此有理由推导出 X 是正确的"。不明推论式就是通过无数次地反复进行"若X，则……"的反事实分析法来开展的。

6	15:20–16:20 （60分钟）	餐饮部门 D氏	10年以上 15年以内	同上	同上
7	2014年5月26日 9:55–11:00 （65分钟）	餐饮部门 E氏	15年以上	同上	同上
8	11:05–11:55 （50分钟）	宴会部门 F氏	15年以上	同上	同上
9	12:05–13:05 （60分钟）	管理部门 G氏	15年以上	同上	同上
10	14:05–15:05 （60分钟）	客房部门 H氏	15年以上	同上	同上
11	15:10–15:55 （45分钟）	餐饮部门 I氏	不满10年	同上	同上
12	16:20–17:05 （45分钟）	餐饮部门 J氏	15年以上	同上	同上
13	2014年6月9日 10:00–11:00 （60分钟）	住宿部门 K氏	15年以上	同上	同上
14	11:00–11:55 （55分钟）	住宿部门 L氏	15年以上	同上	同上
15	12:05–13:05 （60分钟）	宴会部门 M氏	15年以上	同上	同上
16	14:00–14:50 （50分钟）	住宿部门 N氏	15年以上	同上	同上
17	15:00–15:55 （55分钟）	餐厅部门 O氏	15年以上	同上	同上
18	2014年6月16日 10:00–10:55 （55分钟）	管理部门 P氏	不足10年	同上	同上
19	11:05–11:55 （50分钟）	餐厅部门 Q氏	不足10年	同上	同上

20	13:00-13:55 （55分钟）	住宿部门 R氏	15年以上	同上	同上
21	14:00-14:50 （50分钟）	宴会部门 S氏	15年以上	同上	同上
22	14:55-15:50 （55分钟）	住宿部门 T氏	15年以上	同上	同上
23	2014年7月28日 10:05-11:00 （55分钟）	住宿部门 U氏	不足10年	同上	同上
24	11:05-12:00 （55分钟）	住宿部门 V氏	15年以上	同上	同上
25	12:05-13:00 （55分钟）	餐厅部门 W氏	15年以上	同上	同上
26	13:55-14:55 （60分钟）	管理部门 X氏	15年以上	同上	同上
27	15:00-15:55 （55分钟）	管理部门 Y氏	不足10年	同上	同上

4 A酒店的案例

关于A酒店的案例，将按照企业概要、各部门核算制度的设计与运用、经营理念的渗透的顺序来阐述。尤其是经营理念的渗透，将适当引用调查数据（采访中的言论）来说明。

4-1 企业概要

A酒店位于地方城市，附近有大规模工业园区。A酒店是某大制造商 X 公司的子公司，设立于 20 年前①。由于 X 公司曾经实践过阿米巴经营，自然 A 酒店创业时就导入了阿米巴经营。在设计和运用阿米巴经营时，X 公司为了向 A 酒店传授技术诀窍，向其调入了 10 名左右人员（除部分系统导入外，基本没有请外部顾问）。A 酒店共有客房约 300 间，在周边属于规模较大的酒店。目前员工人数约 200 人。

酒店的特点是"城市度假酒店"。也就是说，不仅有城市酒店所提供的"住宿""餐厅"（咖啡、日本料理、自助餐）"宴会"（婚礼、普通宴会）服务，同时还设有度假酒店所具有的那种带娱乐性质的水疗、温泉、游泳池、健身房一体设施。最具特色的是馆内的通透空间和全玻璃墙面设计，可以让顾客在开放感十足的空间里尽情欣赏美景。

主要顾客群是前来附近工业园区的商务客人、前来周边地区的个人 / 团体（旅游团）游客和以修学旅行、体育集训、封闭培训等为目的的团体客人。同时，因为具有距离最近的机场不到 20 分钟车程的地理优势，赴日外国团体游客的需求（所谓入境需求）也十分旺盛，中国台湾地区和韩国的游客纷至沓来，住客的评价不断攀升。最近，获得了全球最大游客口碑网站 TripAdvisor（猫途鹰）颁发的"卓越证书"。

4-2　各部门核算制度的设计与运用

在 A 酒店的各部门核算制度中，业绩指标没有用"单位时

---

① 准确地说，Y 公司是 X 公司的子公司，A 公司是 Y 公司的子公司，那么 A 公司就是 X 公司的"孙公司"。

间核算"，而是采用的"折旧前利润"，主要核算单位（核算部门）为"住宿""餐厅""宴会"，也就是接近事业部制组织的单位。在组织层级低的职能层面，由于职能间（类似京瓷的制造与营业、工序①和工序②的关系）未建立内部划拨价格和合作对价等内部交易机制，基层组织单位的收益和费用无法评测。这样，A酒店的核算单位除一部分之外，没有细分到像京瓷那样的系层面，核算单位为更高位的部门、部、课层面。

再进一步具体来看各部门，在"住宿"，最高级别的单位是"住宿部门"，这就是最小的核算单位。住宿部门分为"住宿服务部"和"住宿营业部"，"住宿服务部"又由4个职能课组成，但各职能课的核算并不可视。

"餐厅"不仅核算单位是各家店铺（在组织上为"课"），而且，各餐厅内还按照"厨房系"和"大厅系"的职能之分制作各自的核算表。但实际的核算管理是以餐厅（课）为单位进行的。

而"宴会"的核算管理与组织结构要略微复杂。"宴会"只有"宴会部门"这一个核算单位，但近年开始尝试按照"婚礼"和"普通宴会"分别独立计算。这样做的目的在于通过使"婚礼"和"普通宴会"的核算可视化，明确双方的贡献度。然而在组织上，营业分为"婚礼"和"普通宴会"，但"宴会厨房"和"宴会服务"却是统归于一个"宴会饮料部"的状态。因此，"宴会饮料部"产生的费用，从所谓个别费和共通费（以时间为基准进行分摊）的角度统计到"婚礼"和"普通宴会"，作为核算管理，还存在没有完全发挥作用的一面。

"预算与实绩管理"的 PDCA 循环，原则上是与京瓷一样的流程，采用总计划（以下简称"MP"）和预定。MP 作为年度利润目标管理、预定作为月度利润目标管理各自发挥作用。在月内预定的进度管理上，每月 20 号、28 号、月底共做三次预测并进行估算[1]。除此之外，作为预定进度管理的现场自主性举措，"住宿"由各负责人按周向经理报告预定的进展情况，"餐厅"则以各餐厅的厨师长和经理为首，经理、总经理聚集在"餐厅周会"上，确认并讨论预定的进展情况。"宴会"每周召开"宴会周会"，确认订单（预约）数量和销售额的变化，沟通今后的计划。组织的整体实绩在次月 3 号确定，作为各核算单位的反馈信息加以有效利用。

在各部门的核算制度中发挥着重要作用的是各种会议。具体地说，"全体会议""负责人会议""各部门会议"作为主要会议（按举办顺序），起到提高各部门核算制度实效性的作用[2]。各种会议的共同点是都在每月的月初举行，基本上都是审核上月的实绩。

"全体会议"也叫业绩报告会，主要目的是组织成员齐聚一堂"共享实绩"。"负责人会议"是各部门负责人履行业绩说明责任，并简明扼要地说明今后的计划的场合。"各部门会议"是总称，包括"住宿部门会议""餐厅部门会议""宴会部门会

---

① 营销额会通过"日报"的形式每天传达给一线。
② 此外，还举行多个以课、组为单位的会议，以及横跨各部门的会议。也会在每天的早会、午会、晚会中根据各部门实际情况安排日程。

议"。A 酒店的社长和总经理等参加各类会议。各类会议在详查内外环境的基础上审核实绩并报告计划,如果说明含糊或者问题未得到解决,各负责人是会被"严格问责"的。

将 A 酒店的各部门核算制度与京瓷的阿米巴经营做比较,梳理后发现有以下三大特点:

①全公司的核算单位成为接近业务部门的大单位。

②各职能(按职能分化的最小单位)中,既有核算实现了可视化的地方,又有未实现的地方。

③有的地方组织单位与核算单位不一致。

图 3-1 是以上内容的归纳(大部分组织的名称使用的是暂称)。

图 3-1 A 酒店的组织结构概要及主要核算单位

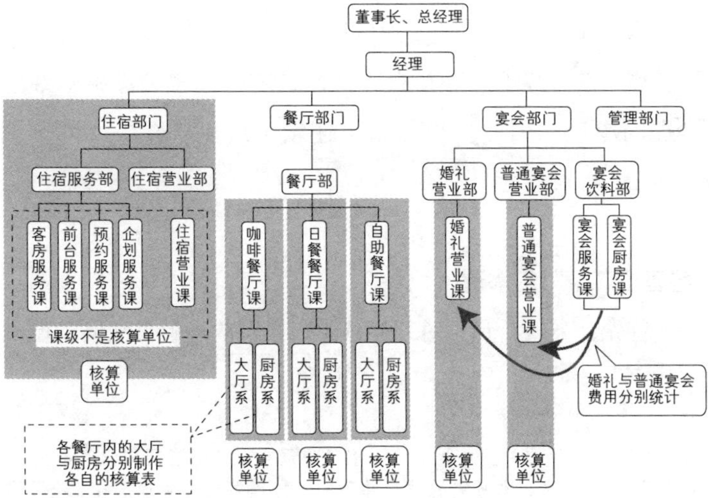

根据 A 酒店的内部资料制作而成,对各名称做了大幅度变更

4-3　经营理念的渗透

　　由于 A 酒店从开业之初就导入了京瓷哲学，因此，笔者调查开始时就预料到，经过 20 年后，现在经营理念已经在组织成员中得到了较好的渗透。尤其是开业时从 X 公司调来的约 10 名人员，很有可能接受过包括经营理念在内的某种哲学教育。但 A 酒店的组织成员中，入职后才接触到经营理念（哲学）的占绝大多数。这些绝大多数成员具体是指酒店录用的在其他组织工作过的有工作经验者（以下称为"有工作经验者"），以及刚从各种学校毕业的学生（以下称为"应届毕业生"）。有必要认真调查经营理念在这些人中的渗透程度。

　　考虑到这些情况，我们针对经营理念的渗透情况实施了访谈调查。主要采取对入职的"有工作经验者"和"应届毕业生"组织成员进行问询的方式，汇总了经营理念渗透情况调查结果（为了避免特定个人，引用仅定位为任一符合者）[1]。另外，在 A 酒店工作过的时间也会影响对经营管理的渗透，因此，也列出了连续工龄（与表 3-2 的记载相同）。

"经营十二条"的渗透

　　首先，来看看员工对"经营十二条"的理解。从问询调查

────────────

① 此次进行的调查访谈中，只有一名"应届生入职且资历较浅（不足 10年）"的员工，因此本研究的结果并不能直接理解为经营理念在"全体员工"中的渗透度。但鉴于本研究的目的，对象最好是与部门独立核算制关系密切的成员，因此也预计到了"应届生入职且资历较浅"者成为对象的可能性较低，因此该结果对本研究的影响是很少的。

结果中可以看出，经营十二条所表达的经营理念已经渗透到决策和行动层面。以下是提及的与"设立明确目标""胸怀强烈的愿望""销售额最大化，经费最小化""定价即经营""不断从事创造性的工作""乐观向上，胸怀梦想和希望，不失真诚之心"等各条有关的具体言论例子。

"设立明确目标"

> 嗯，也要明确每个人的责任所在吧。如果什么都没有，没有什么来体现的话……另外就是目标，客户的反响也算是目标，举行了很精彩的婚礼、举行了很成功的宴会等客户的表扬也是目标，但这些大多都比较抽象，要说成就感，还是那个大。也许不是小目标。目标中如果没有数字的话，就会变得很漠然，只是觉得日常工作中还是有数字比较好。否则会有点笼统。
>
> 第 8 次调查 宴会部门 F 氏（15 年以上）

> 连核算都要……，如果让第一年入职的员工看核算，他能不能理解呢？虽然不理解不行，但却是很难的。依我个人之见，首先是销售额。先让他理解月销售额，厨房和服务、大厅之间有行动路线，那里有白板，上面写着本月的目标预定是多少？今天几月几日是多少？
>
> （中略）
>
> 要争取实现多少多少的预定，现在还差多少。然后再进一步深入，本周的销售预定，经理、自己及公司提出的

> 预定数字都靠这个数字。同时写出实绩，表明和预定还相
> 差多少。
>
> 第 6 次调查 餐厅部门 D 氏（10 年以上不足 15 年）

通过采访调查确认到，"设立明确的目标"应当避免确立抽象（模糊）的目标，为此，最好用量化数字来表现。这样，不仅明确责任所在，也有助于与其他成员共享目标。

"胸怀强烈的愿望"

> 现在，厨师就是厨师，虽然不会有什么具体性的要求，但要能够凭借菜肴吸引顾客。希望被人说这里最大的卖点就是菜肴呢。希望人们都说，因为这里的菜肴好吃，所以选择在这里举办婚礼。
>
> （中略）
>
> 我要说，我是很认真地这么想的。因为我要做到只凭菜肴就能拿下婚礼订单。
>
> 第 16 次 宴会部门 N 氏（15 年以上）

阿米巴的负责人靠"胸怀强烈的愿望"，让其他成员参与到行动中来。上述言论表达了负责人胸怀凭借"菜肴"集客的强烈愿望。体现在行动上，就是不仅要影响自己阿米巴的成员，也要影响到营业阿米巴的成员。

"销售额最大化，经费最小化"

> 平时，我们总是在说，销售额最大化，经费最小化。所以，印刷品也好，一张纸也好，各种票据单都要下订单购买，真的是能便宜一元是一元，每次都麻烦营业人员获取多方报价，以前三联的改为两联，必要的东西没有办法，以前不必要的东西就不买，不太使用的考虑是不是通过复印来解决。把一张的单价和复印费相比较，选择较便宜的等，差不多就是这样的情况。
>
> 第 13 次调查 住宿部门 K 氏（15 年以上）

> 有下属的时候基本上都是在预约部门，自己的下属也很少，三人或者四人。采购物品的时候总是看看有没有浪费。很注意怎样采购最便宜。尽量自己身先士卒。需要什么的时候，付费的时候，总是会大声地说卖得太便宜了可没利润哦。
>
> 第 14 次调查 住宿部门 K 氏（15 年以上）

> 我个人在做的是每月制作几次采购一览表，截至哪一天的大致预定，比如耗材，计划买多少，现在能够采购多少。剩下的多少天时间里，基数用天数除，大体是这样。但饮料不一样，饮料消耗比较多。备品关联是这样做的。
>
> 第 6 次调查 餐厅部门 D 氏（10 年以上不足 15 年）

通过以上言论可以确认，"销售额最大化，经费最小化"的意识已经扎根于日常行动中。尤其是为了做到经费最小化，可以说小到每一个耗材都要抑制浪费的意识已经得到渗透。

"定价即经营"

> 最终，预订是与顾客确定价格的最前线。我们异常用心。以我个人的意见，刚才的网站也是这样，由于价格没有确定，常常说这个价，怎么样？我想要这个价等，商量来商量去。对此，上司总是说至少也要这个价啊，并印入了脑中，我想我也就是注意到了这一点吧。
>
> 第 14 次调查 住宿部门 L 氏（15 年以上）

从上述言论中可知，住宿部门的组织成员对设定客房单价的判断极为谨慎。定价是经营决策层的工作，A 酒店最终也是要获得总经理或经理的批准。现场负责人一边关注此前客房单价的变动和预约情况等，一边"提案"新的单价，因此，"定价即经营"的意识应该也在现场负责人中得到渗透。

"不断开展创造性工作"

> 最难做到的还是真诚。想必其他餐厅没有这种事情，我们就是有季节感，每次不做相同的东西。首先一点是，不变样的话客人会吃腻。即使改变食材，但外观相同的话，也是会让顾客感到腻烦的。

（中略）

　　原则上都采取这样的方式（根据季节选择最好的食材）。有时必须根据季节、根据当天的进货情况改变食材。还有就是刚才说的季节感，这种套餐，因为主食材无法改变，所以都是相同的，但最先呈上的小钵里的内容可以不同，或者刺身的内容略有不同等。改变外观，换掉碟子也是一种方法。虽然已经决定的事情要遵守，但是，有时我们心态轻松一点，也像玩儿一样改变一下器皿。向年轻人提出这样的建议，能给他们一些启发也好。如果有了这样的灵感，就尝试着改变一下器皿，或者改变一下摆法。当然，有些东西不能改变，但可以改变的还是让它有点变化为好。这也是现在这个时代的要求。

　　　　　　　　第 11 次调查 餐厅部门 I 氏（不足 10 年）

　　因为想用美味的、优质的食材，所以也不能完全忽略售价这个问题。常常有人说，这个与这个不相配，不值这个价等。可是，必须呈上好的东西。这个问题是最大的，一直让人困扰。

（中略）

　　不能就此止步，要从这里开始调查。调查类似的东西，价格低廉但一样美味的东西。然后还要和供应商充分沟通，等等。我们不是只购进低价的东西，还要像这样去学习。

　　　　　　　　第 16 次调查 宴会部门 N 氏（15 年以上）

从上述言论中可以看出，平时不断别出心裁，"不断开展创造性工作"的思维应该已经得到渗透。餐厅和宴会的厨房从味道、质量、季节感等各种角度想办法对所提供菜肴的食材进行创新，努力不让顾客感到腻烦。同时，也在顾及经费最小化的基础上，从食材的质量和成本两个方面追求新花样。

"乐观向上，胸怀梦想和希望，不失真诚之心"

（表现优秀的员工的特点）是啊，也许比较抽象，但应该是能够变成乐观向上的人的形象吧。虽然不是先有鸡还是先有蛋的问题。这种情况我们也都有经验。一时萧条，这种情况还是会有的。我觉得工作也像螺旋式的。拿到订单后就会精神饱满，再夺订单。这样就是好的螺旋，反之，总是拿不到订单，就会气馁，这种情绪也会传递给顾客。这个方面，我们都有很好的经验。有这种好经验的员工会越战越勇，订单不断吧。所以，我觉得也就是一个情绪切换的问题。这样的话，自己就能变得乐观向上。我自己也有过这样的经历。

第 8 次调查 宴会部门 F 氏（15 年以上）

是啊，宴会就是这样全年一个一个地办。比如大型婚宴等，又比如我们的晚餐秀。这种时候，一般都是一次来50人、60人。这个时候，我们要指挥，要起到领导作用。要摇旗呐喊，鼓舞大家的士气。因此，宴会这个部门真的是要和很多人打交道，性格稍微孤僻的人就做不来。说起

　　从以上的言论中可以了解到，"总是乐观向上"地思考问题
的重要性已被广泛接受。在企业经营的现场，会出现很多始料
不及的问题，比如，营业的预约（订单）受阻，达不到预定计
划。遇到这种情况时，越是能够"乐观向上"思考问题的人，
越能尽快找到突破口。

　　接下来是"六项精进"的相关事项，从问询调查中可以确
认"要每天反省""积善行，思利他""忘却感性的烦恼"等。

"要每天反省""避免情绪化的烦恼"

　　（评价下属时的注意事项）不是单凭数字。我们这种工
作，能够收到顾客的感谢话语或者信函。当然有多有少的区
别。这时会加以表扬和给予评价。同时希望大家再加把劲。不
是数字上的事情，而是顾客的反响，也就是您刚才说到的，人
们常说的脾气不合，如何待人的问题。也许有人会在这个问题
上投诉。另外，具体工作中因粗心大意造成错误的情况也会发
生。虽然都是微不足道的事情，但有时会引起严重的投诉。遇
到这种情况，要明确什么是对的，什么是错的，同时进行反
省，自己不光是计划制定者，也要反省问题出在哪里。

　　也就是说，到底是那个员工错了，还是自己没有明确
工作要求，错在自己。所以，如果是自己的不对，以后就

要多注意。这虽然不是什么新发现，但还是存在指导不到位的问题。

（中略）

出现问题时，要明确什么是对的什么是错的，上司也是这样跟我们说的。我也是这样做的。另外，也要告诉公司里的员工是对还是错，判断的标准是什么？一时不清楚的时候，不要模棱两可，要有一个倾向，虽然也许最终不知道哪个是对的，但要选择自己认为对的去做。有时候确实也做不出判断，不知道哪个是对的，哪个是错的。

第8次调查 宴会部门F氏（15年以上）

关于"反省"，稻盛先生认为就是"抑制自己的邪念，让善念在心中萌生发芽的过程"。关于"忘却情绪化的烦恼"，他说，"要对过去的事情进行深刻的反省，但不要因此在感情和感性的层面上伤害自己，加重自己的心理负担。要运用理性来思考问题，迅速地将精力集中到新的思考和新的行动中去"。在酒店业，顾客会通过问卷调查或邮件、电话等表达他们对服务的评价。从上述的言论中可以感受到他们关注顾客的意见，努力改善工作的态度。同时还可以感受到，"作为人，何谓正确"的这一"理性"判断标准。

"积善行，思利他"

其他部门在需要修理设施或做其他事情时，有人总会在想，自己买自己做不是更省钱吗？

跟我们说这些，是因为我们虽然不能划拨人事费，但我们必须买来材料做，最终还是要像其他的外包报价那样，制作个报价交给他们的。当然，比如客人用过餐的餐厅要打扫地板，材料多少钱，洗洁剂多少钱，花费多少时间等，餐厅是无法报出准确的报价的，所以，由我们来做，并告诉他们"下个月要花这么多费用哦"。

第5次调查 管理部门C氏（10年以上不足15年）

当然，酒店里也有不创造营业额的部门，为了把他们包括在内，他们对我们寄予热切的期待。最容易制订的是计划，我们是完全按照预约行动的，所以，预约就是全部。老板最放心的应该就是我们了吧。所以，不是我们本部门折旧前的目标额，而是本部门创收多少才能保证整个酒店的正常运转。

第15次调查 宴会部门M氏（15年以上）

部门间的合作也就是这两三年。我感到情况好了很多。以前，就像这里有的，虽然说是阿米巴经营，但本位主义还是很强，总会只顾自己部门的核算。如你所说，虽然有不愿做不喜欢做的事情、对核算不利就不想做的心理，但现在我们的总经理在反复强调不能这样做，反复告诫各部门的领导。所以，我感到和以前相比，现在忙的时候，大家互助协作的体制在逐步形成。

第25次调查 餐厅部门W氏（15年以上）

关于"积善行，思利他"，稻盛先生说，"利他的行为，就是以亲切、同情、和善、慈悲之心去待人接物，这一点至关重要。因为这种行为，一定会给你带来莫大的幸运"。A 酒店的管理部门制作将客房和餐厅的清扫与修理作业外包的情况与自己公司的情况相比较的报价比较书，为负责部门提供决策支持。同时，属于核算部门的宴会部门负责人，具有提高本部门的营业额就能使酒店整体经营稳定的认识。而且，各核算单位虽然是独立核算，但在人员互助方面，都形成了为保证整个组织运行顺利而在人力上互相帮助的意识。尤其是相对于客房数（约 300 间）来说，A 酒店餐厅的座席数很少，所以，在就餐时段（尤其是早餐时和晚餐时），比较闲的部门就会向餐厅派出人手提供帮助。

除此之外，通过问询调查获得了很多有关经营理念的言论。因为篇幅的关系，这里只列出与"全员参与经营""成员之间的关系"有关的内容。具体有在《京瓷哲学》中明文规定的"统一方向，形成合力"。

"统一方向，形成合力"

怎么说好呢？大家都向着同一个方向前进，不是那么容易做到的，虽说确实都是阿米巴经营。当初刚来时，也碰到过这种情况。只是现在，是啊，我可以对服务员说那样不对啊。所以，烹饪更……当然必须形成一种在和服务人员充分沟通的基础上，使整个酒店不断向好的方向发展。如果烹饪只管烹饪的话，就做不好了。

第 19 次调查 餐厅部门 Q 氏（不足 10 年）

当然我们会关注每天的核算和每天的营业额。定期进入现场，注意到什么问题就想去改善。最关注的还是每个组织的员工们是否心情舒畅，是否离心离德，有没有感到很孤独等。

这个部门如果做得好，顾客也是可以感觉到的。还是要提高每个人的水平。某一个人出类拔萃，对酒店整体来说也是不行的。因为不知道顾客会遇上谁。实习的、进修的孩子们如果不学会微笑，一个人这样，整个餐厅就都给人这种印象。要尽量多展露笑颜，这表明大家都在愉快地工作。这样业绩数字自然而然就会上来。

第 25 次调查 餐厅部门 W 氏（15 年以上）

是啊，自己的事情不是那么好说啊。我觉得我能力也不是很强，但我非常喜欢与人打交道，也很珍惜。我们这里年龄段差别很大，既有年轻人，也有老年人，我愿意成为他们的桥梁。所以，这种工作不是快或慢的问题，和连接纵向的关系相比，我们在工作中更重视连接横向的关系。我感觉这一点是我们的优势。

（中略）

具体来说，我们成立了一个职场委员会，这不是各职场的最高负责人，而是由二把手和三把手聚集在一起、具有委员会性质的组织。年龄段大致从 20 岁到 35 岁左右。这个委员会，每个月召开一次会议。总而言之，就是召开职场会议，收集职场全体人员的意见，然后在委员会上汇报，创造思考从公司层面能够改善问题或者十分棘手问题

> 的机会。每三个月举办一次茶话会或者联谊会，以强化横
> 向的关系。
>
> 第 27 次调查 管理部门 Y 氏（不足 10 年）

关于统一方向，形成合力，稻盛先生认为："如果不能把每个人的力量都凝聚到同一个方向上的话，那么力量就会分散，就无法形成全公司的合力。"在这种意识下，他又指出，"当全体员工的力量向着同一个方向凝聚在一起的时候，就会产生成倍的力量，创造出令人震惊的效果。那时，一加一就会等于五，甚至等于十"。

通常，A 酒店的餐厅业务分为"厨房"和"大厅"业务，乍一看去，让人觉得协作意识很低，但大家都在整个餐厅最优化的意识下，保持着密切的沟通。同时，A 酒店还设立了以年轻成员为中心的"职场委员会"，以分享日常工作中产生的所有情感，努力改善职场环境，有利于形成协作意识。

4-4 小结

以上按照"企业概要""各部门核算制度的设计与运用""经营理念的渗透"的顺序讲述了 A 酒店的案例。尤其是在经营理念的渗透方面，基于问询调查中所获得的言论，深入到组织成员的认识层面进行了详细分析。结果表明，经营理念在全公司得到了深入渗透，尤其是属于本次调查对象的负责人层面的组织成员，无论是"应届毕业生"还是"有工作经验者"，可以说都养成了经营者意识。

尽管部门之间存在差异，但经营理念在全公司得到深入渗

透，而 A 酒店的各部门的核算制度，因部门和岗位不同，其实际情况也不同，这一点也得到了确认。也就是说，既有连基层的小组织单位也实现了核算可视化的部门，也有核算的可视化仅限于大的范围，最小组织单位与核算单位不一致的部门。因此，下一节进一步探讨在经营理念得到深入渗透后，核算实现可视化的组织单位以及未实现的单位有什么不同。

5 案例分析及考察

各部门核算制度会评价组织成员的工作表现。从组织成员来看，可以通过各部门核算制度来互相把握大家的工作表现。从这个意义上来说，各部门的核算制度为组织成员提供了努力表现自己的经营理念实现程度的"平台"。

在 A 酒店，组织单位（负责人层面）核算是否实现可视化，共通的自我表现"平台"的性质会因此不同。先从结论上来说，A 酒店各部门核算制度所创造的"平台"的性质差异对组织成员的意识产生了影响，这一点已经明确。

我们通过调查确认，在采用核算制度并实现了基层核算可视化的部门，成员都具有为实现经营理念而采取行动，并努力创新的态度。而在核算的可视化仅限于大范围，基层层面未实现核算可视化的部门，基本上没有听到与为实现经营理念而采取积极行动的言论。这类部门的成员，虽然想为实现经营理念做贡献的意愿都很强烈，但看不清如何做才能实现，很多人的言论中，零零星星地透露出一种焦虑之情。

下面进一步研究经营理念得到深入渗透的组织，采用各部门核算制度实现基层组织可视化的程度对组织成员所产生的影响。

5-1 模式①"经营理念的渗透＋各部门核算单位核算的不可视化 => 没有提供平台"

首先，让我们来看一下经营理念得到渗透的组织单位未实现核算可视化的情况（模式①）。模式①的代表性案例是"住宿"。如上所述，在"住宿部门"中，对营业额有贡献的主要部门是"企划服务课"和"住宿营业课"①。

"企划服务课"负责通过本公司的网站和互联网旅游网站实现"网站营业额"，"住宿营业课"负责通过对旅游代理和团体客人营销实现"销售额"。然而，"企划服务课"与"住宿营业课"并不是单独提高或实现营业额的。只有在其他部门的"协助"下才能提高或实现营业额的情况也不少见。

比如，"预约服务课"就起到"安排"的作用。有来自修学旅行等团体客人的咨询时，全部都由该课来处理。认真听取顾客的要求后，再委托"住宿""餐厅""宴会"等各相关部门处理，如字面所示进行"安排"。不过，公司内部交易系统等不会认识到并测定其贡献，没有做到课级别的核算可视化。事实上，修学旅行的营业额是计入"住宿营业课"的。与此相关，关于"前台服务课"对顾客所提供的服务对营业额所

---

① "预订服务课"通过"电话"预订住宿时，会计入营销额中，但近年来因互联网的普及，预订方式发生了从"电话"到"网站"的大幅度转移。因此，目前"预订服务课"的营销额在整个住宿预订中所占比例较低。

起到的贡献，除部分附带销售额（报纸销售等）外，均未实现可视化。

从理论上来说，反映"住宿"的这种实际情况，实现基层组织层面核算可视化是有可能的。"企划服务课"和"住宿营业课"虽然营业规则和顾客层各不相同，但具有营业职能这一共通的性质。可以通过让属于营业职能的"企划服务课"和"住宿营业课"作为核算单位独立出来，与"住宿"内的协作岗位之间开展内部交易，计算"协作"的对价，进行核算管理，实现基层组织核算可视化。

但实际上，如上所述，整个住宿的核算单位集约为一个，营业额只是计入部分岗位。因此，上述"预约服务课"和"前台服务课"的组织成员即使通过各部门核算制度开展了创新，也无法把握其效果。也就是说，未给他们提供体现经营理念、表现创新成果的"平台"。另外，由于这些岗位负责的款项大部分都是经费，因此，开会时往往出现集中讨论经费最小化方面问题的倾向。实际情况是，"预约服务课"和"前台服务课"对提高营业额所做的贡献从业务内容来看就一目了然，因此可以解释为没有为其提供用数字来表现其贡献的机会。

在各部门核算制度方面，当核算单位仅限于上级组织级别时，如果下级组织单位负责人也不努力创新，或者说没有创新的欲望的话，那不算问题。但是，如果经营理念得到渗透，下级负责人又有要努力工作的欲望，而各部门核算制度仅在大的上级组织单位才可做到核算可视化，那影响就不小了。那就是处于一种想努力却得不到评价的情况。即使经营理念得到渗透，但如果各部门核算制度在设计和运用上并不相匹配，那么，好不容易燃起的热情，取得的成果，却没有能够公开表现的机会。实际上，在询问调查中，也发现了一些不知道自己的服务对"住宿"的营业额做出多大贡献的言论。

这类"为其他岗位的营业额做出了贡献，但贡献没有实现可视化的情况"在非核算部门对核算部门的"合作"上也可看到，比如，"管理部门"内的"采购部""公关部"等。"采购部"是对公司里的材料订货进行统一管理的部门，集积了材料种类、质量、单价等信息。因此，当核算部门发出材料订货委托时，如下述言论中能够看到的，"采购部"会主动反馈关于具有相同质量和功能的低价类似品的提案。

材料的贡献度在于削减成本，然后是建议新产品。通常会说，在供应商里，经营同一产品的制造商其实有很多呢。

（中略）

不要从一家采购，而是从两三家公司采购，这样就会引起竞争。

第9次调查 管理部门 G 氏（15 年以上）

另外，有时候"采购部"会直接接受核算部门关于降低材料成本的咨询。这时，订货金额的减少部分就可以被视为"采购努力"的成果，但不会从订货方的核算部门获得佣金对价（成本降低部分为订货方的"利润"）[①]。同样，"公关部"处于对

---

① "供应课"每半年会确立一个降低原材料采购价格的目标，并通过"原材料月报"实施进度管理。具体来说，是每周都用曲线图展示进度。

核算部门的广告宣传提出建议的立场，但即使广告宣传取得效果，也不会获得与之相应的对价。

一个颇有意思的事实是，在 A 酒店非核算部门与核算部门的"合作"情况中，没有看到非核算部门有什么特别的不满。可以看到贡献没有实现可视化，就因为非核算部门支持核算部门是理所当然的意识。这就体现了为了尽可能提高核算部门的业绩，非核算部门从自己的立场尽己所能的"利他精神"，同时，也可以解释为，这是因为对非核算部门作用的理解已经根深蒂固。

到这里为止，作为未提供表现经营理念实践成果的"平台"的情况，列出了核算部门"住宿"内不属于核算单位的"预约服务课"和"前台服务课"，以及属于非核算部门的"采购部"和"公关部"。尤其是"住宿"，虽然是核算部门，但其整体就是一个核算单位，因此，各项业务活动的贡献未作为核算而实现可视化，组织成员即使想表现实践经营理念所取得的成果，但没有这样的平台，因此，他们可能会产生不满，这一点也得到了确认。

5-2 模式② "经营理念的渗透＋作为核算单位实现可视化 => 提供机会"

模式②适用于"餐厅"。A 酒店主要有三个餐厅，即"咖啡餐厅""日餐餐厅""自助餐厅"。核算管理由各餐厅实施，而且，"厨房"和"大厅"的独立核算实现了可视化。换言之，可以更加明晰"厨房"和"餐厅"的业务活动对餐厅的核算做出的贡献。

在本次调查中，对各餐厅的负责人（厨师长和经理）分别进行了问询。本次调查结果中值得大书特书的是，各负责人因为"厨房"和"大厅"的核算实现了可视化，所以更容易通过数字意识到自己的工作表现。这成为激励创新的原动力。

在各部门核算制度中，各负责人就食材的质量和成本平衡以及所提供的菜肴和服务内容开展自主创新，同时，在每周实施的"餐厅周会"上（主要是各餐厅的厨师长和经理、餐厅部门部长、总经理参加），互相说明预定的进展情况并进行讨论。更有意思的是，餐厅之间也会产生竞争意识（比如在基于共同主题举办的展销会上提供的菜品等），并萌发通过互相切磋琢磨谋求协同效应的意识。

比如，在食材的成本控制问题上，餐厅的负责人常常是在考虑质量和采购成本平衡的基础上，尽量采购质优价廉的东西。

关于这一点，我还是觉得没有这个（在厨师长的考量下直接从企业进购食材）必要呢。坦率地说，时代变了，现在还这样做的人恐怕是跟不上时代的。我们应该回馈的人是顾客。比如，供应商有两三家，恐怕都有同样的东西。要让他们竞争。也许供应商会哭鼻子。但如果是同样的东西，能够给我们便宜到什么程度，我觉得这对于供应商来说是最大的优势呢。因为用这个最便宜的价格进货的地方，肯定会有相应量的订单的。因此，通常先将质优价廉的东西、准确无误的东西采购进来，然后烹制出来提供给顾客，

> 如果按照这一趋势发展的话，那么以往的做法恐怕就真的是要过时了。
>
> （中略）
>
> 低价购进，就能节约相应的成本，就能多出相应的利润，我觉得这样做更好，或者说应该这样做。
>
> 第 11 次调查 餐厅部门 I 氏（不足 10 年）

如上所述，虽然"餐厅"业务有"厨房"和"大厅"之分，但双方的合作非常重要。尤其是"餐厅"没有营业人员存在，集客活动必须由"厨房"和"大厅"的成员开展。关于这一点，以前被分配到餐厅部门的负责人（现在属于宴会部门）说，各餐厅的全体成员必须承担策划和执行的工作。

> 以前，我一直认为，我们是负责制作的，营业人员是负责拿订单的。去餐厅后，这种想法完全改变了。怎么说呢，大家真的都在思考如何提高营业额。
>
> 餐厅没有营业人员，但考虑都是一家公司的，自己不做自己该做的事情，肯定没有顾客来，还必须要做策划。
>
> 第 6 次 宴会部门 N 氏（15 年以上）

实际上，厨师长和经理在不妨碍正常业务的前提下都会亲自开展营销活动，因此带来客人的情况也大有存在。

> 也是得益于这种（营业的）情况，当然，这（营业）对营业额的提高起到了很大的作用。如果不做营销，只是

> 任顾客来的话，顾客也没有机会来。所以，必须想各种办法。现在就是这样的时代，餐饮业固然如此，我们酒店行业也要创新。不这样的话，就无法生存下去。我觉得这一点非常重要。
>
> 第 19 次调查 餐厅部门 Q 氏（不足 10 年）

另外，在人员互助方面，"厨房"和"大厅"之间也有合作。比如，当负责厨房的员工估计负责大厅的人员会出现不足时，就会事先碰头；平时为确保合理的人员配置充分交换信息。

> 是啊，平时也都会开会，汇报每天的顾客情况，比如，今天服务人员缺口多少，怎样安排调整，等等。我们有这样的酒店，因为有酒店，大家才能在这里工作。我常常说，酒店必须创造利润才能维持下去。
>
> 第 19 次调查 餐厅部门 Q 氏（不足 10 年）

如前所述，基于共同主题举办展销会可以激发餐厅间的竞争意识，比如，在近年举办的"牛排展销会"上，各餐厅以牛排为食材开发独特的菜品。这激发了负责人不输其他餐厅的精神，在菜肴内容上不断创新[1]。也就是说，通过这种活动激发竞争意识，促进组织成员的创新。

---

[1] 为了获得顾客对新开发的菜单的评价，有时候要请求其他部门员工的协助，事先在餐厅进行"彩排"。并根据彩排结果进一步加以改善，然后正式向顾客提供新菜单。

是啊，这（餐厅联合开展的活动）是全年支持营销的大事。各餐厅的厨师长思考菜品，并在规定的日期带来给大家试吃一次，确认哪个可以推出，然后确定套餐。

（中略）

是啊，第一是阿米巴经营，另一个我想多少有竞争。大家都不愿意输给别人。

第 11 次调查 餐厅部门 I 氏（不足 10 年）

最后，在每周定期召开的"餐厅周会"上，各餐厅厨师长和经理报告现状，履行说明责任。尤其当预定的进展情况不如意时，就在会上寻找思考突破口，同时，也可借此机会在自己意见的基础上加入参会者的意见和信息，想出新办法。

饮料部的会议是周会，每周都有核算方面的会议，核算表、PL 表我们每次都要看，按照自己的方式理解。刚开始看也看不懂。

（中略）

上面的菜肴材料费呀、饮料材料费呀，这些还看得懂。下面的销售管理费呀劳务费呀什么的，因为有划拨，不是很明白。但是，这里的会议要讨论同比增减、编制预定和实绩及总计划，这个这里是负数，比去年要差。以前觉得只要营业售额提高了就是好事，但是后来认识到营业管理费、劳务费什么的要是上涨了就不行。已经刻在脑子里似的。

（中略）

每周都要召开周会，这是最容易让人明白的，本周情况如何，预定有没有实现，怎么办等。让大家思考，告诉大家要这样做。

（中略）

如果本周情况很糟糕，下月就要采取行动。最切身感受是大家都是平等的。

第 17 次调查 餐厅部门 O 氏（15 年以上）

如上所述，因为"餐厅"作为核算制度上的核算单位，提供了表现经营理念的"机会"，所以基层组织层面也在促进唤起组织成员动机方面展开创新。

尤其是从各负责人的言论中可以看出，基于"厨房"核算可视化的食材成本控制、"厨房"和"大厅"的合作意识、餐厅间对菜品的竞争意识、"餐厅周会"上的说明责任等要素，已成为创新的原动力。

另外，作为经营理念的渗透以及提供表现经营理念的平台，负责人在会议上需要履行说明责任。这既给负责人带来了压力，同时又使他们可以展示独自创新的工作价值。也许解释为"有压力，也有价值"更为贴切。

5-3 小结

本节分不同的模式，对各部门核算制度是如何提供表现经营理念的"平台"进行了案例分析，并考察了各种情况下对组织成员的影响。具体内容的归纳见表 3-3。

模式①是各部门核算制度中贡献未作为核算实现可视化的情况。模式①-1 和模式①-2 分别所示的是对核算部门和非核算部门组织成员意识的影响。即使在贡献未实现可视化的情况下，对组织成员的影响，核算部门和非核算部门均不同。核算部门的"住宿部门"的下级组织单位产生不满（模式①-1），而非核算部门的"采购部"和"公关部"未产生不满（模式①-2）。

表 3-3　各模式的考察汇总

	贡献可视化	部门性质	具体例	对组织成员意识的影响
模式①-1	不可视化	核算部门	"住宿部门"的"预约服务课""前台服务课"	不满
模式①-2		非核算部门	"采购部""公关部"	支持其他部门的意识加强
模式②	可视化	核算部门	各餐厅的"厨房""大厅"	提升动机促进创新强化竞争意识

模式②是贡献实现可视化的情况。案例适用于核算部门的各餐厅。从各餐厅负责人的言论能比较明显地看出，当核算部门实现贡献可视化时，通过各部门核算制度明显唤起了动机，促进了创新。

基于以上情况，在阿米巴经营导入企业后，无论经营理念是否得到渗透，如果因某种原因，各部门核算制度的设计和运用不到位，那么组织成员就无法发挥出想要实现经营理念的强烈愿望，就很有可能会产生不满。尽管通过经营理念的渗透，组织充满了能量，但却处于不能充分有效利用该能量的状态。

颇有意思的是，贡献未实现可视化的组织单位，如果一开始就被定位为非核算部门的话，却不太会积累不满，反而还会利他地朝着支持核算部门的方向发展。这一点是在本研究调查、设计阶段未曾设想到的现象，包括如何准确地解释，都需要进一步调查研究。

6　结论与课题

本研究出于加深对阿米巴经营中的经营理念与各部门核算制度之间关系的理解的目的，从各部门核算制度对经营理念具有什么意义和作用的角度，设定了调查问题："在经营管理得到渗透的阿米巴经营导入企业中，在设计与运用上存在问题的各部门核算制度是否对组织成员的思维及行动产生影响？"为了回答该问题，以 A 酒店为案例展开了调查，并根据所获得的实证材料尝试着进行分析和考察。

从结论来说，搞清了以下问题：阿米巴经营通过理念渗透提升了工作自主性，增大了组织的能量，但是，如果各部门核算制度不提供让其得到发挥的"平台"，增大的能量就会令组织成员产生不满。本研究发现，各部门核算制度已经形成了发挥经营理念所产生能量的"平台"。除了通过各部门核算制度实现贡献可视化的重要性之外，本研究结果还显示，其影响也因核算部门和非核算部门而不同。

本研究的贡献在于，通过积极运用经营理念和各部门核算制度未必具有一致性的案例，厘清了此前不为人知的各部门核算制度对经营理念的部分意义，并明示了在以往的研究中被作为隐形前提的条件，且对不满足该条件的情况进行实证研究，获得了新的认识，这是本研究的第一大贡献。本研究的第二大贡献是，为了更一般性地理解子系统在经营管理系统中的作用，运用了积极列举功能不健全案例的研究方法。这不仅限于阿米巴经营研究，还有可能作为可利用的研究方法得到广泛应用。

表3-4　部门定位与核算可视化

	核算与销售额贡献可视化	核算不可视化与成本责任
现场工作部门	提升动机、促进创新、强化竞争意识	增多不满
间接部门	—	提升利他意识

表3-4是根据部门的性质及是否实现核算可视化对表3-3进行的重新梳理。在表3-4中，部门性质不是按照核算部门和非核算部门的会计责任来区分，而改为从功能上来区分，看是现场工作部门还是间接部门。表3-4给出的启示是，在经营理念得到很好渗透的组织中，如果核算和营业额贡献能够从会计责任的角度实现可视化，那么，员工的思维和行为会发生什么样的变化，会是一个颇有意思的研究对象。本研究的又一贡献就是指明了按照这个方向推进阿米巴经营研究的道路。

本研究的课题也不少。本研究的依据是选取从一个案例的个别研究中所获得的实证材料；采用的研究方法是，通过对本来应该有但实际上却没有的状态进行分析来推测没有部分的功能和性质。因此，本研究所获得的认识，只是可能有的一种解释。当然，如果采用反证法，那么，所有研究就都存在共通的局限。但是，这并不与为了深化本研究所获得的认识，运用包括批判研究在内的实证研究的必要性相矛盾。或者不如说，反而会要求我们对一去不复返的历史现象展开研究，在研究中以批判的态度思考来自于经验性研究的认识，进而获得一般理论性的研究。

附记

本研究承蒙以 A 酒店董事长为首的众多人士对调查的大力支持。借此机会，表示衷心感谢。补充一句，与本稿有关的所有文责由笔者承担。

04 第四章

阿米巴经营在学校组织中的导入

甲南大学教授 北居明

神户大学大学院教授 铃木龙太

甲南大学大学院博士 小野康裕

1 引言

在本章中，将介绍学校导入阿米巴经营的事例，讨论教育一线中阿米巴经营的有效性。在服务业导入阿米巴经营的事例越来越多，但学校的导入，目前在日本还只有一例。如后所述，日本的学校受到少子化的影响，正面临确保学生数量及效率化方面的压力，有一些学校甚至已经无法运营下去。因此学校也需要在经营上下功夫。

在本章，我们将主要依据访谈调查，针对经营不善的学校法人导入阿米巴经营并以专门学校的形式再出发的案例，介绍其经过及效果。学校导入阿米巴经营时需要什么样的做法，导入能带来什么样的效果，在这一过程中又会出现什么样的问题，我们要倾听当事人的声音。

2 学校环境的变化

导入阿米巴经营的是一家专门学校。专修学校是 1976 年创立的新的学校制度。相关学校教育法律规定，专修学校的目标是"培养学生在职场及实际生活中所需要的能力，并提高学生各方面的素养"。专修学校作为开展实践性职业教育、专业技术教育的教育机构，为众多的领域培养专业人才。

与更多地在教室中学习理论的大学相比，专修学校注重传授一些走向社会就立刻能发挥作用的知识和技术，其特点是有很多实际操作科目。专门学校指的是专修学校中具有专门课程的学校[1]。高中毕业生及高等专修学校毕业生有资格进入专门学校。但是，专门学校不在学校教育法中的"一条校"（日本的狭义上的"学校"——译者）范围之内，无法接受对私立学校的资助。因此在经营不善的学校法人中，有不少就是专门学校。但要转为一条校，学校的运营则会受限制，大学里那种自由的魅力也会减半，这也是一些人所担心的。

除专门学校之外，对于日本的整个学校体系来说，这些年的环境也日益严峻，其中最大的原因就是少子化。所谓少子化，指的是合计特殊出生率（女性一生中生育的孩子数量）的低下。日本的出生率在战后一直呈减少趋势。1947 年育龄妇女的生育率是 4.54 人，1977 年是 1.80 人，到了 2013 年则减少为 1.43 人。

除了少子化，另外还有其他导致专门学校学生减少的原因。在 2002 年之前，文部科学省的原则是"不设立新大学"，但后来的方针转变为教育的市场化，降低了设立大学的标准。其结果就是学生数量不足的大学为了生存，开始呈现大学的专门学校化。由此带来的竞争不仅限于专门学校之间，还存在于

---

[1] 文部科学省在区别专修学校和专门学校的时候，使用了专门学校［专修学校（专门课程）］的用语。本章为了简化，以专门学校做表记。

专门学校和大学之间。在此前的十年中，大学和短期大学的新生数量基本持平，但专门学校的新生则减少了 10.5 万人。专修学校的学生人数峰值是 1992 年的 86.2 万人，之后持续减少，到了 2015 年则为 65.6 万人，只有峰值时的约 77%（引自文部科学省官网"平成 27 年度学校基本调查"）。

这一倾向最显著的例子，则是大学中增设了看护学部。之前也有些大学设有看护教育的课程，但近年来越来越多的大学开始增设培养看护师的课程（图 4-1）。这当然是为了应对今后老龄化社会中看护师不足的情况，但少子化社会中的这种趋势，也是培养看护师的专门学校与大学之间激烈争夺生源的原因。大学为了生存，就会宣传"实学""容易考取资质的学校"或者转向专门学校化。这种趋势还会继续下去，不仅大学会培养看护师，女子大学还会培养管理营养师，而在文科大学则可以考取国家医疗师资格。总而言之，大学的生存战略加上社会的少子化，会让专门学校的经营环境日益严峻。

图 4-1　看护类大学数量的变化

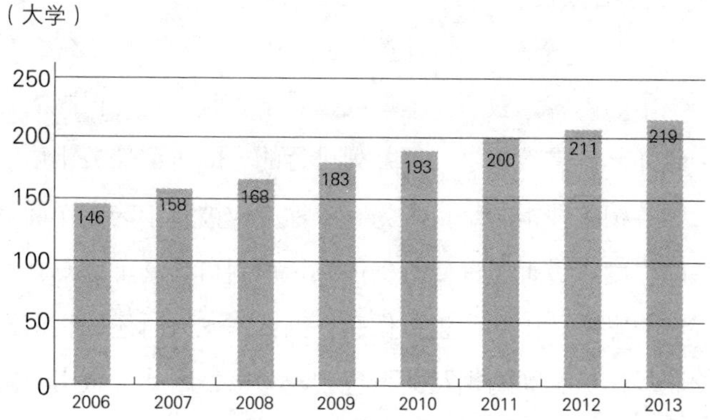

（大学）

在这种情况下，专门学校需要在财务与教育两方面加以改善，有必要高效地开展针对每个学生的精细教育。通过提升教育服务的品质，从而提高学校的信誉，增加学生人数，这是最理想的。但要达到这个目标，仅仅依靠每名教职员工的能力是不行的，时代要求学校要使教员与职员及部门之间互相协作。然而相比一般企业，学校里的协作要难得多，因此在下一节中，我们将研究学校组织的一般性特征，观察其困难所在。

3　学校组织的一般性特征

对于学校组织的研究，多以小学、初中或高中为对象，几乎见不到以专修学校为对象的研究。本节中也将以小学、初中为对象的研究作为基础，然后找出学校组织的一般性特征并进行探讨。

3-1 任务相依性低

佐古秀一等人指出，在学校组织中，只要不脱离学习指导要领中的内容，教师在上课或指导学生时就具有很高的自主权。此外，日常教育是分离并列进行的，即所谓任务相依性不高。任务相依性指的是员工为有效地完成被赋予的工作而互相依赖的程度。员工通过任务相依性认识到自己的工作对其他员工工作的影响，由此产生责任感。据铃木龙太所述，相依性越高的职场，员工间的相互关系也会越紧密，因此会做出超出自己职责范围的努力。在高任务相依性的职场，员工们往往会主动思考、完善自己的工作，具有更高的进取性。铃木还指出，通过以研发部门为样本进行的研究，发现任务相依性会对进取性行动产生直接的效果。

而在学校组织中，在某间教室中进行授课，基本不会对其他教室产生直接影响，是以一种自给自足的方式来运转的。因此即使在其他教室中出现了授课的拖延或霸凌现象，也不会对自己产生直接影响。此外，自己的工作不会对其他员工的工作产生大的影响，也很难有超越自身职责范围的改善动机。

3-2　个人事业化

像这样的任务特性，有时会带来被称作"个人事业化"的组织化倾向。所谓个人事业化，指的是当学校组织面对不确定性时，会通过各个教员的个人判断来应对的倾向。任务相依性较低的组织如果发生个人事业化增强的倾向，那么整个组织的一体性就会消散，组织活动变成个别分散活动的堆积而已。

这样一来，"每一名教师好好努力则学校就会变得更好"的想法越加强化，全体组织协作的意识就越低。而按木冈一明的说法，教员们也很少会以共同提高的积极态度对教育及学校的运营进行讨论或交换意见，同时因自己的责任感和不愿意麻烦同事的心理，往往会单独面对工作上的烦恼。

佐古论述到，个人事业化的发展，会降低教师应对学生的能力，损害自律性的教育改善活动，让指导学生的工作变得更困难。不仅如此，个人事业化越发展，就越会强化自给自足式的教育观，从而导致个人事业化更进一步。换言之，个人事业化的发展，会使作为组织的学校运营更加困难，强化教员的个别性，对于面临困境的教员的支援也会变得更困难。

3-3　含糊的目标

木冈指出，学校的组织目标很难数值化、具体化，具有含糊性。原本教育目标就很难数值化，且无法通过技术以达到目标，所以出现了各种各样的教育实践。

也就是说，在一个高抽象度且含糊不清的目标之下，现实工作中有很大一部分必须交由各个教员来判断，所以就连达成目标的手段和目标达成度都有赖于各个教员的解释。而在含糊的目标之下，也很难公正地评价教员工作的好坏。因此在教员之间也很难产生竞争意识，改善工作状态的可能性也自然不会太高。

总而言之，学校组织中具有不易产生自律性、协作性改善活动的特性。即使出了问题，往往也是教师单独面对，组织性的应对也往往丧失时效性。在学校面对急剧变化的环境时，上述特征则会给学校带来深刻的影响。在今后的学校体系中，需要教员参与学校管理且通过协作改善学校情况，并需要为此确立共同的目标和愿景。

当然，学校和行政机构也没有袖手旁观，比如在公立学校聘用非公职人员当校长，采用面向本地开放的"社区学校"制度等，通过外部的力量改善学校经营的例子已经出现。但为人所瞩目的阿米巴经营，则不是通过上述"外部压力"来进行组织改革，而是通过提高内部员工的责任感，促进协作，为达成组织的目的而主动进行自身改革的系统。在下一节，我们将探讨把阿米巴经营导入学校组织的具体事例。

4 事例^①

4–1 学校概况及导入阿米巴经营的经过

本事例中的 A 学校法人，是 20 世纪 80 年代在日本关西地区开设的专门学校。最多时曾拥有 2000 名在校生，但到了 2006 年，该校申请了民事再生法，并于 2008 年重新起步，成为目前的学校法人。就在重建学校时，校方导入了阿米巴经营模式。决定采用阿米巴经营的是学校的理事长，他在其他领域有过采用阿米巴经营的经验。理事长委托 KCCS 管理咨询负责导入阿米巴经营模式。当时他曾对全体教职员工作了如下讲话：

今后的学校运营，不再是过去那种教职员专注于教育活动、学校经营仅由高层来负责的模式的延长线。每名教职员工都要具备经营观念，要用全员参与的方式来思考学校的经营模式。为了早日实现这一目标，我决定导入阿米巴经营模式。

阿米巴经营的目的在于：①确立与市场直接相连的部门独立核算制度；②培养具备经营者意识的人才；③实现经营的全员参与。理事长认为，将阿米巴经营导入学校，全员参与型经营模式就可以通过具备经营者意识的教职员来实现。

但对教职员来说，理事长所说的"阿米巴经营"让他们有很强的不适应感。有位教职员说："一开始，我也觉得那东西面

---

① 本章的事例，是在小野康裕的事例基础上增减完成的。

向的是一般企业，学校中能不能用得上令人怀疑。"在接受访谈的 5 个人中，有 4 人最初的印象都是"阿米巴经营不适合学校吧"。

既然教职员持有这种观点，理事长当然要对导入阿米巴经营进行说明。他指出，通过导入阿米巴经营，可以提高业务的效率，教师的研究时间也会增加。教育的质量因而提高，学校的品牌效应会更高，学生就会增多。学生多了，学校收入就会增加，学校运营自然会更稳定，教师的收入会随之提高，还会有更多的余暇时间。

4-2 阿米巴的划分

阿米巴经营中的组织，是细分化的阿米巴组织，但也不是仅仅把组织分割得很细小就好。据稻盛的研究，细分化标准有三：①能够产生明确的收入以及为此所需的经费；②作为经营部门能自给自足，领导人能有余力思考创造性工作；③能够执行企业全体的目的和方针。

总之，划分阿米巴时，应该做到阿米巴能够作为独立核算组织而成立，同时有利于企业完成整体目标。然而有些部门能通过产生经费获得某些收益（利润中心，即 PC），但有些负责组织内部事物的间接部门（财务、人事等）的阿米巴（非利润中心，即 NPC）则不产生收益。

在 NPC 发生的共同经费，要让各 PC 来共同负担。NPC 将预计经费情况告知 PC，PC 则据此制订自身的转账经费计划。如果 NPC 的经费大幅度增加，就会压缩 PC 的收益。因此 PC 会追问 NPC 经费过大的理由。阿米巴细分化之后，经费过大的责任是明确的，通过上述程序，也可以提高针对 NPC 经费的意识。

A 学校法人的组织如图 4-2 所示。图中，属于各专门学校的专业、课程及继续教育事业室是 PC，其他的管理部门和公关部门则是 NPC。如上所述，企业在划分阿米巴时的标准，是"能够作为独立核算组织而成立，并且能够完成企业的整体目标"。

图 4-2　A 学校法人的组织图

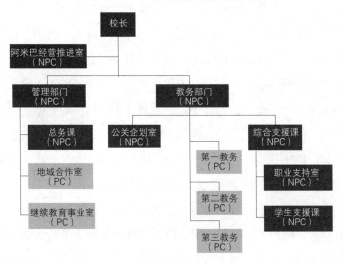

在 A 学校法人中，PC 阿米巴划分的标准是各个专门学校内的各专业及课程。这种划分不仅限于授课，而是包括了入学、授课和毕业，即以对学生从入学到毕业的全过程中所负的责任为划分标准。根据学年或具体科目来划分当然也可以，但考虑到教育服务的品质，以对学生从入学到毕业全过程中所负的责任划分阿米巴更为合理，由此也可以向每一个学生提供最合适的教育服务。

4-3 单位时间核算制度的导入

在阿米巴经营中，按附加价值除以阿米巴的总劳动时间而得的"单位时间收益"，是进行核算的指标。在制造业的生产部门中，总产值是总收入减去企业内部采购支出的值。从总产值中减去不含人工费的费用，得出总收益，然后用总劳动时间来除，即是"单位时间收益"。那么在学校法人这里，应该如何计算呢？

校长在和咨询师商议之后，决定把各课程的入学金和学费除以12，得出每个月的"总产出"，再从中减去"费用"得出收益值，然后用每个阿米巴成员的总劳动时间除，就可以计算出单位时间收益了。但这种方法也带来了问题。因为入学金和学费是上一年度确定的，不是由教员在本年度中的创新和努力所带来的。此外，各种宣传活动即使对下一年度的入学人数有帮助，也并不能提高本年度的总产出[①]。换言之，总产出额的绝大部分，都是在年度刚开始的时候就已经确定了。

不仅如此，而且入学者很多时候容易被某门课程的人气度所左右，因此各阿米巴的努力方向往往会集中于节约经费。然而在学校，费用的很大一部分是折旧费，因此各成员能发挥主观能动性的余地其实并不很多。

那么学校计算单位时间收益的意义何在呢？在本校，单位时间核算制度会在每月一次的经营会议上进行报告并被大家共享。这就是说，在会上，各阿米巴的领导必须汇报成绩，同时

[①] 但是，作为在学期间增加收入的方法，如选考费、教材费等，和学费、课程费相比就小得多了。

也能了解其他阿米巴的核算情况。正是这种情况，让大家改变了思维方式。

"学校嘛，总是会有钱流入的。"这种想法不对，应该让老师们也了解经营思想。……（在阿米巴经营中）所有情况都会公开，每个人都知道自己的工资是从哪里来的，也知道单位时间收益达到 3,700 日元时老师才能拿到工资。如果达不到这个数，也明白"我们的工资是别人给的"（摘自对校长的访谈）。

在经营会议上对单位时间核算取得了共识，从而开始实践稻盛和夫所说的"透明化经营"。过去在钱上没什么意识的教职员，从此也开始关注时间及核算问题，思考"怎么工作才对得起收入"。

学校的费用是受到季节变化影响的。比如说年度开始时复印等费用很高，到了暑假时费用则会减少。因此不能光看每个月的费用，还要看整体的累积。例如在 7 月份的经营会议上，就不光检查上个月的单位时间收益，还要看 4-6 月的累积数字。这么做，可以防止领导的短视，不至于在应该花钱的时候不必要地节省。

在一般企业，可以通过观察实时数值来反馈到企业经营上，对计划进行修正。而学校则会在年度开始阶段就确定计划，途中无法进行修正。此外单月数值很难使教育活动可视化，每月的活动无法反映到总产出上。学校的特点是通过教育活动的积累，使学生赢得好的将来。因此把握费用的累积，可以使教育活动的实践过程可视化。

在开放校园活动中，有人气的学科会招来很多参观者，最终使考生和入学人数增加。这会反映到阿米巴的收入中，有导致不公平感的危险。因此在 A 学校法人的评价体系中，采用的方式是"参观开放校园活动的人中，有多大比例最终参加了入学考试"。"成品率"低的课程，自然是因为开放校园活动中没有很好地展现魅力的缘故。

单位时间收益还可以通过其他部门对本部门的支援来改善。据说部分课程已经出现了这种情况。也就是说，即使没有太多削减费用的余地，也可以通过这一办法提高财务能力。

学校里如果有人退学，课程的收入就会减少。因此要做好工作，避免出现退学者。这跟学校教育服务水平的提高也有关。

4-4 PDCA 循环

A 学校法人的每个阿米巴都会每月开一次部门会议，再加上前面说的经营会议，以便对经营情况进行审核。部门会议为全体成员参加，进行预算执行情况的管理。校长认为这种会议是信息共享的重要会议，会出席所有类似会议，确认学校的重点项目、计划的进展情况及预算执行与原计划的偏离情况等。此外，对部门会议上讨论过的问题及指示是否反映到了经营会议上，经营会议上的指示是否在部门会议上进行了讨论等，都要加以检查。不仅如此，在每个阿米巴都设有"重点项目单"，里面是阿米巴领导重点要开展的预期行动。预期与实际执行情况当然也会通过这张项目单来检查。

4-5 哲学教育

所谓"京瓷哲学",是不以得失、而以善恶为标准进行判断的"作为人的正确哲学"。在该哲学的基础上,公平公正的判断和充满同情心的人性是必要的。为了顺利运营阿米巴经营,就有必要掌握该哲学。因此要导入阿米巴经营,必须同时开展京瓷哲学的教育。

在导入阿米巴经营之初,A 学校法人也开展了京瓷哲学教育。但据说目前除了领导的学习班之外,已基本不再进行了。这是因为学校法人的基本方针和行动准则与京瓷哲学的思维是共通的。而基本方针和行动准则的教育,则通过每天的念诵和教职员教育在开展着。

京瓷哲学是关于"作为人的正确哲学"的思维方式,因此不论对营利性企业还是学校、行政机构等非营利组织来说,都是充分通用的哲学。所以 A 学校法人认为没有必要改变学校的理念。

4-6 为提高教育品质进行的努力

除了导入阿米巴经营,A 学校法人还为提高教育品质进行了各种努力。首先是"5S 教育"。

很多企业采用了这种办法,但在学校全体教职员中开展的事例还不多。校长认为"完善环境"靠"守破离"(日本剑道学习方法——译者)的引入。从形到心、尝试独自想办法。通过舍弃,形成新的挑战。这些都是校长的目标。

清洁活动为什么是完善环境呢?"完善"这个词,既是

"整理充实"，也是（对授课的）准备。你开始打扫房间了，就会注意到更多的东西，"这里要这么做才更好"什么的。"整理充实"，也是把需要的和不需要的东西区分开的行为。这些事情做好了，工作也会更容易做吧（摘自对校长的访谈）。

4-7　领导人和教师的意识变化
（1）对时间管理的意识变化

如前所述，学校的目的是很难加以数值化、具体化的。对于模糊的目标，教师可以根据自己的解释各自行动，造成工作的时间管理和经费有效利用的意识不强。同时，在从事教育活动的人里面，存在一种把"效率化"当作"偷工减料"，对这个词就不喜欢的情况。

但是在导入阿米巴经营之后，核算成为数值化的，领导者们的效率化意识得到了明显的提高。在访谈调查中，我们听到了很多诸如"采用单位时间核算后，各种工作都能体现为数字，大家的意识都发生了变化""能对时间有更多的注意了""加班少了，大家都能高效地休假了""越来越多的人懂得时间管理了""为了早点回家，提高了工作效率""因为单位时间核算的效果，我也能休假了"等言论。导入了新的模式，劳动时间呈数值化，由此提高了效率化意识，加班时间确确实实地减少了。

在学校里，学生的反应和行动往往具有不确定性，因此很多时候事情无法按预期时间来进行，大家也多倾向于制定一个留有余地的松散式时间表。另外很多人有一个基本思想，即效率这个词不适合教育一线，有时候低效也是必要的。这一思想显然妨碍了提高时间和经费利用效率的意识。但在针对教师的访谈中，我们发现在指导学生方面已经出现了效率化的想法。

> 有意思的是，当你打算高效地做自己的工作时……在教学生的时候，这种意识就出来了。比如说远足或旅游的时候，往往会想着"这么做是不是更省时间"之类的。
>
> 对于我们日常做的工作，也会想着要高效地进行，也要考虑收支情况。然后也应该把这些好好地教给学生们，生活上的做法、有效利用时间，等等。

从这些发言中，也可以发现变化：有些教师已经不再把效率化当成一个负面词汇，还认为这些都是应该教给学生的、有意义的事情。

(2) 竞争意识的变化

在访谈中，我们发现通过导入阿米巴经营，催生了团体间的竞争意识，团体内部则更加团结了。"开始跟其他部门作比较了""主动去学习其他部门长处的次数增加了""不再把责任推到个人头上""共同体意识增强了""比以前更加团结了""团队整体性开始发挥作用"，我们从受访者嘴里听到了这些心声。

前面说过，学校中存在着被称为个体化的组织化倾向。个体化发展下去，教职员之间的意见交换和信息共享就无法取得进展，这反过来又会进一步强化个体化。但在导入阿米巴经营后，团体内的团结更加坚固，团体间的竞争意识也更加高涨。而且团体间的竞争也不是零和博弈，而是通过互相学习达到共同提高的竞争。对此，一位教师说了下面的话：

> 老实说，我一开始觉得学校法人是不适合采用阿米巴经营的。我觉得设立了阿米巴，只能导致部门主义的出现。但回过头看，还是有所不同的。不同在哪里呢？（导入前）我们会觉得只要自己的学科没问题就行，也不了解其他学科都在做些什么。（导入后）比方说我们要办个活动，就会主动跟其他学科的老师打招呼，请他们过来参加。当然其他学科的老师们也会邀请我们下次参加他们的活动。这一年左右，也不觉得有什么（部门主义）了。现在在开早会的时候，校长或副校长会介绍说其他学科在开展什么工作，你们也去学习一下，或者是其他学科是这么做的，你们要不要尝试一下？类似这样介绍其他部门情况的机会，比我刚来时要多得多了。

看得出，通过导入阿米巴经营，个体化的倾向得到了缓解，逐渐形成了一种互相竞争、互相学习的气氛。

(3) 经营者意识的萌芽

通过导入阿米巴经营，领导人内心也萌发了经营者的意识。稻盛认为，培养具有经营者意识的人才，就是通过把阿米巴核算的责任教给阿米巴领导人，培养具有"我也是经营者之一"意识的人才。换句话说，是从一个"让别人做"的基层员工，转变为"为别人做"的领导者，从而培养经营者应有的责任感。

从访谈调查中可以听到以下的心声，例如"我具备了分公司经理的意识""我负责来做""阿米巴的领导就相当于公司老板""经营之心得到提高""相比过去自主性提高了，采取行动时考虑整体问题的现象愈发明显""开始主动去搜集信息了""自己负责来做事""决定权更大了"等，可见领导者的经营者意识正在不断萌发之中。关于学校中的经营者意识，一位负责人举了这样的例子：

　　具体来说，比方说学生退学是件麻烦事，所以我们都会尽可能地让他们毕业、升级。招学生的时候，哪怕只有一个学生，老师也应该努力让对方下决心来我们学校。而这些都需要我们来管理。另外在教学大纲方面，我们也尽量搞些新的东西，形成一种"做事就要做得好"的氛围。

吸引尽可能多的学生入学，就会增加收入，退学学生少了，也能避免损失。教师们都已开始认识到这些问题。这些看起来理所当然的想法，过去除了学校经营者之外，其实很少有人能意识到。

4-8　课题

自 2008 年导入阿米巴经营之后，A 学校法人每年都会举办40 次以上的开放校园活动，努力增加入学人数。结果学生人数从 2007 年的 78 人，恢复到了 2012 年的 280 人。导入三四年后，一度被削减的员工收入也增加了，还开始发年终奖。

当然，要是阿米巴经营扎根于学校组织，还有一些遗留课题。下面我们讨论一下目前存在的问题。

(1) 活动周期的问题

前面说过，学校的活动是以年为单位的，收入原则上也只限于年初的一回。A 学校法人将此分成 12 等份作为每月的收入，但这么做很难把学期中的努力和进步反映到收入中去。此外，本年度招生工作的结果，也只能体现在下一学年。

据咨询师说，学校与一般企业的活动周期不同，是导入阿米巴经营时令人耗费精力的部分。当然前面也说过一些应对的方法，但能反映学期中工作的指标和活动，是今后所需要做的。例如，自费做教科书销售，自己想办法解决外包的教育培训，这些都是必要的。这样一来，既减少了与核算相关的支出，提高了教育质量，又开发了自己的教育体系。

(2) 各部门之间的合作

一般企业的阿米巴经营，会产生阿米巴之间的交易。为此，促进阿米巴之间的信息共享，向全体组织传达市场信息会产生良好的效果。然而，在学校的阿米巴经营中，不会发生阿米巴之间的交易。为此，必须在会议或者早会等场合，有意识地鼓励各部门之间的合作以及共享学生信息。

但是，据校长的了解，在这方面做得并不够。比如，如果宣传部门、教务部门以及就业指导部门共享学生信息的话，就会产生更大的宣传效果。此外，了解学生对学校有什么要求，对教育改善会有切实的帮助，但是，目前并没有达到这样的状态。

　　另外，校长也提到，学生科和宣传部门都可以作为一个单位，与其他阿米巴进行交易。比如，学生科在发行学生证的时候，也等于是出售给教务科等的阿米巴。宣传部门的营业活动，也可以说在学生入学方面收取了佣金。当然，目前并没有这样的事情发生，学校各部门之间的这种交易的可能性还值得研究。

（3）教员的意识变化

　　根据校长的了解，与阿米巴领导者的意识变化相比，教员的意识变化还远远不够。学校的使命是提高教育质量，对社会做出贡献。但是面对学校发展的方向，还看不到人们不懈努力的状态和打破地方保护主义的做法。关于其中的原因留作以后分析。

　　这样一来，导入阿米巴经营以后很多新的课题便浮现出来了。但是，相反也可以说，这些课题出现的本身不正是阿米巴经营产生的效果吗？阿米巴经营的特征之一是"经营透明"，管理者对各个阿米巴的工作状态，可以通过单位时间核算来把握。

　　在一般学校的组织里，上述的课题在学校固有的体制中可能难以解决。将此作为课题，找到解决问题的方向，也许正是阿米巴经营的任务之一。

5　理论的含义

学校导入阿米巴经营后，可以看到一定的效果。但是，学校不同于一般企业，存在很多妨碍体现阿米巴经营效果的因素。比如，A学校法人的阿米巴经营分成几个小集体，重点放在通过共同核算提高人们的核算意识。但是，如前所述，教职员的努力状态和各部门之间协作精神还远远不够。

其中的原因之一是，学校核算的改善和学生人数的增加有直接关系。教育费的变动，不和学生人数成比例增加。即便学生数量增加的今天，也许也难以激发人们的创新意识和各部门间的协作精神。当然，此外也有其他的原因。

铃木通过实证研究证明了以下事实。关于阿米巴自发的创新行为和职业的自律性，换言之，就是说越是能够对工作、工作方法自主决定的人，其自律性程度也就越高。越是非他莫属的工作，越能够激发他的创意和积极性。前述的任务依存性，是指自己完成任务的情况对其他阿米巴工作状态的依存程度，换句话说，也意味着其他阿米巴完成任务的情况对自己工作状态的依存程度。提高工作的自律性，就会产生对工作的责任感和主观能动性，每个人的创意和积极性就会最大限度地发挥出来。

但是同时，人们的责任感也会因自己的工作对他人的工作产生的影响而生发出来。而且对任务的依存性越高，同事之间的关系就会变得越亲密，就会产生互惠互利的行为。这也可以看作是自发性的行为。就是说，由于职务的自律性和依存性，人们会自发地表现出充满创意的行为。这种自发的行为，也会面向具有互惠关系的对方同事。

A学校法人的阿米巴经营，由于细分化了组织，提高了危机意识，提高了职务的自律性，可以说是很成功的。但是阿米巴内的教师之间的相互依存性，以及阿米巴之间的相互依存性还没有得到提高。要通过阿米巴经营使人们焕发出充满创意的精神，仅仅是提高自律性和核算意识也许是不够的。为此，在阿米巴内部以及阿米巴之间，创造出相互依存性的关系是十分必要的。

一般企业，通过开展阿米巴之间的交易，由此可能创造出阿米巴之间的依存性。但是在学校组织机构里，自律性和依存性存在着矛盾，怎样使两者取得平衡还是需要探讨的问题。

6 小结

本章探讨了在学校组织导入阿米巴经营的事例。其结果是，在A法人学校，可以看到由于导入阿米巴经营，在时间意识、竞争意识以及萌生经营者意识等方面发生的变化。这一事例显示了面向一般企业开发的阿米巴经营，也可能适用于学校的经营改善。

但是，将一般企业实行的阿米巴经营照原样地导入学校，也是很困难的。正如本章所述的，有必要根据学校的具体需要循序导入，且需要有各种举措，以激发教职员的创意精神，加强各部门之间的合作。

在学校间的激烈竞争中，每个学校都在追求教育质量的提高和自己的特色，但同时也需要有效率化运营。有效地利用阿米巴经营，就有可能在效率化的基础上提高教育质量。为了提高教育质量，有必要对教育有效地投入精力和时间，以及进行跨部门的协作。为此，教职员有必要少做无用功，将时间有效地投入到教育中来，改变工作方法。同时，有必要对学生进行从入学到毕业的有效管理。可以说，阿米巴经营有可能为学校的改善提供新的契机。

05

第五章

阿米巴经营的利润连锁
管理与丰田生产体系 [①]

——日本式经营中机会损失
管理的典型

京都大学名誉教授 上总康行

[①]本论文以上总［2014］的《日本式经营与机会
损失的管理》，及上总［2016］的《日本式经营
中机会损失管理与固定费管理》为基础，重新编
排并加入和修改了大量内容。

1 日航的经营危机与"奇迹的 V 字反转"

2010 年 1 月，日本航空公司（总公司位于东京都，以下简称"日航"）申请适用日本《会社更生法》（即申请破产保护——译者），事实上已经破产。同年 2 月，日航在各证券交易所（东京、大阪、名古屋）停盘。同年 4 月宣布退出亏损航线，同年 8 月向东京地方法院递交了以大幅削减人员为中心的更生计划（破产重组方案——译者），同年 11 月，该计划获得通过。同年 12 月，日本企业再生支援机构投入 3,500 亿日元公共资金，金融机构也配套放弃了 5,215 亿日元的债券，日航在该机构的管辖下正式开始重建。

关于负责经营重建的经营者，当时的日本首相鸠山由纪夫邀请京瓷名誉董事长稻盛和夫负责重建日航，2010 年 1 月，稻盛接受了邀请，并于同年 2 月无薪就任日航的法人代表兼会长，拿起了日航重建的指挥棒。在其后的 2011 年 3 月，日航完成了会社更生手续，2012 年 9 月，在破产仅 2 年 8 个月后实现了再次上市，被誉为"奇迹的 V 字反转"。

本章首先针对陷入经营危机的日航，分析其以京瓷的阿米巴经营为样本所进行的改革。之后就阿米巴经营中通过利润连锁管理而产生机会损失，对为了弥补这种损失、追求公司整体的利润最大化而开展的经营活动进行梳理。同时，对在丰田汽车的生产管理中，也出现通过现场整改、排除浪费而产生机会损失，进而通过活用机会损失而开展的经营改革加以介绍。在此基础上对阿米巴经营和丰田生产体系中的机会损失的产生和利用的同质性进行分析。

2　日航的重建计划

法人代表兼社长的大西贤（现会长）在日航正处于申请破产保护的临危之际走马上任，他对日航破产的原因做了如下表述：（1）作为民营企业的意识不足，过于偏执于"首要使命是公共交通工具"的思维方式，造成负担的亏损航线过多。（2）在经营上，永久性增长（即扩大主义）根深蒂固。（3）日本国内的大航空公司只有日航和全日空，在这种受限的竞争环境中产生了背离社会常识的思想。（4）首都机场圈存在着慢性的起降架次不足的情况，从而导致飞机的大型化和扩大主义。此外还有一种想法："当时的日航心里是欢迎（因起降架次配额的慢性不足而产生的——作者插入）稳定的竞争环境的。"（5）历史上日航是作为国策而成立的航空公司，因此欠缺财务经营管理制度。

2010 年 2 月，在稻盛会长和大西社长的领导下，日航开始了以三项改革为支柱的经营重建工作。首先进行了以下的"外科大手术"：（1）以飞机的小型化和减少机种为中心对机队进行重组，开展了最高效的削减工作。（2）从亏损航线退出。国际线减少 40%，国内线减少 30%，整体业务规模缩小到原来的三分之二的水平。并从货运专用机业务退出。（3）裁员 16,000人，相当于员工总数的三分之一水平。（4）地勤、飞行员、空乘等所有岗位降薪 30%。（5）修改了年金（养老金）制度，对于养老金水平，退休人员降低 30%，在职员工降低 50%，堪称"未见旁例、额度空前"。

此外，稻盛会长指出"不具备经营者素质的人过多"，认为日航的本质性缺陷是"没有公司经营哲学"。为了转变日航的经营管理层的意识状态，当时还进行了领导培训，并组织制定日航经营哲学。

日航当时"这种没有经营理念、经营哲学的状态，却让我们误认为这是一家允许员工自由思考的公司。……缺乏整体感，目标得不到共享。而且没有核算意识、没有危机感也是当时的实情"。"要转变意识，首先要从公司高层着手"，破产5 个月后在京瓷的协助下以 50 位公司董事、监事及主要部长为对象开办了共计 17 天的课程，进行领导培训。

其后还将这项面向领导的培训扩展到所有管理层，两年内共计 3,000 人参加。此外还面向普通员工进行一年 4 次的经营哲学培训。在实施培训的同时，还参考京瓷经营哲学，开展了对日航经营哲学的讨论，在听取一线员工意见的基础上，制作了多达 40 项的日航经营哲学手册。公司专门举办了仪式，现场的本部长将手册一本本地交给每名员工。就此大西社长强调"这样做确实使每个员工的意识都发生了转变"。

3 在日航导入部门核算制度

继外科大手术式的机构改革和针对高层转变意识的培训之后，日航还着力推行了京瓷所开发的部门核算制度。为了重建日航，稻盛会长的"秘密武器"、京瓷的子公司 KCCS 的董事长兼会长森田直行就任日航副社长，全力推行阿米巴经营。为了在日航有效推行阿米巴经营，具体实施了（1）组织改革，（2）部门核算制度，（3）业绩报告会等措施。

3-1 组织改革

据森田副社长介绍，当时在日航"为了推行部门核算制度，必须明确对利润负责的组织"。2010 年 4 月，通过自由讨论确认了组织编制方针，其后设置了组织变动项目并进行了细化，于同年 12 月实施了大规模的组织变动和人事调整。图 5-1 中就是 2010 年 12 月 15 日组织变动后实施的日航新组织。

以前，日航只由社长担负利润责任。在新组织中，新设了航线管理本部，与旅客销售管理本部和货物邮寄业务本部共同承担利润责任（即为图 5-1 中的收支责任）。而"为飞机运航提供支援的运航本部、客舱本部、机场本部、维护本部也是成本中心，但将它们视为可以近似进行核算的形式，称作'业务支援部门'"。这样，除了经营企划本部和总公司非业务部门以外，其他部门都成为承担利润责任的业务部门。

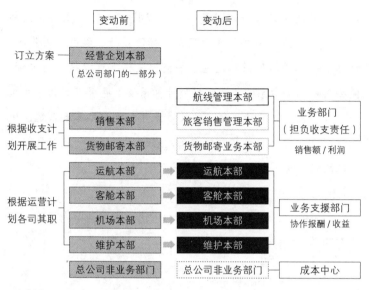

图 5-1　日航的新组织结构

资料来源：森田（2014）p.103

3-2　部门核算制度

在日航，"以前的体制是集团整体通过预算制度来运营的，收入的预算由销售部门和货运部门编制，费用预算由全体部门编制。但……体制中没有承担利润责任的部门和管理者"。因此造成"完全缺失当事人意识、核算意识。不对收支负责，只对能取得多少预算负责。只要能取得预算，不关心公司处于什么样的状况，只想着把到手的预算用完"，这一点民营企业很难想象。

新制度在明确利润责任的基础上，开始按照每次航班进行收支计算。对于这种班次收支计算，森田副社长有如下表述：

航运业务的收入很容易掌握，就是机票销售额的合计。比较麻烦的是确定每一班的费用。所以将这个交给业务支援部门，请他们按照机型和飞行距离进行计算，以该成本为基础，计算出每班的单价来。通过尽早提出逻辑上可以接受的单价，使公司内部买卖系统（协作报酬计算系统）也得以顺利建立起来。进而又建立了销售部门的收益计算系统、核算表系统，从2011年4月起部门核算制度就正式启动了。现在的状况是，每一班的概算收支在次日就可以算出了。

如上所述，日航于2011年4月以班次收支计算为基础，正式启动了部门核算制度。

3-3　业绩报告会

充分发挥部门核算制度的威力，正是在业绩报告会上。据森田副社长介绍，"日航原本有预算制度，是按照每个本部、各部的更生计划而精确计算出的每月预算。因此，……要求将以前延迟两个月做出的按月结算，缩短至用一个月的时间完成，同时以京瓷方式的核算表格式来制作"。

2010年5月，在完成准备后，执行董事及公司干部总计一百余人召开了第一次业绩报告会。按照每个会计科目比较月预算和绩效的差异，由各本部的本部长分别进行报告。"更生计划是否能完成，取决于如何削减费用。为了切实地削减费用，按照每个会计科目对本部长进行追问，以提高他们的数字意识"。通常的预算制度，虽然确定预算的过程大费周折，但一经确定就不会再有人深究，即使销售额目标没有达到，预算也都会被用掉。报告会就是要彻底颠覆以往这种思维方式。

阿米巴经营的大原则是"销售额最大化，经费最小化"，销售没有完成时就需要费用实现最少。国家预算出现收入不足时可以增发国债，但民营企业如果像之前的日航那样，注重于用尽经费，则慢慢会从赤字累积变为资不抵债，最终走上破产之路。为了彻底改变这种"预算思维"，京瓷特意将预算转换为"预估"这个概念。而在日航，从推进改革意识的角度考虑，将其替换成"计划"这个词，现在称为"总体规划"。关于业绩报告会，日航董事会专务执行董事、维修部本部长兼日航工程技术株式会社董事长、社长佐藤信博有如下表述：

这个会上完全不允许找借口。根据在 A3 纸上写满了数字的会议资料进行报告，如果出现内容前后矛盾或者出错的话，稻盛名誉会长一定会指出来。非常不可思议的是，我本人没理解清楚或没自信的地方肯定会被他挑出来，不可能蒙混过关。太佩服稻盛名誉会长的眼力了。

笔者有幸旁听了 2012 年 9 月的业绩报告会。会上虽然没有刚开始导入阿米巴经营时的激烈讨论，但稻盛名誉会长的精辟发言也让人印象深刻。

日航进行了大刀阔斧式的"外科手术"，加之京瓷名誉董事长稻盛和夫这样有经验有才能的指挥官得到了员工的配合，全体人员团结一心推行阿米巴经营，才使得公司得以在短时间内重新焕发生机。图 5-2 为中期经营计划中公开的日航成本竞争力状况。

图 5-2　日航的成本竞争力

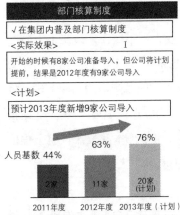

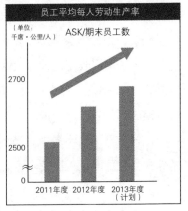

资料来源：日本航空（2013）p.11

　　图 5-2 可以看出，日航的成本竞争力是以部门核算制度和每位员工平均劳动生产率的形式呈现出来的。在各公司中推行部门核算制度的中期计划下，实际结果是 2011 年度 2 家公司采用了部门核算制度，覆盖总人数的 44%；2012 年度为 11 家公司（新增 9 家），覆盖总人数的 63%；2013 年度的计划为 20 家公司（新增 9 家），覆盖总人数的 76%。另外，对于平均每个员工的劳动生产率，按照座席供给量即有效座席公里（ASK）/期末员工数进行测定，可见从 2011 年度的 2,500（千席·公里/人）开始一路上升。

　　另外，从飞机架数的变化（全公司）来看，2012 年 3 月末自有和租赁总数为 215 架，2013 年 3 月末为 216 架。其中大型飞机 46 架，支线飞机 36 架没有变化，计划购买 5 架中型机波音 787、8 架小型机波音 737，减少 11 架小型机 MD90 等，虽然有增有减，但从整体合计来看，这一年里的飞机保有计划仅增加了一架飞机。

也就是说，在日航，通过导入部门核算制度而进行了经营改革，其结果是每名员工的劳动生产率得到提升，因而产生了过剩的运送能力。

产生了过剩的运送能力，则不需要追加投资或是进行少量追加投资，就可以增加销售额，从而增加利润。下面就关于运送能力过剩的问题，对京瓷的阿米巴经营中推广的利润连锁管理进行探讨。

4 京瓷的阿米巴经营和利润连锁管理

阿米巴经营中，以每个阿米巴为单位进行名为"部门核算"的利润计算，而且用部门核算除以阿米巴所属员工的总劳动时间即可计算出"单位时间核算"。在京瓷是以单位时间核算为管理基础，通过"京瓷经营哲学培训→强烈的愿望和持续的高水平目标→提高生产速度→提升单位时间核算→产生过剩产能→产生机会损失→通过追加订单化解过剩产能→避免机会损失→增加全公司利润"一系列连锁过程开展利润连锁管理（Profit Chain Management, PCM）。

利润连锁管理中存在避免发生机会损失的方法，包括①速度连锁效果和②其他部门利用该过剩产能，原则上以①速度连锁效果为主。下面对此进行简单说明。

在利润连锁管理中包含这样的机制：一个阿米巴的速度提升会连锁性地带动其他阿米巴的速度提升，这意味着通过某个阿米巴的努力，在崩溃了的同步化状态下，从而催生出紧张状态，并以此为契机，在更高水平上生成新一轮同步化的机制。通过借助单位时间核算而在阿米巴间产生的这种经营改革的活力，正是促使过剩产能在全公司范围内进行优化的"速度连锁效果"（Speed Linkage Effect, SLE）。图 5-3 为阿米巴经营中利润连锁管理机制的示意图。

图 5-3　利润连锁管理的机制

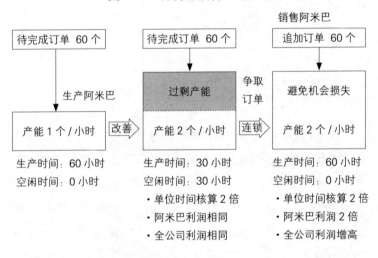

资料来源：上总（2011）p.140

在图 5-3 所示的阿米巴组织中，分别包括一个生产阿米巴和一个销售阿米巴，假设最初条件为：待完成订单 60 个，产能为 1 个 / 小时。在这个条件下，完成 60 个订单的所需生产时间为 60 小时。而接受过京瓷经营哲学培训的生产阿米巴领导成功提高了生产速度，使产能翻倍，一小时的产量达到 2 个。这样完成 60 个订单的生产时间减半为 30 小时，生产阿米巴的单位时间核算提升了一倍。

但是，阿米巴的利润没有变化，全公司的利润也没有因此而变化。如果只停留于此，那就只是产能出现过剩而已。这种情况下重要的是要明确认识到存在 30 小时的过剩产能，因此出现了机会损失。

在这种状况下，销售阿米巴领导可以从管理层早会等场合得知出现了过剩产能，即机会损失的情况。由于他也接受过京瓷经营哲学培训，所以也同样抱有强烈的维持高水平目标的愿望，会为了化解过剩产能而通过提高销售工作速度等方法争取追加订单。如果能争取到 60 个追加订单则可以将所有过剩产能化解掉，随之也可以避免发生机会损失。这样做的结果是，生产阿米巴的单位时间核算达到了比最初翻倍的效果。不仅如此，生产阿米巴和销售阿米巴的利润也分别翻倍，可以为全公司的利润提升做出很大贡献。原因是销售阿米巴通过工作争取到追加订单而避免了机会损失。

5　丰田生产体系因排除浪费而产生过剩产能

很多人知道，丰田汽车公司采用的是丰田生产体系。相关研究众多，这里仅就因排除浪费而产生的过剩产能进行分析。首先，根据藤本隆宏（东京大学）的产品设计信息转录论，来确定其生产前置时间（也称生产期或产出时间）。图 5-4 为生产前置时间的概念示意图。

图 5-4　生产前置时间（概念图）

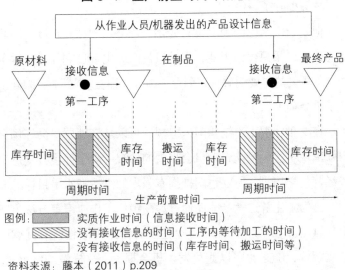

图例：
■　实质作业时间（信息接收时间）
▨　没有接收信息的时间（工序内等待加工的时间）
□　没有接收信息的时间（库存时间、搬运时间等）

资料来源：藤本（2011）p.209

　　图 5-4 中，原材料经第一工序加工后称为在制品，之后在第二工序将在制品加工为最终产品。这个过程中，原材料、在制品、最终产品被保管在工序或仓库，并根据需要被搬运。从原材料投入到最终产品出货的时间称为生产前置时间。这个生产前置时间包括库存时间、周期时间、搬运时间。库存时间是原材料、在制品、最终产品在工序间及仓库停留的时间。周期时间是通过工序的时间，包括实质作业时间和工序内等待加工的时间。实质作业时间是指加工工序中接收体现客户需求与成本信息的产品设计信息时间，即信息接收时间。工序内等待加工的时间是工序没有接收设计信息的时间。搬运时间是搬运原

材料、在制品、最终产品的所需时间。

在生产前置时间之中，加工工序中接收体现客户需求与成本信息的产品设计信息时间（即实质作业时间）非常短，大部分是没有接收信息的时间（工序内等待加工的时间、库存时间、搬运时间）。

如果要缩短生产前置时间，则需要①缩短实质作业时间，或②缩短工序内等待加工时间、库存时间、搬运时间等没有接收信息的时间。虽然有一些方法可以缩短①的实质作业时间，但更重要的是"除了工序中完全连续的装置产业类生产工序之外，实际上占据生产时间的大部分时间是没有接收信息的时间，也就是库存时间"。因此可以认为"缩短生产时间的关键所在是改善库存体系，削减库存"。

丰田生产体系之父大野耐一也有同样的主张。大野认为："无论是什么样的工作现场，只要仔细观察，都能发现浪费、找到可改善的空间……仔细观察现场作业，就可以区分出员工动作中的浪费部分和实质作业部分。"图5-5对员工的动作进行了分析。

如图5-5所示，在现场"员工的动作"首先可以分为作业和浪费。其次，作业可以分为实质作业和无附加值作业。对此，进行如下说明：

(a) 浪费：对于作业来说没有必要，可以马上省去。例如，空手等待、半成品的叠放、重复搬运、换手等。

(b) 无附加值作业：原本应归入浪费之中，但却是在现有条件下不可避免的作业。例如，走过去取零件、打开外购零件包装、按按钮的操作等。为了消除这些行为，需要对一部分作业现场的条件进行改造。

图 5–5　员工的动作（浪费和作业）

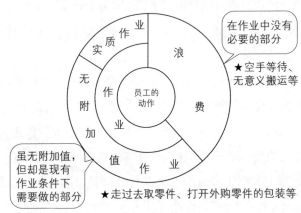

在大野 [（1978）p.102] 的基础上加入了一些内容

（c）提高附加值的作业：变形、变质、组装等，以某种形式进行的"加工"。所谓"加工"，就是赋予价值的过程。也就是说为了完成零件或产品而针对素材或半成品等加工对象进行加工，以创出附加价值，例如组装零件、锻造素材、冲压铁板、焊接、齿轮淬火、车体涂色等。

可以看出，如果对 (a) 浪费和 (b) 无附加值作业进行现场改善的话，可以增加作业人员的实质作业的占比，从而提升劳动生产率。

藤本和大野的主张有相通之处。藤本的①实质作业与大野的实质作业对应，同样，藤本的②工序内等待加工时间、库存时间、搬运时间等没有接收信息的时间与大野的 (a) 浪费和 (b) 无附加值作业相对应。

也就是说，如果想要缩短生产前置时间，则分别缩短周期时间、库存时间、搬运时间即可。在生产现场，开展了旨在缩短生产前置时间的各种改善工作。图 5-6 中，从改善流程的角度，将各种改善工作归纳为 6 个步骤。

图 5-6　改善工作的 6 个步骤

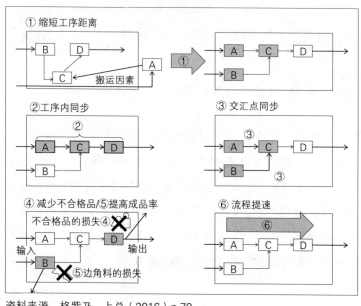

资料来源：柊紫乃，上总（2016）p.79

从图 5-6 可见，改善工作可以归纳为缩短工序距离、工序内同步、交汇点同步、减少不合格品、提高成品率以及流程提速这 6 个步骤。

如果通过作业改善实现了缩短周期时间，也就是说成功缩短了实质作业时间和等待加工时间，则节约的部分就产生了过剩产能。图 5-7 为周期时间缩短的图示。

图 5-7　周期时间缩短

周期时间=①实质作业时间+②工序内等待加工的时间

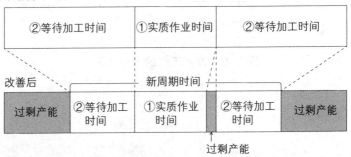

资料来源：上总（2016）p.8

从图 5-7 可知，丰田生产体系下改善作业后，周期时间缩短，工序按照新周期时间来运转。在新周期时间下，出现了①实质作业时间缩短所产生的过剩产能和②等待加工时间所产生的过剩产能，如果可以追加生产任务的话，就可以避免出现过剩产能。反之，如果对于过剩产能置之不理的话，就损失掉了本来可以加以利用的过剩产能的利润，明显发生了机会损失。

在生产现场，有多种方法可以缩短①实质作业时间，很多企业也在为了缩短实质作业时间而采取各种各样的改善措施。但实际上缩短实质作业时间并不是很容易的事情。如果从生产前置时间的角度来看，不能只重视缩短实质作业时间，还要缩短等待加工时间、搬运时间、库存时间等，特别是缩短库存时间。

6 阿米巴经营与丰田生产体系对机会损失的相通认识

阿米巴经营是以单位时间核算作为管理标准，在全员参与经营的状况下开展现场改善的，因而生产能力得到提升。同样，在丰田生产体系下，是以生产前置时间作为管理标准，在全员参与经营的状况下推进现场改善的，因而生产能力得到了提升。产能提升后，如果存在消化这个增量的追加需求，或是像在 20 世纪 60 年代以后日本经济高速发展阶段中需求持续走高的情况下，就不会出现过剩产能。图 5-8 为高速发展期的现场改善与产能提升的图示分析。

图 5-8　高速发展期的现场改善与产能提升

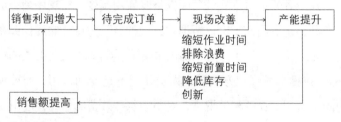

资料来源：上总（2016）p.9

从图 5-8 可知，通过缩短作业时间、排除浪费、缩短前置时间、降低库存、创新等现场改善，可以提高劳动生产率，使产能得到提升。由于存在可以消化产能增大的需求，所以销售量会提高。这样就不会产生过剩产能，自然也不会出现机会损失。

例如，根据柊紫乃（山形大学）的研究，在丰田汽车公司，从第 46 期（1962 财务年度）到第 71 期（1975 财务年度）的时间段内，平均每名员工的生产数量从 8 辆提升到 30 辆，提升到原来的近 4 倍。处于高速发展期的日本企业即使通过现场改善而实现了产能提升，也依然处于产能供不应求的状态，所以即使短期性的需求存在变动，从长期看也需要持续大量地进行设备投资以增加产能。而且当时还盛行将生产基地向海外转移。那是日本经济前所未有的繁荣时代。

但 1992 年泡沫经济破灭之后，一路飙升的高速发展时代结束了。这样就出现了提升后的产能无法被需求所消化的现象，出现了过剩产能，由此带来了机会损失。日本企业对此采取了活用人才资源、管理固定费的对策，以此实现经营改革，并提高了销售额。下面对此进行详细解读。

众所周知，日本式经营因以终身雇用制度、年功序列资历工资制、企业内部工会这所谓"三大神器"为特征的雇佣关系而引人注目。"其中终身雇用制度被定位为日本型经营方式的核心。"在日本式经营方式下，人员开支不是变动费用，而被视为固定费用。在这种情况下，对员工从"效费比"的角度出发支付"费用"，应该追求的是"效果"，在全员参与型经营的实践过程中，激发员工的创新精神以获得最大成果。在企业中，通过教育和训练、研究开发、掌握生产技术、提高劳动生产率等，可以激发员工未来创出更大收益的潜力。

京瓷的阿米巴经营及丰田的 JIT 生产方式（即准时制生产方式，Just In Time）都是在日本式经营的背景下推行的，下面以此为前提，对处于低增长期中两者兼具的管理会计特征进行分析。丰田生产体系之父大野耐一对于过剩产能曾有如下论述：

我们从产能的角度来尝试解读丰田生产方式的思路。首先，在产能有余力和没有余力的情况下，对经济上是否有利的判断会有差异。简单说来，在有余力的情况下，由于使用的是空闲的人和空闲机器等，所以不会产生新的费用。也就是说都是免费的。……如果能力有余量，则不需要考虑成本，损益一目了然。

大野的话非常明快，无须多做说明。与此同时，如果将着眼点放在产能上，则可以发现京瓷的阿米巴经营与JIT的相通之处。两种方式的基本意识都是产生过剩产能、如果通过追加订单可以消化掉这部分产能，则不需要追加费用，也就是可以实现"免费"生产。这里明显存在着机会损失的意识。

佐藤信博社长参与了2010年1月破产的日航的重建项目重要环节，即日航工程技术株式会社（总公司：东京都大田区，注册资本：8,000万日元，员工总数：约4,000人）导入阿米巴经营。他对于减少库存有如下阐述：

工厂中通常肯定有正处在维修保养期间而没有飞行任务的飞机，所以从这样的飞机上拆下所需零件直接用就好了。这样的话，如果从最极端的角度讲，零件库存为零也是可以的。……如果使用飞机上已经在用的零件，那对于现场的技师来讲就要有两次的工作量。但如果是在正常的工作时间内完成，也就是说在不支付加班费和休息日出勤补助的范围内，这就是分内的工作。而且对于年轻技师来说，这还是很好的学习机会，有助于培养人才，是一举两得的好事。

佐藤社长的认识也与大野耐一相同。其中明显存在着机会损失的意识。图5-9所示为日本式经营与机会损失之间的关系。

图5-9　日本式经营与机会损失

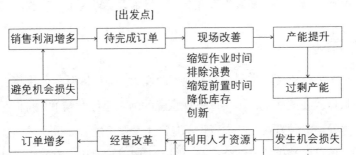

资料来源：上总（2016）p.11

从图5-9可见，以终身雇用制度为前提的日本式经营方式，首先以待完成订单为起点，按照顺时针方向（向右旋）重复着"现场改善→产能提高→产生过剩产能→发生机会损失→利用人才资源和固定费管理→经营改革→订单增多→避免机会损失→销售利润增多→待完成订单"这样的循环。

大多数欧美企业在发生机会损失时，会采用"解雇员工"的政策。与此相反，日本企业需要在终身雇用制度的前提下充分利用人才资源来寻求出路，通过经营改革而获得更多订单以避免机会损失，最终可以达到经营利润增大的效果。当然，即使通过"利用人才资源→经营改革"来努力增加订单，也不一定能马上避免机会损失。为此，需要同时对过剩产能产生的固定费进行管理。

7 对制造企业机会损失的管理

对于全员参与经营背景下的现场改善，如果成功的话，无论是通过阿米巴经营还是通过丰田生产体系，都会产生过剩产能。在订单增多程度大于劳动生产率提高的状况下，就不会产生过剩产能。但如果是由于经济不景气等原因造成供大于求的情况下，或是在像 1992 年日本泡沫经济破灭后"失去的十年"那样的发展迟缓期，现场改善的成功，会使过剩产能的问题凸显出来。日本式经营，特别是终身雇佣制度是不解雇员工的，如果放任过剩产能，可能会造成员工无事可做，最糟糕的情况是，甚至周期时间都会重新回到改善前的水平。

因此，企业需要积极地将所产生的过剩产能利用起来，通过开展培训和练习、研究开发、新产品开发、促销活动、开拓客户等经营改革，采取能激发员工未来创出更大收益的潜力的经营战略。如果想要在激烈的全球竞争中持续发展，企业的经营者就要对通过现场改善而产生的过剩产能加以重视，进而积极地推行经营战略，坚持为提高营业额而不懈努力。

06 第六章

阿米巴经营与成本、
收益计算结构

一桥大学大学院教授 尾畑裕

1 引言

"单位时间核算"是阿米巴经营进行核算的机制，本章将对这种成本、收益核算机制进行分析，明确其特征，并对近年来阿米巴经营的发展对其产生的影响进行探讨。与此同时，还将针对阿米巴经营的成本、收益核算机制特征对其理论性的发展带来的影响进行考证。

阿米巴经营的单位时间核算，虽然具备按单位时间计算未扣除人员开支的利润的特征，但也是一种成本与收益的比较计算。其实成本核算就是对成本和收益的计算，因此也可以说"单位时间核算"就是成本核算的一种，从经营者的立场来看，仅统计成本没有意义，掌握成本与收益的对比、了解收支情况是非常重要的。笔者在拙作《阿米巴经营与成本核算》中也强调过这个问题。本章中，将不用"成本核算"这个概念，而使用"成本、收益核算"。

另外，通常的成本核算以产品或服务为主轴进行归集的方式较多，但在本章中，将包括以内部流程为主轴的成本、收益的比较计算，统称为成本、收益核算。

①仅计算成本还是计算成本和收益？②归集单位以产品或服务为主轴，还是内部流程为主轴？考虑到这些因素的组合方

式，整理为如表 6-1 所示的形式。

表 6-1　狭义和广义的成本核算[①]

	仅计算成本	计算成本和收益
产品或服务主轴	狭义的成本核算 "成本计算标准"的对象	
内部流程主轴		原本的"单位时间核算"

　　狭义的情况下，成本核算仅以产品或服务为主轴。例如，日本"成本计算标准"就是这样。但作为核算计算的"成本计算标准"并没有因此完善，计算期损益的部分还要依赖"企业会计原则"。

　　广义的情况下，成本核算不仅以产品或服务为主轴，而且也包括以内部流程为主轴的成本、收益的核算。阿米巴经营的"单位时间核算"就是以内部流程为主轴的成本、收益的核算。但重要的是，这是组织主轴及责任主轴的方式，如后文所介绍的，如果在产品或服务主轴上设置责任，则也有可能既是以内部流程为主轴的，也是以产品或服务为主轴的。

①此表的原图在尾畑［2014］中已经出现过，在原表中"内部流程主轴"标为"组织主轴的计算"。但是，有些情况下也有可能出现以产品或服务为组织主轴的情况，所以这里标为"内部流程主轴"。

2 成本、收益核算中的以产品或服务主轴归集和以内部流程主轴归集

通常认为，成本、收益核算是以产品或服务作为成本的归集主轴的，但成本、收益核算中不一定局限于以产品或服务为主轴，取而代之的是，可以以不直接面向市场的内部流程为主轴进行成本、收益的归集。

将产品或服务作为成本、收益核算的主轴的原因在于，在制作财务报表时需要按照产品或服务主轴来归集成本。在计算销售额所对应的成本时需要以产品或服务为主轴进行成本归集。从经营者的角度来讲，更重要的是要明白把力量集中在哪个产品或服务上，所以事实上为了决定战略，必须掌握产品或服务轴的收支情况。

虽然经营高层在从全局考虑产品或服务的收益能力时，需要掌握产品或服务轴的成本、收益计算，但产品或服务轴的收益核算方式多数时候不适用于业绩管理。也就是说，很多时候经营管理者的责任没有设计在以产品或服务为主轴的核算方式中。在将产品或服务提供给客户的过程中，需要经过很多责任单位，但在以产品或服务为单位的核算方法中责任模糊，很多时候无法明确责任。理论上，在组织内的责任是根据提供方的逻辑而设置的，所以大多是按照职能设置在内部流程的各环节中的。因此，如果想要进行业绩管理而需要了解具体核算，就需要以分别设置责任的内部流程为主轴进行成本和收益的归集。问题原理如图 6-1 所示。

在产品或服务主轴上，产品或服务是从客户角度划分的，

客户对于产品或服务支付相应的报酬。为此，可以较容易地追溯到以产品或服务为单位的收益。但由于制成产品需要经过各种工序，而且其中一些工序与产品只有间接关系，所以将成本归集到产品上就有困难。实际上，可以说成本核算最早的核心问题就是间接费用的分配问题。

图6-1　以内部流程为主轴归集和以产品 为主轴归集的关系

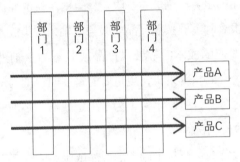

另外，以内部流程为主轴，则设置在按提供方要求所设置的组织中，其中很多归集单位是客户看不到的。当然，这里无法直接产生收益。在内部流程中设置了责任单位的情况下，为了可以按照责任单位分别了解核算，需要进行收益分配。反之，对于成本来说，可以比较容易地以内部流程为主轴进行归集。

如上所述，对于产品或服务主轴来说，虽然收益可以较容易地按照产品或服务主轴追踪到，但按照产品或服务主轴追踪成本却是待解决的问题。而对于内部流程主轴来说，成本容易追踪到，但收益较难追踪，需要进行收益分配。所以，应该可以认为产品或服务主轴和内部流程主轴在收益和成本追踪的难度上是同时存在的。

3 内部流程主轴归集方式下的收益分配方式

如果从传统思路考虑，对于制造业的阿米巴经营的核算即单位时间核算，从业绩管理的观点出发，可以说内部流程主轴一直是优先于产品或服务主轴的。因此，这里出现的关于成本、收益核算的课题为，如何将收益归集在内部流程主轴上。换言之就是如何进行收益分配的问题。

对于制造业的阿米巴经营来说，为了将收益分配到内部流程中，以前采用了公司内部买卖价格、销售佣金的方法。公司内部买卖价格是在制造业的阿米巴之间通过买卖在制品，使提供方的阿米巴和接收方的阿米巴都获利，这个机制正是收益分配。如果从阿米巴到阿米巴以成本划拨在制品，销售部门也以成本得到产品，则所有的利润都由销售部门获得了。解决方法只能是，阿米巴之间的交易以高于成本的价格进行，销售部门将从客户处获得的部分收益向上游分配。至于生产部门和销售部门之间的收益分配，销售部门将从客户那里获得的收益的一部分作为销售佣金而留在销售部门，并将剩余的部分向生产部门流转。这样在传统的阿米巴经营中进行的公司内部买卖价格、销售佣金的机制就是收益分配机制。

对于公司内部买卖价格、销售佣金该取什么价位的问题，是阿米巴之间主要对立之处。而如何消除这种对立，如何设置标准的公司内部买卖价格、销售佣金，则由阿米巴经营长年积累的经营经验来解决。基本原则是通过相关的阿米巴领导之间的谈判，但在谈判无法解决时，则由相关阿米巴的上级进行调节。而为了提高阿米巴领导的自律性，上级应尽量少地介入其中。

对于制造业来说，在制品从一个阿米巴到另一个阿米巴，可以通过设置划拨价格来进行收益分配。但对于服务业来说，并不存在物品在阿米巴之间移动的情况，无法套用公司内部买卖价格，因而需要相应地开发新的机制。

4 服务业中的收益分配方式

近年来不仅在制造业，阿米巴经营也开始导入到服务业之中。特别是医院，出现了很多的导入案例。医院的阿米巴经营，不再使用"阿米巴"这个概念，而被称为"京瓷式医院成本管理法"。在"京瓷式医院成本管理法"中，不仅将各门诊科室作为核算单位，还将病房及各辅助科室（康复部、放射科等）也作为核算单位。患者在门诊科室看病，则门诊科室就可以成为医疗服务的对外窗口。患者去门诊就可以根据医嘱接受拍片子或得到处方等综合性医疗服务。

这样看来，从患者的角度看，门诊就是一个服务主轴。而病房或辅助科室则是体现内部流程的部门。因为虽然医院与制造业的内部流程不同，但由于各辅助部门的工作人员直接接触患者，患者原则上无法自由选择辅助科室和病房，在医疗报酬集中在门诊科室这样的体制下，病房和各辅助科室的成本归集基本上可以看成是内部流程主轴的归集。对于门诊科室来说，它们是面向患者的对外窗口，可以说是产品或服务主轴，但门诊科室本身要进行问诊、开检查单、进行诊断等，具有独立的职能，也是承担内部流程的部门，所以门诊科室的归集也可以说是内部流程主轴的归集。如果放任不管，则有可能医疗报酬都集中到门诊科室，变成只有门诊科室是核算部门了。因此，为了将病房及辅助科室加入到核算部门之中，需要进行收益分配。为此而开发了名为"院内协作报酬"的机制。

院内协作报酬是将门诊收入按额度分配给为获得该收入而做出贡献的各部门的机制。具体实施时由各部门的代表集中讨论，商定各部门应得的门诊收入的百分比。

这样做，在原理上与制造业中的公司内部买卖价格、销售佣金相同，但对于院内协作报酬来说，通过商议进行分配的过程本身意义重大。可以说通过院内协作报酬这一机制，本部门与其他部门之间形成相互协作依存的关系，从而有意识地打造出"必须与其他部门合作才能提高本部门的收益"的环境。在决定院内协作报酬时，出现了很多医生和护士、医疗辅助人员等各职种之间形成沟通、促进相互理解的事例。这样的氛围对于医院运营至关重要。

在分配比例决定后，各部门就会为了提高本部门收益而与其他部门协作，因为环境要求大家不是对立，而是协作。由于阿米巴经营的导入而营造出这样的氛围，这是非常重要的。院内协作报酬机制对服务业导入阿米巴经营起到了促进作用，具有极大的意义。

近年来不仅是医院，一些护理机构也开始导入阿米巴经营。但由于护理机构的组织结构没有医院那么复杂，所以按照所提供的服务分成小的组织作为利润责任单位、以服务为主轴，实施阿米巴经营。护理行业的核算单位，有如下实例：

福利型养老院

特别福利型养老院

收费型养老院

老年集体住宅

在家养老

日托型养老

上门护理

上门看护

上门照料洗澡

这样，协作报酬对于护理组织而言，除了要与护理经理人分配收益等例外情况外，基本没有发挥特别的功能。

5　在产品或服务主轴加入核算责任的方法

以往的阿米巴经营是按照职能来设置责任单位的，但日航所推行的阿米巴经营则是从客户的视角，也就是将航线作为核算单位来归集的，是值得关注的。在日航导入阿米巴经营时，应该如何划分核算责任也曾是争论的焦点。当时日航的管理会计系统已经非常完备了，但由谁来承担核算责任却比较模糊。森田直行在《全员赚钱的组织》中，有如下表述："当时谁也不知道哪个管理者在担负着利润责任。""由经营策划本部这个部门梳理全公司，所有权力都集中在这里，但并不能说他们担有利润责任。"

在日航，航线管理本部是核算责任的核心，其核算责任又被下级的利润责任单位所分解。首先分为国内航线和国际航线，两者再按照区域各自被分解为6个组，然后再分为各条航线。这样每条航线有相应的责任人，利润责任都各有归属，各航线再分别按照班次分解成核算单位。

在日航，形成以航线管理本部（及其内部的航线组）为核心的利润中心，航线管理本部（及其内部的航线组）从客户处获得所有收益，再向客舱部门、维护部门、运航部门、机场部门、采购本部（燃料）、经营战略部（器材）支付协作报酬。

对于以往的阿米巴经营来说，内部流程主轴优先于产品或服务主轴。这是因为人们设想责任设置在内部流程主轴上。但是，在日航的航线管理本部之下的组织，其自身虽然是以客户看得见的产品或服务为主轴，但被赋予了责任。而且担负其利润责任的负责人要对优化各种资源以获得利润提升负有决策责任，正是这个决策对获得利润起着非常重要的作用。

从日航的案例可知，利润责任的设置形式，既以产品或服务为主轴，同时也以内部流程为主轴。这种利润责任的设置方式给我们带来很多启示，并且也可以用于制造业，可以在职能性组织的基础上，以产品组来设置新的责任组织。关于产品，要设置独自承担责任的管理组织，以便整合资源并提供给客户。总之，要形成一个组织或管理者，能针对客户看得见的产品或服务开展资源整合和分配业务，并对产品或服务的核算最终负责。

6 以产品或服务主轴与内部流程主轴组合作为核算单位的形式在管理会计上的意义

以往，产品或服务主轴和内部流程主轴是对立的，两者不同的优先度，会导致核算计算的结构完全不同。很多企业的成本核算系统是以产品或服务为主轴进行成本和收益的比较计算，但对于采用阿米巴经营的企业来说，通常优先采用以内部流程为主轴的成本和收益的比较计算机制。

但是，医院门诊科室既有产品或服务主轴的一面，同时又有内部流程主轴的一面；以及日航的阿米巴经营，在航线管理本部之下设置核算责任单位的方法，都说明了产品或服务主轴和内部流程主轴并非是对立的，两者有可能相互融合。这是非常重要的。

把协作报酬这样一种收益分配方式纳入成本、收益核算结构，具有非常重要的意义。这种形式在从客户及市场角度设置核算单位的同时，还可以将对于企业来说非常核心的内部流程作为核算责任单位进行设置。近年来，制造业和服务业的界限日渐模糊。企业的竞争力的核心来源是提供技术开发，未来的需求是，一方面希望将这样的技术开发纳入有核算责任的组织管理之中，另一方面希望将这些核心技术进行组合，成为负责向客户提供综合服务的独立核算组织。

这种情况下，核算单位不应该只限于接触客户及市场、最终产生收益的组织，而有必要把从客户那里获得的收益进行适当分配。

7 结语

阿米巴经营中最重要的是收支核算的思维方式。通过导入阿米巴经营，使处于大组织中而缺乏核算（收支）意识的员工以核算意识为驱动力自主地行动起来。如果不追求收支平衡，则组织无法存续下去，组织的责任人应将这种意识与员工共享，并以此促进自发性的改变。收支核算的思维方式并非阿米巴经营所独有，但没有收支核算意识的阿米巴经营则不存在。而且对阿米巴经营来说，以何为单位设置核算的问题也是非常重要的。这与以何为单位设置核算责任的问题和核算结构问题也是密不可分的。

阿米巴经营也在不断进化。以往在以制造业为中心的企业应用时，掌握以内部流程为主轴的核算优先于以产品或服务为主轴，而采用以内部流程为主轴核算方式的"单位时间核算"，其前提则是公司内采用买卖价格及销售佣金的形式进行实质性的收益分配。

在将阿米巴经营导入服务行业的过程中，又新开发了称作合作对价的收益分配方式，因为这种方式，服务业导入阿米巴经营取得了顺利进展。在服务业，最终总会有多个组织单位参与向客户提供服务的活动。而且类似日航里的新设组织，负责安排面向客户提供的服务，并具备对收支影响很大的核算责任，是值得关注的。

现在还出现了类似日航的航线管理本部之下的组织，本身担负着重要流程，业绩是通过服务主轴来测定的。在这之中，产品或服务主轴既是经营高层进行战略判断的主轴，同时也是以客户及市场导向为决策的组织进行业绩测定的内部流程主轴。

值得关注的是，阿米巴经营的"单位时间核算"已经进化为在多个归集主轴上对成本和收益进行归集。而且在此之中起到重要作用的收益分配方法，绝不是通过机械性的分配计算就可以完成的，它与"促进组织间互动"这一组织问题有很深的关系。成本的归集中存在资源消费这一组织问题和中立性态度，而收益分配则与包括组织问题、人的问题等管理会计问题有着密切的关系。阿米巴经营中的收益分配实践向我们展示了这一点。

近年来，制造业呈现出服务化趋势。制造业已经不单是生产物品并卖出去就可以了。制造业的价值观正逐渐转变为"向客户提供解决方案"。负责技术开发及生产的组织与负有市场责任的营销组织都作为利润责任单位起着重要的作用。开发核心技术固然重要，但对其赋予附加值并向客户提供解决方案的营销也非常重要。

过去那种制造业只考虑产品主轴的核算就够了的时代，已经一去不复返。在经营者的战略性决策过程中，除了要注重产品或服务主轴，对技术主轴、内部流程主轴等的关注程度也日益加深，而从组织的业绩管理角度，也将需要采用多主轴的核算形式。这里仅从成本角度进行分析已经显得难以成立[①]。在这种背景下，阿米巴经营在合作对价分配方面有着长年的运用经验，因此，新开发的用于导入服务业的合作对价方法具有非常重要的意义。这种方法不仅对于阿米巴经营具有重要意义，也反映了制造业服务化的趋势，可以说对今后的成本、收益核算的基本计算结构有着很大的影响。

---

① 笔者过去曾提出过除了按照产品计算成本和收益，增减税额也应归集到成本和收益，但进行提议的 20 世纪 90 年代，还不具备应用这种计算的环境。现在的大背景为制造业的服务化趋势，因而可以说收益分配将成为成本核算的重要方法。

07 第七章

阿米巴经营模式导入流程及效果

——数马株式会社的实例分析

九州大学大学院副教授 丸田起大

中央大学副教授 潮清孝

京都大学名誉教授 上总康行

1 引言

本章是关于阿米巴经营模式的学术性研究，首先以京瓷及其集团公司为研究对象，使用访谈、观察、问卷调查及查阅公司内部文件的方法从经验性、实证性角度进行了研究。其次，也将接受京瓷咨询子公司（京瓷通信系统株式会社：KCCS，原KCCS管理咨询株式会社：KCMC）的阿米巴经营模式指导的客户公司扩展为研究对象，同时加入了未接受阿米巴经营模式指导的公司实务的相关研究报告。

通过扩展阿米巴经营模式的研究对象，将阿米巴经营模式的多样变化明确呈现出来。随之而来的问题是，论点集中到以什么作主旨为阿米巴经营模式定义上来。例如洼田祐一、三矢裕、谷武幸根据针对97家客户公司的问卷调查得出的结论是，根据各公司的实际情况有选择性地应用，而不一定完整导入京瓷整套的阿米巴经营模式。如果查阅京瓷的官方解释，则阿米巴经营模式的学术性定义为："所谓阿米巴经营模式，是指根据职能不同划分成小集体的核算制度，让所有组织成员都参与到经营之中的方式。""以职能部门为基础施行小集团化、利润中心化"，这可以说是阿米巴经营模式最基本的定义吧。

本章的研究对象为数马株式会社（总公司位于日本福井

市，后文中简称"数马"），该公司当初自主导入阿米巴经营模式，如后文所述，公司的实际状况满足如上定义，可以说是一种阿米巴经营模式的演绎版本。本章的主要内容是以数马株式会社为研究对象，对阿米巴经营模式的导入过程、导入效果进行定性与定量分析。

2 研究对象

2-1 数马简介

关于数马的主要业务，在上总康行及丸田起大的著作中有详细表述，这里仅就其中部分内容进行简要介绍。该公司创建于 1964 年，地点在日本福井县丹生郡国见町鲇川，当时的公司名为数马纤维株式会社，1995 年更名为数马株式会社，同时将公司总部所在地迁到福井市八重卷町。该公司是以窗帘为主的家居用品的策划制造销售公司，公司充分利用独有的高端纤维技术，成为近年来保持持续成长的"福井生力军企业"。公司的年销售额为 56 亿日元，拥有员工总数 533 名（2015 年数据），为非上市的骨干企业。该公司的产品种类繁多，万种商品中，每种都分别备齐 5 个尺寸，库存销售和订单销售各占一半左右，主要的业务繁忙期为 3 月、4 月、12 月，所属行业季节性较强。

在窗帘生产行业中，数马的特点为"贯穿式生产销售体制"，也就是按照窗帘业通常的"线→织物→刺绣→染色→缝纫→物流→零售"流程进行生产。该公司在刚创建时与福井县的大多数同类企业一样，是一家以从商社及批发商、缝纫业公司承接订单为主的订单加工型纺织品（主要为编织窗帘蕾丝）生产厂。之后力求摆脱承接加工的形式，而由本公司承担相应风险，以创造更高的附加价值，并开始进军缝纫行业和刺绣行业，还在公司总部的工厂内开设了直营店。

该公司 2006 年在中国浙江省杭州市创建了富阳数马装饰工艺品有限公司（后文中简称"富阳数马"），具备包括染色在内的全流程生产能力。虽然物流部分委托给合作企业，但对于现在的数马来说，包括新产品的研发、策划等，已形成"贯穿式生产销售体制"。而且在数码印染技术及薄织物缝纫、特殊加工（隔热、反射等）领域，可以充分体现这种贯穿式生产的交货期短的优越性，这是该公司的强项。

该公司由于发展速度过快，带来了经营管理体制不够完善的弊端。时任社长针对各生产环节可以分别创造出多少价值的问题，为了能掌握更精准的相关信息，打算试行阿米巴经营模式。于是邀请出身于京瓷的独立个人顾问进行指导，经过 8 个月准备期和 8 个月试行期后，于 2010 年 7 月起在全公司全面导入单位时间核算制度。该公司以阿米巴经营模式为基础进行了独特的加工，称其为"进化经营"，其中将阿米巴单位称为"小组"，但本章还是沿袭之前的定义，将其称为"阿米巴经营模式"。

该公司在导入阿米巴经营模式之前，没有针对工厂工序级别的任何责任会计制度，但在导入阿米巴经营模式后，设定总计划及月计划、确定公司内部买卖价格、人员借调等权限都下放到阿米巴级别，全面铺开了单位时间核算制度下的责任会计体制。2014 年 8 月起，在中国的富阳数马也开始导入阿米巴经营模式，导入过程中接受 KCCS 的中国子公司京瓷阿米巴管理顾问（上海）有限公司（KAMC）的具体指导，与此配合，日本总部的体制也得到了进一步改进。

2-2　数马的生产流程

　　首先来统观一下数马的生产流程。虽然其生产制造的过程非常繁杂，还有一些特殊工序，但姑且将其整理为如下主要流程（请参考图 7-1）。

图 7-1　生产流程（国内产品）

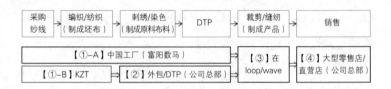

　　【①-A】在中国子公司富阳数马，从纱线厂采购纱线来制造坯布（染色前的织物）。在进行刺绣、染色后（制成原料布料），用海运送到福井，交给负责裁剪、缝纫的子公司（株式会社 loop，后文中简称"loop"）。

　　【①-B】对于窗帘订单，主要由子公司数马纺织株式会社（后文中简称"KZT"）从纱线厂采购纱线制造坯布，再交给公司总部。

　　【②】对于坯布，在外包厂染色（制成原料布料）后，根据需要在公司总部内的数码印染部门（后文中简称"DTP"）进行印染加工后再交给裁剪、缝纫工序。近年来子公司维布株式会社（后文中简称"wave"）也负担部分工作。

【③】在 loop 或 wave 进行裁剪、缝纫后，由物流公司按照销售部门的指示分拣及配送。

【④】借助物流公司向各大型家具及家居专业零售店、公司总部直营店交货后，进行销售。

数马的优势之一是，创立以来最擅长处理素地蕾丝的窗帘订单，通过"贯穿式生产销售体制"的有效运转，可以使下订单到交货的周期缩短到一周以内，并与一些大型专业零售店长期合作，在全日本铺开业务。其窗帘业务的订单量快速增多，成为该公司迅速发展壮大的重要推手之一。

而用于库存销售和订单销售的窗帘的原料布料，从丝线采购进料到完成生产需要近一个月的提前期。窗帘是季节性较高的商品，繁忙期相比闲散期的销售额甚至翻倍。因此，该公司需要预测出相应的生产量并保持充足的库存储备。针对这种全公司生产体制的管理，基本方式为由公司总部的"生产管理部"综合销售状况来掌握，可以说其预测精度直接关系全公司的整体业绩。

3 阿米巴经营模式的导入过程

3-1 阿米巴经营模式导入的最初阶段

经过一年半左右的准备和试行阶段，该公司于 2010 年 7 月开始正式导入阿米巴经营模式，在按照如上的生产流程，实际落实到单位时间核算之中时，出现如下问题：

①关于库存（原材料、布料、产品）的处理

从阿米巴经营模式的角度，原则上在采购了原材料后，将采购金额计入费用。但该公司的实际情况是，从整体商业模式的角度，必须要在一定程度上保持稳定的库存，而在库存增加的月份（如为繁忙期大量做准备等情况）的核算结果会非常差。

②生产管理部的责任不明确

该公司的业绩很大程度依赖于以生产管理部为中心的需求预测和生产计划的精度。但由于这方面的偏差，在核算表上受到影响的却是按照其计划采购原料的各个部门，造成生产管理部的责任不明确。

③剪裁、缝纫部门的公司内部采购量过大

剪裁、缝纫部门处理大量的布料（原料布料）的原因在于，具体使用哪种布料是根据销售或生产管理部的指示来决定的。这样就造成从 KZT 或中国工厂进行内部采购时，在该部门的核算表中被计入大量无法自行管理的金额。

即使出现如上问题，但社长、顾问及各部门负责人还是固定每个月两次（月中和月初）集合在一起，每次 5 个小时，坚持召开关于阿米巴经营模式的运营会议（进化经营会议）。虽然有很多试错的过程，但基本的形式为，月中时报告当月内预计完成的状况，月初时针对各部门上个月的结果数值及下个月的目标数值进行讨论。

在会议上，还会发生其他一些实际应用上的问题。最初导入阿米巴经营模式的牵头人是财务部人员，他们根据从各部门收集来的信息分别制作核算表。但随之产生的问题是，由于财务部人员的负担过重，造成各部门的数值有偏差，或由于各部门负责人没能正确理解本部门的核算表，造成使用核算表进行管理的基本面上出现问题等。这种状况下，每次核算表做好后，虽然各部门已经得出了业绩及预测业绩等，但各部门都致力于跟踪数字，并没有达到由领导人将其应用于各部门经营活动之中的效果，这可以说是导入初期的实际状况。而且，各部门虽然实行了"单位时间核算"，但大多是以该公司的核心效益"税前利润"为判断标准得出的，当时的一个特征是，从核算表角度看，单位时间核算仅为计算税前利润出现的一个数字而已。

3-2　应对问题的对策

在导入的最初阶段，在每个月召开两次的阿米巴经营运营会议上，包括社长在内，针对所出现的问题反复进行了讨论。根据每次讨论的结果，对核算表上的项目和数值的走向及核算表的部门分担方式等进行调整。甚至有时候在核算表上设置实际不存在领导人的虚拟部门，并对这个部门进行库存的增减金额调整等。这一摸索过程持续了很长一段时间。

从最初导入阿米巴经营模式开始，直营店的数值就比较准确，并且充分利用单位时间核算对"制定效益计划（预估）→执行→绩效统计及分析→确定下个月预估"进行的月管理也得到顺利推行。分析其原因，是领导人的适应性好及组织较小（2名），加上其本身为独立于公司总部的店铺，因此销售额、费用、时间等项目的计算和把握及目标的设定比较简单易行。可见，无论如何，以单位时间核算的直营店的经营循环应该是其他部门推进单位时间核算，进而稳定经营循环的一个成功样板。

经过反复试错的过程，对于核算表上的问题采取了相应的措施。其一是，结合本公司的商业模式，在各部门的"单位时间（效益）"之下设置"库存增减"及"含库存单位时间"的项目栏。也就是说，在计算"单位时间"的同时，虽然在购买原材料时将其作为费用来处理，但对于该公司来讲，稳定库存是不可避免的，所以决定增加"含库存单位时间"项目，即将库存的增加（减少）金额在各部门的效益（"扣减收益"）的基础上加（减）金额，旨在通过这种形式将该公司各部门的"实际状态"在核算表上体现出来。

其二是，将生产管理部作为销售部门功能提炼出来，对于按照生产管理部的指示生产出来的产品，全数按照由销售部门进行公司内部购买的形式处理，即使库存有剩余也将责任归在销售部门（单位时间核算的减少）。这样，可以说在核算表上明确了需求预测的责任。但原来的销售工作（接受订单、获得订单等）之外的工作成果，对销售部门的单位时间核算产生很大的影响，也随之产生了新的问题。所以最终将该功能归为"采购商品部"，并从组织上和核算表上独立出来。作为统筹需求预测及全公司生产计划的专项职能分离出来了，而且对 KZT 等处生产的坯布等也由采购商品部进行公司内部购买，将库存责任集中在这个职能部门。与此配合，将之前的生产管理部改称为"工厂管理部"，从字面上也可以看出，这个部分变为向各工厂及生产设备等提供维护等服务的纯粹后援部门（非核算部门）。

其三是，将剪裁、缝纫部门的收益转换为根据采购商品部的要求提供加工的形式来呈现。就是说，剪裁、缝纫部门所加工的布料原料由采购商品部无偿提供，该职能部门的费用仅为加工所需的线等辅材及消耗材料的费用、厂房及缝纫机等设备的租金折旧、水费、取暖费等。这样尽可能地用可以管理的数值，做出该部门的核算表。

3–3　数马独有的核算表

经过如上过程，导入阿米巴经营模式后所采用的组织体系及核算表如图 7–2 及表 7–1 所示。从企业信息保密的角度，表 7–1（第 196–197 页）中没有给出具体数字。

图 7–2　组织体系

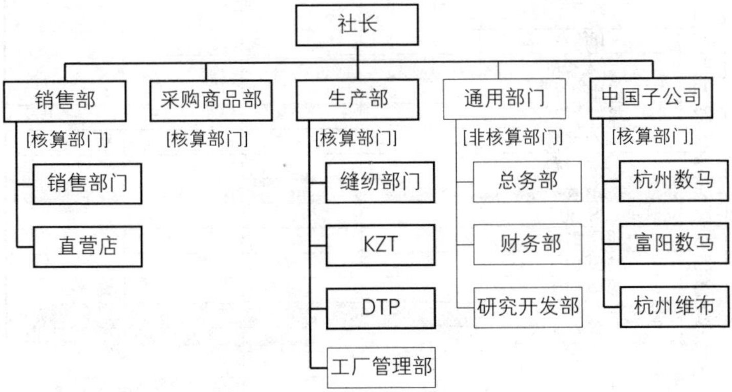

（备注）（1）────：核算部门 ──────：非核算部门
在上总 [2012]p.188 的基础上进行了部分修改

表 7–1　各销售、通用部门核算预定表（2012 年 5 月）

单位：日元

		销售	直营	销售部门合计	通用部门
1	销售额				
2	采购量（3~4）				
3	外部采购				
4	内部采购	由采购商品部进行内部采购			
5	总收入（1–2）				
6	毛利率（5÷1）				
7	经费合计（8~25）				
8	折旧				
9	业务手续费				
10	消耗品费				
11	支付运费				
12	广告宣传费				
13	差旅费				
14	接待交际费				
15	通信费				
16	长期租赁费				
17	租借费				
18	水费取暖费				
19	顾问费				
20	保险费				
21	开发费用				
22	委托物流费				
23	福利保健费				
24	其他经费				
25	通用经费				
26	扣减后收益（5–7）				
27	总时间（28~30）				
28	固定时间				
29	加班时间				
30	调休时间				
31	单位时间（26÷27）				
32					
33	人员				
	分配比例				
34	库存增减（辅材）				
35	库存增减（布料）				
36	库存增减（产品）				
37	含库存单位时间				
38	含库存毛利率				

各部门核算表

各制造部门核算预定表（2012 年 5 月）

		缝纫部门	KZT	DTP	生产部门合计	采购商品合计
1	销售出货					将产出品出货至销售
2	制造销售	从采购商品部获得的加工费	用于采购商品的原料布料销售额等			
3	制造购买					公司内部采购
4	——					
5	总生产（1+2-3）					
6						
7	经费合计（8~25）					
8	原材料费（线、坯布、辅材）					
9	外包费（整经、染色、缝纫）					染色等外包
10	采购布料、产品费					从中国工厂采购
11	消耗材料					
12	机料费					
13	修缮费					
14	消耗品费					
15	水费取暖费					
16	支付运费					
17	租借费					
18	折旧费					
19	长期租赁费					
20	通信费					
21	顾问费					
22	保险费					
23	福利保健费					
24	其他经费					
25	通用经费					
26	扣减后收益（5-7）					
27	总时间（28~30）					
28	固定时间					
29	加班时间					
30	调休时间					
31	单位时间（26÷27）					
32	单位时间生产量（5÷27）					
33	人员					
34	库存增减（辅材）					
35	库存增减（布料）					
36	库存增减（产品）					记入库存的增减量
37	含库存单位时间					
38						

数马的组织主要包括销售部、采购商品部、生产部、通用部门、中国子公司，除通用部门外都是核算部门。由于早期阶段中国子公司还没有导入阿米巴经营模式，所以在表 7-1 的核算表上作为例外处理。当时在销售部及生产部之下分别有销售部门（主要销售对象为公司外的零售店）和直营店，并分别定位为核算部门。对于生产部，将剪裁缝纫部门、KZT、DTP 分别定位为核算部门，而将工厂管理部作为纯粹的后援部门而定位为非核算部门。属于通用部门的总务部、财务部、研究开发部同样作为非核算部门。

各部门在对产品进行加工时，虽然产品及布料有重复出现的情况，但在表 7-1 的核算表中的箭头及文字已经标明了加工的主要流程。在 KZT 及中国工厂生产的原料布料等先由采购商品部采购进料，之后根据需要委托剪裁、缝纫部门及外包单位进行加工，并由销售部门购买成品（其中一部分进行 DTP 加工，或销售到直营店）。

如前所述，这样的核算表的特征是，由于各部门的生产计划是遵循采购商品部的需求预测及生产计划制订的，所以布料及产品原则上由采购商品部全数购买，随之，库存增减带来的加减计算也在采购商品部进行（但在处于生产工序之中的几周时间里，KZT 会发生原材料、辅材的库存）。

关于缝纫部门的收益则如前所述，是计入采购商品部的加工费的。随之，在计入"经费"的各细目中，仅为本部门可以管理的费用。其结果是，每月的"单位时间（效益）"及"单位时间产量"的大幅增减变化不再出现，而是以能够实际解读各工序生产效率的形式展现出来。而且为了进一步提高单位时间核算的水平和作业效率，设置了名为"超级生产线"的实验性作业工序。也就是说，在工厂内汇集作业效率最高的员工，测量一定时间内可以完成的作业量，将其设为作业效率的目标，以促进各工序提高作业效率。另外以天为单位对各工序进行作业效率管理，在厂房内画出图表，将单位时间核算及生产量的绩效值与各月目标值进行比较，从体制上推动作业效率的提升。

还有，从表 7-1 的末尾可以看出，导入初期曾经记入的税前效益栏被取消掉，完全被"单位时间"及"含库存单位时间"所得出的各部门核算管理取代了。导入初期时频繁出现的数字错误逐渐减少，各部门可以自行制作核算表且直接在运营会议上汇报，可以说这时单位时间核算主导的管理已经开始在各部门生根了。而且，初期仅停留于核算计划层面，但各部门已经开始针对工作计划进行汇报，会议讨论内容也已经将数值与工作计划有机地结合起来。

4　阿米巴经营模式导入效果

4-1　前期研究

以下对阿米巴经营模式导入效果的前期研究做介绍。

(1) 阿米巴经营模式下的经营者意识，全员参与经营、管理会计

稻盛和夫对阿米巴经营模式下的经营者意识及全员参与经营做了如下表述（下画线为引用者所加）：

在提高核算水平的过程中，领导人为了使公司得到发展、带领大家得到幸福，必须随时抱有提高本部门核算水平的强烈意识和使命感。最为重要的是要将这样的想法与阿米巴所有成员共享。领导人和现场工作人员在每天的工作中都团结一致努力提升核算水平，则公司整体的核算水平就会得到提升。

……即使资质不是很完美的人，如果将其选拔为领导人并将该部门委任给这个人，则其责任感和使命感也会油然而生。……与此同时，组织里的成员也会与领导人一起在追求目标的过程中自然而然地逐渐提升经营者意识。

如上所述，在本节之中，将"具备核算意识和使命感"作为实现阿米巴经营模式中的"具有经营意识"的状态，且将不是领导人而是"成员的经营意识得到有效提升"的现象作为实现了阿米巴经营模式中的"全员参与经营"的状态，分别推进实际操作。

进而，如稻盛所述（下画线为引用者所加），可以理解为在阿米巴经营模式中，全员参与经营所带来的经营意识的提高，可以对阿米巴经营模式的管理会计即单位时间核算制度有所贡献：

如果使用《单位时间核算表》则小集团的领导人可以轻松进行现场的核算管理，因而能向成员发出"为了提高我们部门的核算水平，必须削减这项经费"的指示。而且现场的成员也可以轻松地看懂这个核算表，使所有员工参与经营成为可能。

......有关阿米巴及公司的经营状况的主要信息，在早会等场合面向所有员工公开。这样尽量将公司的信息公开的过程营造出所有员工自主参与经营的环境，使全员参与经营成为可能。所有员工积极参与，分别从各自的立场承担责任，使员工不再单纯地作为劳动者，而是一起工作的搭档，由此唤起其作为经营者的意识。这样的状况下，在履行自己职责的同时可以获得工作的愉悦和成就感。

单位时间核算表中，各部门按职能开展工作的结果即"收入""经费""时间"是以该部门的绩效正确计入为前提的。通过正确反映经营的实际状态，使阿米巴的领导人和成员对数字产生责任感，并催生出对工作的干劲。假设被公司总部征收过多的与自己的工作没有直接关联的费用，则不仅无法把握该阿米巴的实际经营状况，也会造成组织成员丧失干劲。

也就是说，在阿米巴经营模式的管理会计中，管理可能性的接受程度及会计信息的理解和共享程度影响着阿米巴的领导人和成员的核算意识及使命感。

综上所述，本节关注的重点是对阿米巴经营模式导入效果进行验证。即在阿米巴经营模式的导入过程中，通过阿米巴经营模式的管理会计方式的单位时间核算制度，进行管理的可能性和会计信息的理解、共享等，是否有助于提高员工的经营者意识及财务业绩。

(2) 小型利润中心带来核算意识的提高

Cooper 根据在京瓷进行的访问调查,将阿米巴经营模式定位为一种小型利润中心方式,并认为在阿米巴经营模式中的小集体化、效益责任化及会计信息公开等,虽然增加了一定的压力,但是也使员工感受到对社会的贡献度,有效提升了员工的成本意识。

Merchant 和 Van der Stede 阐述了将不直接面向市场的生产部门虚拟为小型利润中心,则会因收益的可管理性而产生实质制约,从而可以使成本意识得到相对提高的管理方式。

(3) 阿米巴经营模式中管理的可能性

三矢认为,阿米巴经营模式中的小团体化提高了阿米巴之间的相互依赖性,出现了对各阿米巴管理降低的问题。作者基于京瓷的访问调查,指出可以通过将用于调整阿米巴间的相互依赖性的所需权限(决定值等)适当委托给阿米巴,以此来解决相应的问题。

潮清孝同样基于对京瓷的访问调查,指出在"明确责任"的稻盛经营哲学的原则下,将库存责任及通用费用等分配问题交给各阿米巴协商来决定。

上总同样基于对京瓷的访问调查指出,由于对各阿米巴来说劳务费不是可以管理的费用,所以从管理可能性的观点出发,将劳务费从经费中剔除,而设计为可管理效益的阿米巴业绩的衡量尺度。

(4) 导入阿米巴经营模式对员工意识和财务业绩带来的影响

三矢将广岛铝工业株式会社作为研究对象，面向阿米巴的领导人，在阿米巴经营模式导入一年后，进行了导入前和导入后的意识变化问卷调查。其调查结果证明，核算部门中的生产阿米巴领导人在核算意识（压缩成本及对效益的贡献）、使命感（对高水平成果的追求及主观能动性）、会计信息共享（垂直及水平互动）等方面的意识有了提高。

北居明和铃木龙太以制造业 X 公司为研究对象，在导入阿米巴经营模式的某一时间点，对意识状态进行了问卷调查。从调查结果可知，出现了由于阿米巴经营模式重视领导人的工作状态，使成员的使命感（对目标的认识和责任感）相对降低的问题。

三矢、谷武幸和加护野忠男，针对导入了阿米巴经营模式的 SYSTEC 株式会社进行了访问调查。其结论是，阿米巴经营模式的导入使生产部门的领导人的核算意识、使命感、会计信息共享意识等有所提高。导入前持续亏损的生产部门，导入约半年后的水平为单位时间 1,500 日元，而导入约一年后时提升到 2,500 日元，说明财务业绩也得到了提高。

(5) 预估难易度提高、人员借调导致提升同步化、速度连锁效果

泽边纪生根据对京瓷的访问调查指出，在阿米巴经营模式下，一方面是由年度计划即总计划主导的（将当月预估）理想主义式的高目标设定方式，另一方面是由上月预估和上月实绩主导的现实主义式的可完成的目标设定方式，两者使得理想主

义和现实主义的矛盾成为推动力，持续出现当月预估的设定在时间序列上超出发展趋势水平的现象。

同样，泽边指出，出现剩余人员的阿米巴（例如制造部门）向人手不足的阿米巴（例如销售部门）借调人员时，借入方阿米巴增大生产量（接单量），同时借出方的阿米巴的总生产量也随之增大，产生借出方阿米巴向借入方阿米巴的劳动时间转移，因而出现借出方阿米巴的单位时间效率得到提升的现象。

上总指出，在将提高单位时间核算视为提速的状况下，京瓷的经营哲学教育使得在强烈的愿望和持续高目标的状态下，一个阿米巴为了避免因生产率提高而产生剩余生产力机会损失时，则其他的阿米巴也出现获取计划外订单或进行人员借调的行动，即出现因某一阿米巴的提速造成的连锁反应现象。

4-2 研究课题、分析模式、研究设计

根据先行研究，本节设置如下研究课题和分析模式。

研究课题 1 是，"通过导入阿米巴经营模式，是否在员工的核算意识、使命感、管理可能性的意识及会计信息的理解和共享意识方面有提升效果"。在本节中，将根据 Cooper、Merchant 和 Van der Stede 的主张，对小型利润中心生产部门中员工的核算意识得到哪些提高进行分析。另外关于管理的可能性，三矢、潮清孝及上总已经进行了定性分析，本节将对员工管理可能性的意识变化进行定量分析，并对北居和铃木提出的领导人与成员间使命感的差距的主张进行分析。

研究课题 2 是，"通过导入阿米巴经营模式，分析是否会出现提高了预估难易度、速度连锁效果、人员借调带来提升同步化，以及提高财务业绩等效果"。在本节中，将根据上总提出的预估难易度提升效果、人员借调带来提升同步化及速度连锁效果的定性分析推测，进行定量性的分析。另外也将针对三矢、谷武幸和加护野所分析的财务业绩提高效果进行分析确认。

本节中的分析模式做如图 7-3 所示的设定。也就是说，三矢对核算意识、使命感及会计信息的理解和共享意识的提升已经进行了定量分析，所以，本节加入管理可能性的变量，对在阿米巴经营模式的管理会计中管理可能性及会计信息的理解和共享意识，对员工的经营者意识即核算意识和使命感的影响做出分析，并就员工意识提升与财务业绩提升的相互关系进行考察分析。

图 7-3　分析模式

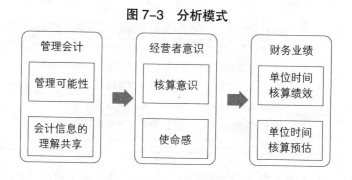

在研究设计方面，制作问卷时参考了三矢开发的阿米巴经营模式相关设问项目。如表 7-2 所示，与核算相关的设问项目包括收益意识、经费意识、扣减收益意识、时间意识及单位时

间核算意识 5 项；与使命感相关的设问项目包括挑战意愿、自我意见表达、达成意愿 3 项；与管理可能性相关的设问项目包括收益管理可能性、费用管理可能性、时间管理可能性 3 项；与会计信息的理解共享相关的设问项目包括把握本部门业绩、把握外部门业绩、把握全公司业绩 3 项。回答采用 5 分制（1=完全不符合、3= 都算不上、5= 完全符合），完全匿名形式。问卷由经营管理部工作人员下发，以封好后的状态回收。

表 7-2　设问项目

变量		设问项目
核算意识	收益意识	想要增加本部门的销售额及总产量
	经费意识	想要削减本部门的经费
	扣减收益意识	想增加本部门的扣减后收益
	时间意识	想减少本部门的时间
	单位时间核算意识	想增加本部门的单位时间核算
使命感	挑战意愿	设定了较高的目标
	自我意见表达	在目标设定方面希望积极地体现自己的意见
	达成意愿	一定努力达到已经设定的目标
管理可能性	收益管理可能性	本部门可以管理计入本部门的收益
	费用管理可能性	本部门可以管理计入本部门的费用
	时间管理可能性	本部门可以管理计入本部门的总时间
会计信息的理解共享	把握本部门业绩	知道本部门的业绩数值
	把握外部门业绩	知道外部门的业绩数值
	把握全公司业绩	知道全公司的业绩数值

　　关于进行问卷调查的时机，在导入前没能有机会进行问卷调查，在导入初期则是一部分阿米巴很快发生了重组，所以在导入半年后，阿米巴的编制和阿米巴经营模式的运用进入稳定期后获得了首次开展问卷调查的机会。而对于员工的意识变

化，则取导入半年后及从那时起的一年即导入一年半后的两个时间点对趋势变化进行验证。

本节分析的对象是该公司缝纫部门，以剪裁、缝纫、加工等工序职能及制成品、订单品、遮阳品种为主，生产阿米巴被分割为小集体，生产阿米巴的平均人员规模为 15 人左右。生产阿米巴的人员大多数为日本籍正式员工，在繁忙期会有数名派遣员工加入，另外还有一成左右的从中国接收的技能实习生。分析以缝纫部门的日本籍正式员工为对象，没有包括中国实习生。样本数为，在导入半年后领导人 13 名、成员 106 名，共计 119 名；导入一年半后领导人 15 名、成员 102 名，共计 117 名，虽然两次问卷的回收率都为 100%，但问卷的回答结果出现了一些缺失。

4-3 验证结果与分析

（1）对员工意识产生的效果

针对每次的问卷结果，进行具体的因素分析。分析使用 SPSS ver.21（"统计产品与服务解决方案"软件，版本 21），因素提取采用主成分因子法，旋转选用斜交旋转法，为了尽可能多地保留样本，在对缺失值进行处理时采用了成对去除的方式。统计结果如表 7-3 所示，按照事先设定的 4 个因子组成。在导入半年后的时间意识的因子负荷量不够高，但由于可信性系数十分高，所以将其用于之后的分析，将各因子显示出的高负荷量的设问项目的分值加和后用项目数除，求得平均值，并作为各因子的变量得分用于之后的分析。

表 7–3　因子分析结果

	导入半年后				导入一年半后			
	因子				因子			
	核算意识	管理可能性	使命感	会计理解共享	核算意识	管理可能性	会计理解共享	使命感
收益意识	.796	−.098	.076	−.053	.906	−.004	−.035	.000
经费意识	.649	.149	−.049	−.016	.744	.277	−.091	−.057
扣减后收益意识	.893	.114	−.111	.051	.890	−.070	−.041	.062
时间意识	.297	−.118	.188	.102	.675	−.114	.207	−.083
单位时间核算意识	.847	−.072	.071	−.012	.791	−.099	−.006	.120
挑战意愿	.077	.014	.602	.089	−.007	−.029	.174	.750
自我意见表达	−.120	.140	.894	−.057	.009	.059	−.011	.634
达成意愿	.094	−.114	.689	−.007	.059	.041	−.119	.767
收益管理可能性	−.017	.877	.002	.073	.002	.993	.017	−.046
费用管理可能性	−.107	.859	.035	.013	−.132	.938	−.005	.069
时间管理可能性	.177	.815	−.009	−.080	.058	.826	.057	.043
把握本部门业绩	.118	.036	.065	.454	.185	.107	.723	−.044
把握外部门业绩	−.024	−.022	−.029	.765	−.122	−.080	.818	.124
把握全公司业绩	−.046	.011	.003	.747	.017	.067	.826	−.082
克伦巴赫 α	.818	.882	.769	.701	.892	.952	.841	.775

因子间相关	核算意识	使命感	管理可能性	会计理解共享	核算意识	使命感	管理可能性	会计理解共享
核算意识	—	.288	.084	.152	—	.491	.255	.045
使命感		—	.160	.302		—	.306	.367
管理可能性			—	.178			—	.360
会计理解共享				—				—

　　为了对缝纫部门全体员工的意识变化进行分析，在导入阿米巴经营半年后和一年半后的两个时间点对各变量和各项问题随时间变化的数值进行了比较。其中一些缺失值的处理按照分析项目进行了相应的排除处理。结果如表 7-4 所示，缝纫部门员工整体的核算意识、使命感、管理可能性及会计信息的理解和共享意识从导入半年到导入一年半后表现出明显的提升。另外从每项问题来看，单位时间核算意识在导入半年后和导入一

年半后出现天花板效应，这里暂且不再讨论；而核算意识部分的经费意识和扣减后收益意识等要素，使命感部分的挑战意愿、自我意见表达、达成意愿等所有要素，及会计信息理解共享部分的把握外部门业绩及把握全公司业绩要素，分别有明显的提升。

表 7-4　缝纫部门整体员工意识

变量和设问项目	导入半年后			导入一年半后			经年比较（t 值）
	N	平均值	标准偏差	N	平均值	标准偏差	
核算意识：	112	4.00	.649	105	4.24	.593	−2.839***
收益意识	117	4.16	.754	114	4.32	.656	−1.648
经费意识	116	3.69	.927	114	4.13	.710	−4.062***
扣减后收益意识	114	3.93	.838	111	4.26	.710	−3.196***
时间意识	117	4.00	.928	112	3.98	.880	.149
单位时间核算意识	117	4.23	.792	115	4.42	.621	−1.999**
使命感：	113	3.50	.565	114	3.73	.595	−2.941***
挑战意愿	114	3.37	.707	115	3.63	.707	−2.758***
自我意见表达	117	3.38	.691	115	3.62	.768	−2.517**
达成意愿	118	3.81	.657	115	3.97	.674	−1.836*
管理可能性：	90	2.89	.781	89	3.18	.730	−2.720***
收益管理可能性	93	2.80	.716	92	3.13	.788	−3.026***
费用管理可能性	92	2.82	.783	92	3.11	.777	−2.551**
时间管理可能性	96	3.04	.807	98	3.19	.795	−1.324
会计信息理解共享：	101	2.73	.694	100	2.99	.768	−2.524**
把握本部门业绩	114	3.24	.875	105	3.30	.843	−.502
把握外部门业绩	107	2.44	.913	100	2.79	.935	−2.730***
把握全公司业绩	106	2.55	.841	104	2.90	.842	−3.071***

变量间关联	(1)	(2)	(3)	(4)	(1)	(2)	(3)	(4)
(1) 核算意识	—	.311***	.106	.146	—	.401***	.236**	.084
(2) 使命感		—	.160	.272***		—	.305***	.343***
(3) 管理可能性			—	.191*			—	.405***
(4) 会计理解共享				—				—

***p<0.01，** p<0.05，* p<0.1

进而将缝纫部门的领导人和成员区分开来，分别进行意识比较和职位的比较。由于领导人的样本数较少，所以结合非参数法（Mann-Whitney 的 U 检验）进行分析。其结果如表 7-5 所示，对于领导人来说，在导入一年半后核算意识部分出现天花板效应，受此影响，虽然不能说领导人的意识有全面提升，但由于各项指数值都超过了 3，所以可以说从导入半年到导入一年半这段时间内，领导人一直保持较高的意识水平。

表 7-5　缝纫部门的领导人和成员的意识

变量		导入半年后			导入一年半后			经年比较 (t 值，U 值)
		N	平均值	标准偏差	N	平均值	标准偏差	
核算意识	领导人	12	4.27	.710	14	4.64	.416	−1.613，55.500
	成员	100	3.97	.638	91	4.18	.594	−2.350**，3720.500**
	职位比较 (t 值、U 值)	1.505，465.500			2.804***，345.000***			
使命感	领导人	12	3.72	.583	14	4.02	.480	−1.447，56.000
	成员	101	3.48	.561	100	3.69	.600	−2.583**，4010.500**
	职位比较 (t 值、U 值)	1.418，460.500			1.993**，473.500**			
管理可能性	领导人	8	3.17	.591	12	3.33	.426	−.735，37.500
	成员	82	2.86	.687	77	3.15	.766	−2.514**，2536.500**
	职位比较 (t 值、U 值)	1.211，267.000			.801，366.000			
会计理解共享	领导人	10	3.17	.774	14	3.55	.649	−1.310，50.500
	成员	91	2.68	.673	86	2.90	.751	−2.037**，3254.500**
	职位比较 (t 值、U 值)	2.118**，273.000**			3.029***，298.000***			

***p<0.01，** p<0.05

从对成员的分析看，虽然会计信息理解和共享的分值低于 3，即稍显否定状态，但可见所有的意识都有提升，特别是在管理可能性的意识上，分值从 2 分左右明显上升到 3 分左右，可见有从否定状态逐渐向肯定状态好转的趋势。

从领导人和成员的比较上看，在导入半年后的时间点，会计信息的理解和共享意识已经有了差距，领导人比成员高，而其他方面的意识，则看不到明显的差异。在导入一年半后的时间点，虽然两者在管理可能性意识方面的差异较小，但即使考虑领导人的核算意识出现天花板效应，也能看到在其他意识方面的明显差别。然而，领导人和成员各方面的意识都呈现较高的水平。

为了寻求变量之间的关系，我们探索性地使用了路径分析方法。分析时使用 Amos ver.21 工具，对欠缺值则通过推测平均值和切片来解决。对每次调查进行分析，在摸索样本的过程中，匹配度参考了 CFI、RMSEA、AIC。从分析结果看，得出了如图 7-4 所示的意向性路径在每次调查都成立的结果。每次的路径分析统计量如表 7-6 所示，按照"管理可能性→会计信息的理解共享→使命感→核算意识"的顺序而产生正向的影响。

图 7-4　路径分析

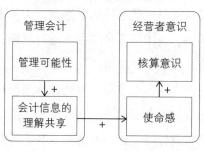

表 7-6　路径分析统计量和模型匹配度

路径	导入半年后			导入一年半后		
	标准化 系数 推测值	验证 统计量 （t值）	R²	标准化 系数 推测值	验证 统计量 （t值）	R²
管理可能性→会计信息共享	.206	1.934*	.042	.414	4.312***	.172
会计信息共享→使命感	.272	2.825***	.074	.359	3.891***	.129
使命感→核算意识	.316	3.435***	.100	.409	4.538***	.167
N	119			117		
卡方检验值	2.368			5.469		
自由度	3			3		
意向性概率	.500			.141		
CFI	1.000			.940		
RMSEA	.000			.084		

***p<0.01，*p<0.1

(2) 在财务业绩方面带来的效果

对于提升财务业绩及预估难易度的验证，将缝纫部门整体的单位时间核算预估、实绩，及其中的具体项目单位时间产量和单位时间经费实绩作为衡量指标。为了降低季节带来的影响，因此以从阿米巴经营模式导入半年到导入一年半的时间作为累计。另外，根据研究对象的要求，从保密的角度，以导入阿米巴经营模式半年后的时间点作为基准，再将一直到导入一年半后，使用指数化的数据进行展现。而且，关于单位时间经费，本研究对象虽然没有作为业绩指标使用，但北居和铃木是作为阿米巴业绩的判断指标来使用的。在本节中也进行了相应的参考。对于这些数据，按照经过月数进行回归分析，判断其标准化偏回归系数（β）是否明显呈正值或负值。

从阿米巴经营模式导入半年后到导入一年半后，单位时间核算预估、实绩（累计），及单位时间生产量实绩（累计）和单位时间经费实绩（累计）的趋势如图7-5所示，描述统计量和回归分析结果如表7-7所示。其结果为，单位时间核算预估、实绩及单位时间生产量实绩的标准化偏回归系数明显呈正值，在导入半年到导入一年半后的时间中呈上升趋势。另外，单位时间经费实绩的标准化偏回归系数明显呈负值，在导入半年到导入一年半后的时间中呈下降趋势。综上所述，可以说阿米巴经营模式导入的半年到一年半后的财务业绩呈上升趋势的同时，预估难易度也呈上升趋势。

图 7-5　财务业绩趋势

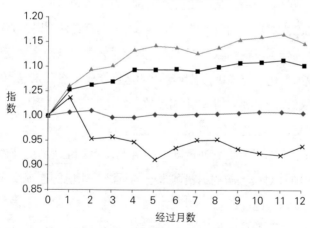

- ■— 单位时间生产量实绩（累计基数）　—✕— 单位时间经费实绩（累计基数）
- ▲— 单位时间核算实绩（累计基数）　◆— 单位时间核算预估（累计基数）

表 7-7　描述统计量和回归分析

从属变量	N	平均值	标准偏差	最小值	最大值	标准化偏回归系数（β）	t 值	R2
单位时间核算预估（累计）	13	1.006	.005	.998	1.012	.532	2.086*	.284
单位时间核算实绩（累计）	13	1.125	.049	1.000	1.172	.847	5.292***	.718
单位时间生产量实绩（累计）	13	1.088	.033	1.000	1.118	.844	5.229***	.713
单位时间经费实绩（累计）	13	.952	.033	.912	1.038	−.668	−2.974**	.446

独立变量：经过月数，***$p<0.01$，**$p<0.05$，*$p<0.1$

下面为了验证速度连锁效果，在缝纫部门的阿米巴中，选取了作业具有交易连续性和互换性的、发生人员借调的 4 个生产阿米巴为对象，抽取了导入开始和导入两年这两个时间点的数据作为样本。在实际操作时，按照上总将单位时间核算变化作为速度变化，定式化为各阿米巴的速度变化 = 各阿米巴的单位时间核算的当月实绩 ÷ 上月绩效，在速度变化 >1 时，认为速度提高，在速度变化 <1 时，认为速度降低。

由于上总没有提到速度降低的情况，所以除速度提升外，在本节中针对最上游的剪裁阿米巴与下游阿米巴的连锁反应，还对速度降低进行了案例分析。

速度变化的各案例的描述统计量、路径分析统计量及样本匹配度如表 7-8 和表 7-9 所示。另外，阿米巴之间的速度提高的连锁路径图如图 7-6 所示，阿米巴之间的速度降低的连锁路径图如图 7-7 所示。实线为明显路径，虚线为非明显路径，

***p<0.01，**p<0.05。

表7-8　速度变化的各案例描述统计量

	剪裁速度提高的案例					剪裁速度降低的案例			
	N	平均值	标准偏差	最小值	最大值	N	平均值	标准偏差	最小值	最大值
剪裁	14	1.060	.043	1.001	1.114	11	.930	.051	.824	.992
缝纫	14	1.031	.092	.840	1.207	11	.974	.083	.829	1.087
形状加工	14	1.060	.188	.835	1.422	11	.950	.099	.776	1.046
遮阳处理	14	1.019	.109	.860	1.214	11	.990	.097	.801	1.129

表7-9　各速度变化案例的路径

分析统计量和样本匹配度

路径	剪裁速度提高的案例		剪裁速度降低的案例	
	标准化系数推测值	验证统计量（t值）	标准化系数推测值	验证统计量（t值）
剪裁→缝纫	.492	2.035**	.212	.684
缝纫→形状加工	.560	2.440**	.658	2.764***
剪裁→遮阳处理	.582	2.579**	.381	1.305
卡方检验值	2.064		6.758	
自由度	3		3	
意向性概率	.559		.080	
GFI	.931		.801	
AGFI	.770		.336	
CFI	1.000		.556	
RMSEA	.000		.354	

***p<0.01，**p<0.05

图 7-6　速度提高连锁

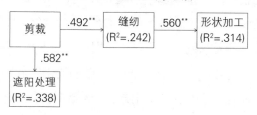

图 7-7　速度降低连锁

分析的结果是，对于速度提高的案例来说，阿米巴之间的路径都是明显的正值，由于样本的匹配度也是恰当的，所以可以解读为最上游的剪裁阿米巴的速度提升引起缝纫阿米巴、形状加工阿米巴、遮阳处理阿米巴连锁速度提升。而对于速度降低的案例来说，从剪裁向缝纫或遮阳处理的路径没有明显呈现正值，这可以解读为剪裁阿米巴的速度降低不一定导致下游的缝纫阿米巴及遮阳处理阿米巴的速度降低。

对于这个结果，经营管理部门的 M 主管，认为"缝纫阿米巴及遮阳处理阿米巴的作业具备互换性，可以进行人员借调，所以为了让单位时间的水平不降低，进行了借出人员及承接临时工作等努力"。正如上总所指出的，这里可以解读为，虽然速度提高可以产生连锁反应，但为了不让速度降低产生连锁反应，采取了避免损失机会的积极措施。

为了进一步验证人员借调带来的提升同步化，与测试速度连锁效果相同，在缝纫部门阿米巴中，存在作业的互换性，会发生人员的借调，选择 4 个生产阿米巴作为对象，抽取了导入开始和导入两年这两个时间点的数据作为样本。实际操作时，根据上一个月到本月的各阿米巴人员数的变化，来判断人员借入（借入方）、人员借出（借出方）及无借调状态。另外为了验证从上一个月到本月的总产量、单位时间生产量及单位时间核算的变化，将变化率按照"本月实绩 ÷ 上月绩效"来计算。

分析结果如表 7-10 所示，在 4 个阿米巴之间发生了灵活的人员借调。如表 7-11 所示，无论是借出方的阿米巴还是借入方的阿米巴，其与上月对比的总产量与单位时间核算的变化率的平均值都超过了 1。也就是说，无论是借出人员一方还是借入人员一方，阿米巴的业绩都得到了提高，出现了同步提升的现象。

表 7-10　阿米巴的人员借调

		人员借调			合计
		无借调	借入人员	借出人员	
阿米巴	剪裁	8	8	8	24
	缝纫	10	5	9	24
	形状加工	16	4	4	24
	遮阳加工	5	10	9	24
合计		39	27	30	96

表 7-11　借入方和借出方阿米巴的业绩变化

		与上月对比的变化率				
		度数	平均值	标准偏差	最小值	最大值
人员借入	总产量	27	1.014	.207	.601	1.497
	单位时间生产量	27	.991	.060	.860	1.104
	单位时间核算	27	1.002	.109	.801	1.207
人员借出	总产量	30	1.010	.134	.747	1.349
	单位时间生产量	30	1.025	.067	.892	1.148
	单位时间核算	30	1.021	.116	.835	1.376

另外，单位时间生产量的变化率的平均值，借出方阿米巴超出了 1，但借入方阿米巴低于 1，这意味着借出方的生产率提高了，但借入方阿米巴的生产率降低了。关于这样的结果，如

果按照上述说法，则可以解读为即使借入方阿米巴的单位时间生产量下降，却也可以在单位时间核算不下降的范围内接收人员。也就是说，如果某个阿米巴出现了多余的人员，则有接收能力的阿米巴可以在允许范围内接收多余人员，以帮助其提升业绩，具备相互进行利他行动的可能性。关于这个论点，将是今后深入研究的课题。

本节中的分析结果汇总在图 7-8 之中。

图 7-8　分析结果汇总

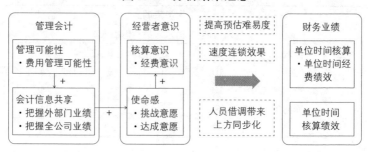

关于研究课题 1 "通过导入阿米巴经营模式，是否在员工的核算意识、使命感、管理可能性意识以及会计信息的理解和共享意识方面有提升效果"，可见管理可能性的意识和会计信息的理解和共享，会计信息的理解和共享对使命感，使命感和核算意识的提高具有关联性，且在从阿米巴经营模式导入半年到导入一年半后的时间内，生产部门整体员工的核算意识、使命感、管理可能性及会计信息的理解和共享意识都得到了提高。特别是阿米巴的各项意识得到提高了，表明成员的经营者意识提高了，呈现了全员参与经营的局面。

在领导人与成员的意识比较方面，可见导入阿米巴经营一年半后经营者意识有所差别，呈现领导人的意识高于成员的状态。在核算意识方面，导入阿米巴经营模式的生产部门通过划分小型利润中心，使员工的成本意识得到提高。在会计信息的理解和共享方面，对其他部门及全公司业绩的理解和共享意识也得到提高，同时促进了员工的使命感意识。

关于研究课题 2 "通过导入阿米巴经营模式，分析是否会出现预估难易度提高、速度连锁效果，人员借调带来提升同步化，以及提高财务业绩等效果"，在阿米巴经营模式导入半年到导入一年半后的时间内，财务业绩即单位时间核算及单位时间生产量的实绩呈上升趋势，单位时间经费的实绩呈下降趋势，与此同时，单位时间核算的预估也呈上升趋势，出现了预估难易度提高的效果。另外，在导入阿米巴经营模式后，制造阿米巴之间出现单位时间核算提高的连锁效果，但单位时间核算降低则不一定呈连锁效果。由此可见，阿米巴之间通过人员借调可以使各自业绩同步提高。

而且，如果参考上述员工意识和财务业绩的分析结果，则可以解读为通过导入阿米巴经营模式，获得了提高员工意识和财务业绩的效果。

5　结语

本章围绕阿米巴经营模式的导入过程和导入效果，对前期研究及阿米巴经营模式学术研究会所提出的几项假设，通过定性及定量数据进行了经验性分析。本章的研究对象数马公司导入阿米巴经营模式已经超过五年，虽然经历了因意外而更换社长的情况，且在中国工厂导入阿米巴经营模式的过程中，因正式接受 KAMC 的指导而受到一些影响，但在其经营体制及组织体制方面阿米巴经营模式的原理和应用却得到进化，直至今日该公司也依然在采用阿米巴经营模式。对该公司中国工厂导入阿米巴经营模式的效果的调查，也得到了他们的配合，今后，将陆续发表关于阿米巴经营模式在全球发展的研究成果。

附记

本文是在丸田起大 [2014，2016] 及潮清孝 [2016] 的基础上进行大幅修改而完成的。另外，本文亦为日本学术振兴会、科学研究费助成事业（学术研究助成基金助成金）的基础 C：课题编号 26380611 及青年学者 B：课题编号 16K17216 的部分研究成果。在这里向为我们提供宝贵研究机会的数马株式会社已故社长数马国治先生表示衷心的感谢并祈冥福，并对数马奈惠子社长、小寺隆治副社长、浅田俊幸专务及为调查提供协助的株式会社数马的各位表示由衷的谢意。

08 第八章

从涩泽荣一的"道德经济
合一说"看稻盛经营哲学
与阿米巴经营

——关于公利与私利的兼顾

一桥大学大学院教授 田中一弘

1 引言

阿米巴经营与稻盛经营哲学可以说是一架车的两个轮子。但从正面研究稻盛经营哲学（及经营理念）的学术成果还不多①。本章以分析稻盛经营哲学为焦点，通过与其他理论的比较研究，阐明稻盛经营哲学自身的特征，以及在稻盛经营哲学的指导下，阿米巴经营实践的特质与要点。

阿米巴经营学术研究会也有通过比较来考察稻盛经营哲学的研究。例如，阿米巴经营学术研究会将广本敏郎、挽文子关于亚当·斯密的学说及泽边纪生关于亚里士多德的"实践智慧"的概念与稻盛经营哲学进行了比较研究。

本章将稻盛和夫与同为日本实业家的涩泽荣一前辈作为比较对象，因两者在主张与思想上有很多相通之处。通过比较，分析稻盛经营哲学及其阿米巴经营的本质特征。

众所周知，涩泽荣一（1840-1931）的一生参与创立和培育了日本最早的银行第一国立银行（现在瑞穗银行的前身）等约 500 家银行和公司，被誉为"日本资本主义之父"。涩泽对

---

① 作为管理会计的方法，在阿米巴经营的研究中也经常会提到稻盛经营哲学，但通常这时讨论的焦点在阿米巴经营部分。

工作充满激情，他所坚持的理念之一就是"道德与经济可以两全"的"道德经济合一说"。

本章所要论述的就是涩泽思想中的道德经济合一说。道德经济合一说与他本人倡导的基础理念"合本主义"一起，在2008年日本经济危机前后得到了重新认识，并受到国际社会的广泛关注。其背景是当时人们对于过度追求私利的国际资本主义、市场经济产生了严重的信任危机。

道德经济合一说和指导阿米巴经营的稻盛经营哲学、经营理念，在最基本思考层面上有着很大的共鸣。两者都具有针对道德与经济、整体利益与个体利益这两种看起来十分矛盾的因素，实际上都是可以兼顾两全的思维方式。当然如果放任一方是不会达到兼顾两全状态的。这一思想可以解读为，为了达到兼顾的状态需要付出相应的努力，通过这种努力可以达到兼顾的效果，并以两方面都得到最佳效果为目标。如果从一开始就认定"这是不可能兼顾的"，或是只看重其中一方面或对两方面都否定的话，经营者和员工在这个问题上的基本态度，可能在很大程度上会影响对企业经营意义的认识，左右企业持续成长和发展的可能性。

本书其他章节多是将讨论的焦点（稻盛经营哲学）放在阿米巴经营上，以实证观点做会计学领域的研究，而本章将聚焦稻盛经营哲学，从规范性的观点进行经营哲学领域的研究。既然稻盛经营哲学与阿米巴经营是表里一体的，所以本章在讨论稻盛经营哲学的同时，也将有意识地结合阿米巴经营的实践进行论述。

对道德经济合一说与稻盛经营哲学进行比较研究之前，首先简要介绍一下道德经济合一说。虽然本书的整体风格是尽量简化背景介绍，但为了在此后的比较中能让读者更好地理解它们的相通之处，请允许笔者在此稍做赘述。

2　涩泽荣一道德经济合一说概述 [①]

2-1　道德与经济可以兼顾

很多人可能会认为道德与经济是不相容的。"做生意不是做慈善。最重要的是能赚到多少钱"或是"虽然做生意时要对人和善、秉持正义，但如果过度强调这些可能就要牺牲利益，这也很难从激烈的竞争中胜出"。也许周围很多人会有这样的说法。

涩泽主张道德与经济必须是齐头并进的。信奉儒教喜读《论语》的涩泽经常把"道德"比成《论语》，把"经济"比为"算盘"，坚信"《论语》和算盘可以兼顾两全"。

也许很多人不觉得"《论语》和算盘之间"有着和谐的关系。从汉学家的角度看，《论语》是道德上的经典，而算盘则正相反，是赚钱的工具，结论大概是二者无法相容。但我一直以来坚持认为《论语》和算盘应该是一致的 [②]。

---

① 关于道德经济合一说的具体内容请参考田中[2014a]。

② 在引用时割爱了部分内容并在语言表达上做了些现代式行文的调整。另外，引号中的内容为引用者所补充。

道德与经济本质一致的观点，就是涩泽的"道德经济合一说"（或称"论语算盘说"）。

其理论结构如下：①无道德则无经济。反之，②无经济则无道德。因而，道德与经济表里一体、不可分割。

通常道德分为"不该做的不要去做"这样的消极性道德，以及"去做应该做的"这样积极性道德。例如，不可偷盗、不能骗人等都属于消极性道德。而待人亲切、勇于承担责任等都属于积极性道德。通常一谈到道德，更多地容易想到消极性道德，但实际上积极性道德也是不容忽视的。特别是在理解涩泽的道德经济合一说并将其与稻盛经营哲学、阿米巴经营的本质相关性进行比较时，积极性道德显得尤为重要。

在道德经济合一说中，消极性道德为①，而积极性道德为②。也就是说，主要从①无消极性道德则无经济，②无经济则无积极性道德这两个主张出发，得出道德经济合一说。下面试做详细解读。

2-2 无道德则无经济

关于经商方面的消极性道德[①]，涩泽有各种论述，总体可以总结为两条，即"不应该撒谎"和"不应该把自己的利益放在第一位"。为了经营的顺利进行，并取得持续的效益，这两条是必不可少的。

所谓"不应该撒谎"，换言之就是"要重视诚信"。涩泽主张"信用是商人之本"，他反复强调诚信是做生意所不可或缺

----

① 在涩泽所处的年代，社会上普遍将这样的道德称为"商业道德"。

的。虽然有人认为"仅凭正直做生意是没法赚到钱的",但涩泽比照自身作为实业家的经验,明确指出"不撒一句谎可以做好生意"①。

靠弄虚作假也可能赚到钱,但涩泽警告说,这只是一时的,"一定不会长久"。只有秉承信用第一,生意才能有可持续性并获得效益。正所谓如果无道德(信用)就没有经济(商业顺利及效益长久)。

另外,也许有人会觉得"不应该把自己的利益放在第一位"的道德,在经济领域中显得不自然。但要注意的是,这并非是"不能追求自身利益",而是说"可以追求自身利益,但不要将其放在首位(将他人的利益放在第一位)",这不是完全无欲无求,而是要改变以自我为中心的思维方式。

也许有人会说,骗骗人只要不违法乱纪、把自己的利益放在第一位应该也没有太大问题吧,这多少也是市场经济的常情了。但涩泽却不然,他认为如果每个人都把自己的利益放在第一位做生意,就会造成相互争利,最终一起毁灭,这样的局面可能会导致经济本身的消亡。相反,涩泽认为也许相互把对方利益放在第一位,才能使经济顺利地发展下去。

也许有人会反驳说:"这么做老好人,不会输给那些以自我为中心的竞争对手吗?"对此,涩泽参考《论语》中孔子的话"夫仁者,己欲立而立人,己欲达而达人"②,认为"也许只有将他人的利益放在第一位,才能让自己获得长久的利益"。这应

---

① 出自在1900年5月举行的全国地方商业学校长会议上的演讲发言。
②《论语·雍也》。"夫仁者,己欲立而立人,己欲达而达人。"

该也正是"无道德则无经济"的意义吧。

2-3　无经济则无道德

如上所述，涩泽非常重视"消极性道德"，但同样也重视"积极性道德"。他所重视的积极性道德是"让每个人的生活都没有经济上的担忧，而且更加富足"。这个观点来源于《论语》中孔子的"博施济众"[①]。换言之，这是"追求公利"，是涩泽思想的核心所在。

但是，"让人人富足"这项工作应该是为政者也就是"官"的工作，无论是在孔子的时代，还是在涩泽以实业为己任的时代都是普遍的常识。涩泽正是要打破这样的常识。他认为作为"民"的我们，要通过经济活动来承担这个角色。涩泽作为一位实业家正是从"如果希望国家昌盛就必须让国家富足。如果要想国家富足，就必须推动科学并依赖工商业的发达"的理念的出发，致力于培育企业、振兴产业的。

没有繁荣的工商业的经济活动，就无法实现追求公利的积极性道德，这正是所谓的"无经济则无道德"。

涩泽进而认为，为了有效地推动"公利"的经济活动，满足与此密切相关的个人或企业的效益即"私利"，也是不可或缺的。这是因为人们如果一味地让别人富足，自己得到的好处却

---

①《论语·雍也》。子贡曰："如有博施于民而能济众，何如？可谓仁乎？"子曰："何事于仁？必也圣乎！尧舜其犹病诸。夫仁者，己欲立而立人，己欲达而达人。能近取譬，可谓仁之方也已。"涩泽认为这"是论语中最重要的地方"，对此非常重视。

微不足道，就会丧失努力工作的干劲 [1] 。

无论是个人还是企业，正是因为有了"这项事业也可以使我们自身谋得利益"的这种期待感，才会对增进公利这样终极道德行为抱有强烈的热情（但如前所述，不应将私利放在最优先的位置）。从这个角度也可以理解为"无经济（私利）则无道德（公利）"。

3 慈惠（仁爱）和正义：探索与亚当·斯密的接点

上节介绍了道德中的积极性道德（做应该做的事）和消极性道德（不做不该做的事）的两个方面。本节将从道德的两面性的解读及研究方法的角度，对涩泽的道德经济合一说（A）与阿米巴的经营理念（B）之间的相通性进行分析。

广本和挽文子曾指出亚当·斯密的观点（C）与阿米巴经营（B）之间的相通性。本节将按照以下顺序进行阐述：（1）统观B-C之间的共同点，（2）在将A-C进行比较的基础上，（3）找到超越B-C的A-B之间的更多亲和性。

3-1 阿米巴经营与亚当·斯密的接点

在亚当·斯密的《道德情操论》中，有与本章中的积极

---

[1] 例如涩泽曾有如下阐述："假设那项工作与自己没有利害关系，别人赚了也不会为自己增加幸福，赔了也不会对自己的幸福带来伤害，即使这项事业没有进展，但只要是自己的工作，就想要推进它，希望这项工作有所进展，这种状态是不争的事实。"

性道德和消极性道德相对应的部分，分别为慈惠（或称仁爱，beneficence）和正义（justice）。根据斯密的介绍，人们心中的各种常识规则，可以从两个方面加以认识，一个是"如果是公平的观察者批判的事情就会避免"，另一个是"如果是公平的观察者称赞的事情就会推进"，这分别与正义和慈惠相对应。具体地说，所谓"正义"是"不做损害他人的生命、身体、财产、名誉的行为"，所谓"慈惠"是"做增进他人利益的行为"。

广本和挽文子指出，阿米巴经营具备实现斯密所重视的这两个方面的机制。

如果援引亚当·斯密的理论，则各组织成员的行动理念应为，自律地不单纯追求自身利益和削减自身成本，维持社会秩序的正义感及推进相互幸福的共同体意识。

在阿米巴经营中包含可以实现亚当·斯密理论所提示的机制。

其中，"推进相互幸福的共同体意识"相当于"慈惠"之德。在阿米巴经营中，首先是"大家都乐于看到家族的出色成长、家族整体得到发展""相互尊重，充满为对方尽力的爱的家族关系"这样的"大家族主义"，也是稻盛经营哲学的重要特征之一。但正像稻盛先生所说"无论怎样宣扬大家族主义，也无法仅靠这个消除经营者和劳动者的对立，也很难打造出劳资合力的企业文化"。这种情况下尤为重要的是，"在追求全体员工物质和精神两方面幸福的同时，为人类社会的进步发展做出贡献"这样的"经营理念"。在这个经营理念下，从京瓷"企业"（不仅是自己）的所有员工的幸福，以及京瓷置身其中的"人类社会"整体的进步和发展（的幸福）的两个维度，将"增进他人的利益"这样慈惠的思维方式融入其中（之后会详细阐述）。

"维持社会秩序的正义感"相当于"正义"之德。阿米巴经营中体现这一部分的正是以"何为正确的做人准则"为判断标准的经营哲学，即稻盛经营哲学[①]。例如，"做不带私心的判断""贯彻费厄泼赖（fair play，公平的比赛——译者）精神""公明正大地追求效益"等都强化了"正义"。

可见阿米巴经营中的经营理念、经营哲学的本质正是与追求亚当·斯密所主张的道德的两个方面——慈惠与正义的状态相通。

3-2　涩泽荣一的合一说与亚当·斯密的论述比较

虽然涩泽的道德经济合一说与亚当·斯密的论述之间存在相通性，但二者之间也存在着本质性的区别。首先谈他们的相通之处。

(1) 对"正确的自利心"的认可：二者的相通点

涩泽与斯密的思想有相通之处。涩泽在1923年的录音讲话中曾经提及过相关话题。认为道德经济合一说与斯密的论述是

[①]"何为正确的做人准则"从广义上讲不仅是本章中所述的消极性道德，也属于积极性道德。例如，"增进他人的利益"的利他精神也许应属于"何为正确的做人准则"（本书中所收录的稻盛的"特别演讲"中，也将"博爱"作为"何为正确的做人准则"的具体例子，与正义、公正、诚实并列提出）。如后所述，在京瓷稻盛经营哲学之中，还包括许多被认为是积极性道德的方面。虽然如此，但经营哲学的重要功能为警示作用，所以这里暂且按照广本和挽文子的见解，仅将经营哲学定位为与"正义之德"相关的范畴。

在同一轨道上的，说"相信利义合一（道德经济合一）是东西方相通的不变原理"。

实际上，他们的思想有两处是相通的。第一，他们认可人的自利心。认为个人可以为了增加自身的富足或名声而从事经济活动。涩泽认为，私利的追求不仅是人类自然的欲求，而且对私利的期待也是人们追求公利的重要原动力。斯密认为，每个人对富足和得到肯定的自我利益都有所期待，而在追求这些的过程中，可以通过"看不见的手"的作用实现社会繁荣。

第二，他们并不是无底线地认可自利心，仅认同那些不做不正当的事、在费厄泼赖的范畴内追求私利，也就是仅肯定局限于消极性道德的自利心。涩泽表示"不要不诚实的行为""不要把自身利益放在第一位"，对于无视商业道德追求自身利益的行为是无法接受的。斯密所肯定的也是不超出"义务感觉"范畴内的自利心。义务包括正义与慈惠两方面，如文后的详细介绍，斯密更加重视的是公平（fair play）的部分。

也就是说，在认可"正确的自利心"对于社会繁荣有着不可或缺的作用方面，涩泽与斯密的看法是一致的。

(2) 关于追求公利的"义务"：二者的不同点

除了相同之处，涩泽与斯密也有不同点。主要表现在，参与经济活动的每个人是否能够有意地追求公利。涩泽对此抱有期待，而斯密则没有。

斯密认为，每个人只要不做不正当的事情，鼓励其追求自身利益就可以带来社会整体的秩序和繁荣。他认为没有必要为了改变穷人的境遇而有意识地从发展本国经济的角度进行投资。富裕的人为过上奢侈的生活、投资人为了使自己的投资收益最大化是没有问题的。但他们这些追求私利的经济行为带来的结果是一些富裕的人会向贫穷的人进行再分配，所投资的资本使本国的经济得到提升。让这些成为可能的是"看不见的手"。

斯密认为追求私利通过看不见的手带来公利增进的效果，不是人们有意识的行为。也就是说，斯密对于每个人有意识地追求公利的行为不抱期待。

当然并不是说斯密对于追求公利或慈惠完全漠不关心。他认为，人类的义务中，与正义这样的消极性道德相提并论的还应该有慈惠这样的积极性道德。但斯密明确重视的是正义，而非慈惠[1]。

他认为在经济活动中，个人的自利心和正义是必不可少的支撑因素，但不需要慈惠的支撑。以下内容是《国富论》中的著名表述：

我们期望的晚餐并非来自屠夫、酿酒师或是面包师的仁爱，而是来自于他们对自身利益的期待。我们要面对的，不是他们对人类的爱，而是他们的自爱，而且不是主张我们的自身需求，而是要诉诸他们的利益。

---

① 例如在《道德情操论》中斯密有如下阐述："'慈惠'是美化建筑物的装饰，不是支撑建筑物的地基，……反之，正义是支撑整个大建筑的栋梁。"

而涩泽认为，无论是屠夫还是面包师，都需要思考顾客的需求，期待他们能有为除自己以外的人提供便利的思维方式。涩泽并不仇视个人通过做生意而获得私利，但对于只追求个人自身利益的生意提出了警示。涩泽没有仅停留于正义这种消极性道德，进而还重视增进公利这样的积极性道德（慈惠）的实践。

涩泽认为，为了增进公利，需要在个人私利的基础上更加有意识地采取争取公利的行动。这样的思维方式可以从涩泽自身所参与的各种实业公司的实际活动中窥见一斑。

如果从利益本位的角度开办公司或参与相关业务、持股等，抛出没有利益的实业公司的股份，则可能会造成一些没有价值的实业反倒兴盛起来的结果。故而余以为……对于对国家有用的事业会把利益放在第二位……应该创建的事业就创建，并且持股，让其实际产生效益，应将这项事业持续经营下去。余常以如此精神创办各种事业，并参与其中，从来没有过因为看涨哪支股价而持股的事情。

相比自己是否能赚钱，更需要考虑的是国家是否需要，也就是说，把公利放在私利之前。涩泽正是以这样的原则从事企业活动的。所以说并非是完全不求私，要注意不能忽视"致力于让其实际产生效益"这句话。涩泽为了谋求公利而参与到实业之中并为能产生效益而全力以赴。对于仅从私利考虑而应趁早放弃的事业，他也会从对公利有用的角度出发提供支持①。

斯密在《国富论》阐释"看不见的手"之后又做了如下阐述："我没听说过那些装作是为公众的利益做交易的人做了多少好事。"但涩泽本人应该正是为了"谋求公共利益"而工作，最终"做了很多好事"的典范。

3-3　合一说与阿米巴经营的亲和性

阿米巴经营与亚当·斯密的理论和涩泽的理论都有相通之处。但斯密与涩泽之间有着本质的区别，那么阿米巴经营更接近于哪种理论呢？

笔者认为应该是与涩泽的道德经济合一说的理论更贴近一些。这是因为，阿米巴经营表里一体的经营理念、稻盛经营哲学强调积极性道德的重要程度不低于也不优于消极性道德。如前所述，除"在追求全体员工物质和精神两方面幸福的同时，为人类社会的进步发展做出贡献"这样的经营理念及"大家族主义"这样的稻盛经营哲学的特征之外，在稻盛经营哲学中还有"为了伙伴全力以赴""以利他之心作为判断标准"等属于"慈惠"的内容。

纵观稻盛经营哲学的各个项目，大体可以分为"对己"和"对他"两部分。关于如何面对自己、以什么样的原则开展工作

---

① 例如，涩泽当年创立的东京人造肥料会社（现为日产化学工业）在创办之初发生了巨额亏损而濒临经营危机，当时其他相关的各界都为之伸出了援手。但涩泽却说"我有决心必使此事业成功"，于是一人承担了责任，并将公司送上了经营的正轨。

的项目可以归为"对己"的项目。例如"保持坦诚的心"①"贯彻完全主义""追赶自我""认真度过每一天""制作最好的产品"等就属于这一部分。而"对他"的部分除了消极性道德和积极性道德的具体实例之外，还有"抱有感谢之心""构筑信任关系""率先垂范""小善如大恶"②等。

这些"对他"的稻盛经营哲学属于通常所说的"道德"，其中积极性道德的成分占大多数。当然，并不是说要轻视消极性道德。稻盛本人极力提倡的两句话"为社会，为世人""何为正确的做人准则"如果理解为所指的就是慈惠和正义，那就可以明确地看出阿米巴经营对这两个部分的重视程度。

那么，这两方面哪个才是终极目标呢？即使同等重要，但如果追问哪个是终极目标的话，应该还是慈惠即积极性道德吧。例如"利他之心"及"为社会，为世人"可以说体现了稻盛作为经营者（作为人）的生存方式的本质性理念。

当然不作恶的人也是值得称赞的，但仅停留在这个层面的话则无法实现"追求全体员工物质和精神两方面的幸福……"。"经营"的成功与否是以"不做恶事"为大前提，并与"是否做好事"密切相关的。这里所谓"好事"不单纯是为自己赚钱，也包括为他人提供便利，阿米巴经营正是有意识地追求这样的结果。这样来看，与斯密的理论相比，稻盛经营哲学无疑还是

---

① 坦诚的心，是指承认自己的不足，并从此以谦逊的态度努力。

② 人与人的关系根本是以爱心进行交流。但是，不是盲目的爱，也不是溺爱。（……）虚假的爱情会给对方带来不幸，（……）真的爱情，是什么样的，是否对对方有益？是必须搞清楚的。

与涩泽的"追求公利"的理论更为贴近。

也许有人会觉得阿米巴经营与"公利"这个词格格不入。诚然，阿米巴经营虽然从经营理念上讲是倡导"为人类社会的进步发展做出贡献"的，但其基本方式却是每个阿米巴（参与的每个人都在践行"作为人，何谓正确"的同时）追求其自身利益的最大化，通过积累为本公司谋求最大利益。在这里"公利"就显得非常遥远了。

但是，对于公利与阿米巴经营的距离是否"遥远"的问题，由对公利的理解而决定。在下一节中将就这个问题进行具体探讨。在开始探讨之前，先来简单了解一下作为比较对象的涩泽合一说中的公利与私利的关系吧。

4　公利与私利

4-1　"合一说"的精髓：公利第一，私利第二

涩泽的道德经济合一说的精髓是什么呢？换言之，涩泽在经商时所持的基本态度是什么呢？这也是参与经济活动的人自身实际践行道德经济合一说应持的基本"态度"吧。

笔者认为，道德经济合一说的精髓在于"公利第一，私利第二"[③]的排序关系。虽然"公利第一，私利第二"这样的语言表达是笔者提炼出来的，并不是涩泽本人提出的，但如果深度思考涩泽"合一说"的主张，想来这样的表达应该是

---

③关于"公利第一，私利第二"的意思，详细请参照 Tanaka［2014］。

贴切的。例如，在 3-2 部分中引用的涩泽的发言也是这一精髓的体现。

对于"公利第一"，应该无须多言。重视使国家及社会富足的"积极性道德"，正是实现经济活动不可或缺的因素，是涩泽谋求的有意识地从公利角度开展经济活动的方式。

而对于"私利第二"，也许应该进行相对详细的分析。作为"消极性道德"的"不应追求自我利益第一"，反过来说即为"应该追求他人利益第一"，这应该可以理解为，相对于第一位的公利来说，私利应该排在第二位。但需要注意，"私利第二"并非"私利是次要的，可以忽视"的意思。

如前所述，涩泽认为个人在努力使公利增进的过程中他们自身也可以得到报酬（私利），这样的期待是重要的激励因素。而且，无论为了公利而倡导多么崇高的理想，如果不为从事这些工作的企业自身带来效益（私利），其事业也无法达到圆满、可持续发展的状态。如前面引用的涩泽的发言中所提到的"应该创建的事业就创建，……致力于让其实际产生利益"，正是为表明这个原理。涩泽甚至曾说"不是从私利而来的公利是没有用处的"[1]。这可以理解为一切完全脱离私利的"美好事物"的公利早晚会失去立足之地。

私利是可以与追求公利相匹配的，但从排序的角度应该将公利的结果作为期待目标，而重要的就是这里所说的"私利第二"。

可以说涩泽正是践行了"公利第一，私利第二"，证明在

---

[1] 参考涩泽 1897 年 7 月在龙门社的讲演《商人的本分》。

商业上同时追求私利与公利是可以成立的，且对这样做的可能性进行了阐述。反之，如果将私利放在第一位，则私利和公利无法兼顾[①]。

4-2 "公利第一，私利第二"和稻盛经营哲学、阿米巴经营

所述"公利第一，私利第二"的观点与稻盛经营哲学及以在此指导下的阿米巴经营是否也有相通之处呢？换言之，实现阿米巴经营的目标"个体利益与整体利益的调和"的宗旨（之一）是否正是"公利第一，私利第二"呢？当然实际情况中是否一定要严格遵守这样的次序或有轻重缓急且另当别论，但至少从理念上讲，这应该是稻盛经营哲学和阿米巴经营的精髓，而且渗透到每一个人的实践中，只有这样才能最好地发挥阿米巴经营与稻盛经营哲学组合的最强功效。这是笔者在这里想要表达的观点。

在讨论阿米巴经营时如果使用"公利""私利"之类的词汇可能会让人感觉不得要领。公利是"公众"的利益、私利是"私人"的利益。"公"作为"私"的反义词，通常被解释为"脱离个体立场的与整体相关的，社会、公共、世间"等。采用阿米巴经营的企业所提倡的经营理念大多为"人类社会的进步发展"（京瓷）及"社会的进步发展"（日航），而在这些方面的贡献正是从这个意义上讲的对"公利"的追求。

---

① 这个问题的本质，从实践者主观动机的角度来看，也可以说是"良心为主，私心为次"。关于这一点，请参照田中［2014b］第6章第3节。

但是，如果只强调这个终极目标，"阿米巴经营将公利放在第一位，这是核心所在"，可能会让人觉得概念模糊。因为很多企业也提倡这样的目标并以实现这个目标为己任。实际上从事阿米巴经营的人们的愿望也当然是"社会的进步发展"，但不只是以此为目标的。阿米巴经营中为实现利益而刻苦努力也是众所周知的。正因为这样，有人就会说："所有人都拼命追求效益，还能有追求公利的精力吗？""充其量也就是私利第一，公利第二吧。"

为了恰当地理解"公利第一，私利第二"与稻盛经营哲学及阿米巴经营的有机关联，有必要重新思考"公"与"私"的关系。这样有助于找到阿米巴经营中"公"与"私"之间的紧密关系，并将其协调起来（即个体利益与整体利益的调和）的机制。

4-3　公、私的套盒结构

以上介绍了工具书上对于"公"的解释为"脱离个体立场的与整体相关的"。这也是与社会常识相符的。但"脱离个体立场的整体"给人的印象容易派生出"超出个体可掌控范围"的感觉，实际上"公"只是"多数的，基本与自我无关的、由人们所组成的场合"，也就是"社会"的感觉。

我们现代人对"公"的认识是，公（public）区别于私（private），两者是自然对立的，这是西方式的思维方式。但在日本，公与私并不是绝对的对立关系。"公"与"私"是相对的，居于上位的（较大的）是"公"，居于下位的（较小的）是

"私"，就像多层嵌套起来的套盒结构一样（参照图8-1）^①。私1的外缘为更大的公1。但对于这个公1来说，相对于更大的外缘的公2来说，就成了私2。它们就是这样的关系。

图8-1 公／私的套盒结构

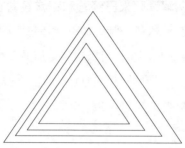

如果将这个结构用在公司上，对于个别员工来说自身所属的小部门即为公，但对于这个小部门来说，其上级部门即为公，对于这个上级部门来说，小部门即为私。同样，对于更高一级的公司直属的大部门来说整体公司为公，在这个关系下的大部门又成了私。而这个公司相对于社会来说就是私。如果从阿米巴经营的角度来讲，可以简化为很简单的示意图，即对于单个员工（私）来说，自身所属的阿米巴即为公，对于阿米巴（私）来说，公司即为公，对于公司（私）来说，社会即为公。

如果这样理解公与私的关系，则涩泽的合一说的核心即"公利第一，私利第二"，至少从上述的认识上讲，可以为以"个体利益与整体利益的调和"为目标的阿米巴经营的理解和

---

① 关于西欧与日本公私概念的不同，请参考和辻［2007］、Koehn［2001］。
"公与私"的概念并非对立是日本史上的一个特征。公元743年（天平15年）将垦田永年私财法定位为口分田，便认可了公私同在的性质。

其实践提供新的视角。或者说，"公利第一，私利第二"与阿米巴经营中实现个体与整体的调和的观点，是否也有相通之处呢？

4-4 以公、私解读阿米巴经营和稻盛经营哲学

肯定积极追求私利，但更加重视超越它的追求公利的意识。这样通过增进公利也许可以起到更加促进私利的作用，这正是"公利第一，私利第二"的意义所在。同样的内容在稻盛哲学中也有所体现。

求利之心是事业和人际关系的原动力。所以每个人都有想要赚钱的"欲望"是合理的。但这个欲望不能仅停留在利己的范畴之内。人也要抱有求善之"大欲"来谋求公利。而这样的利他精神也会为自己带来利益，而且这样的利益还会更广泛地扩散开来。

这里按照公利→私利的顺序来解读。但对于稻盛自身来说，他认为公利与私利之间是套盒结构的。稻盛称套盒结构为"互为表里关系"。

但实际上要注意的是，利己和利他总是互为表里关系的。也就是说，即使在小单位里的利他，如果从更大的单位来看也会转变为利己。为了公司、为了家庭的行为虽然也包含有利他之心，但在想到"只要我们公司赚到了就行""只要我们家好就行"的时候，就已经进入了利己主义状态，或者说只能是停留

在这个水平了。

毋庸置疑，这样的情况也适用于阿米巴经营。并非"只要我们阿米巴赚到了就行"，所以阿米巴经营不能没有稻盛经营哲学。

各阿米巴需要赚够自己所需要的钱，如果不能发挥利己主义就无法生存下去。但从公司的角度看，其根本使命是获取整体的最大利益。如果个体的利益与整体的利益发生了对立，则会麻烦不断。要克服这些麻烦，则要在守住本部门利益的同时，从更高的维度去思考，用经营哲学做出判断。在这种情况下，稻盛经营哲学就显得十分必要了。

以"何为正确的做人准则"为判断标准的稻盛经营哲学，在尊重包括正直和公正在内的（本章所述意义上的）"消极性道德"的同时，也阐述了包括利他之心、大家族主义的"积极性道德"。其中"大家族主义"的主要象征是，经营理念中倡导的"追求全体员工物质和精神两方面的幸福"。这个"大家族主义"可以说是"最具京瓷稻盛经营哲学鲜明特征的思维方式"。在"大家族主义"之下，通过使"整体利益最大化"增进"全体员工物质和精神两方面的幸福"是各阿米巴的"根本使命"。这正是阿米巴追求的"公利"①。

---

① 即使阿米巴消极地守护道德，甚至一味追求自身利益，不把整体利益放在心上，"看不见的手"也会从工作一开始就起着作用。

同样，不局限于阿米巴与公司之间的关系，也可以扩展到公司与社会关系的层面。采用阿米巴经营的公司大多倡导"在追求全体员工物质和精神两方面幸福的同时，为人类社会的进步发展做出贡献"这样的稻盛经营哲学。公司中的每个人（乃至公司内部的各组织单位）的直接目标都是"全体员工物质和精神两方面的幸福"。但如果从套盒结构角度将公司作为一个单位来看其与社会的关系，则是作为"私"的公司追求作为"公"的社会利益（为社会的进步发展做出贡献）[①]。如果只是以全体员工的幸福为目标，那就成了"只要我们公司赚到了就行""只要我们家好就行"的狭隘利己主义。

如果把"全体员工的幸福"与"人类社会的进步发展"放在一起，可能会让人想到"哪一项优先，哪一项更重要"的问题。应该说二者的维度不同。在每个员工、阿米巴这样的"私"的维度里，则追求"全体员工""公司"这样的"公"的利益；如果是在以公司作为"私"的维度里，则是追求"社会"这样的"公"的利益[②]。因此，是否也可以认为在"经营理念"中包含了套盒结构呢？

4-5 以"公利"为轴

如上所述，在推行阿米巴经营的企业中，在套盒结构的各个层次中同时追求公利和私利，力求"个体利益与整体利益

---

① 当然，说是为了"社会"，但现实中实际是处在公私同在的构造中。
② 但是，这并不意味着每个员工或者阿米巴不需要为"人类社会的进步"做出贡献。相反，他们通过公司可以为社会做出贡献，而且也有必要怀有这种信念。

的调和"。那么在这种情况下，该以公利和私利的哪一方为轴呢？对于笔者来说"以公利一侧的脚为轴，但私利一侧的脚也要踏稳"，也就是说采用"公利第一，私利第二"的方式才是有效的。

所谓"追求公利"，用稻盛的话来说就是始于"善待周围的人和对手"进而扩展到"为社会，为世人"的"利他"精神。稻盛不认为只有利他就够了。正像他反复阐述的，追求私利＝利己＝自利，也是可以接受的。在此基础上，只图自利的利己式经营是很难长久维持的，他认为只有"在经营公司的时候，如果想要让自己富足起来，就要想办法让周围人也富足起来"这样的"利他式经营"，公司才会有出色的发展。他认为这是佛教中的"自利·利他"精神，和阿米巴经营的"对方赚到了自己也可以赚到"的理念是相通的。

仅凭这些，不足以确定以公利和私利的哪一方为轴（而且是否有必要一定要以某一方为轴）。但关于阿米巴经营，其"以公利一侧为轴，但私利一侧也要踏稳"的做法，正如以下的稻盛曾经的发言一样：

……（阿米巴的）各领导人不是要打破自己的利己主义，而是即使在核算状况已经很严峻的状况下，也需要为了整体公司降低卖价。就是说，要抱有体谅对方的利他之心，要以公司整体的调和为前提开展工作。

……

（但是）无论怎样体谅对方，"因为公司而降价了，所以才导致本部门的核算恶化了"的情况，也不是正常的公司经营。

这不是真正的利他。如果真是为本公司考虑，就应该抱着"即使是正常情况下没有利润的价格，也要在核算上再想办法"，必须有加倍努力的想法。

这段发言中加着重号的部分，应该就是为了号召阿米巴（的领导人）采取以公利的一方为轴的立场。

通常公利第一的理论会有两种论据。一种是认为应该为比"己"大的"他"全力以赴的伦理观。这是"应该如此"的规范论的公利第一主义。另外一种论据是，为比"己"大的"他"全力以赴的结果是为双方都能带来利益。

稻盛经营哲学重视"公"利的根据应该也是包含这二者的，但从其特征上看应该更倾向于后者（这一点应该是与涩泽的道德经济合一说的相通之处）。这是通过以公利一侧为轴，使公利和私利共同增进的思维方式。反过来说，以私利一侧为轴的话，不仅无法实现公利，就连私利也一并失去了（一损俱损）。

以"公利"为轴的经营可以顺利推进的理由有两个方面：

一是企业或其经营者与利益相关者之间的关系，即宏观维度的视角。经营者通过"利他的经营"使"员工也乐于参与到公司经营的策划中来"及"客户及股东、合作方、代理店等对公司抱有信任和尊重"，通过努力得到所有利益相关者的协助，呈现"引导公司经营走向成功"的状态。

这种情况下，如果经营者保持公利（利他）的意识，但以私利一侧为轴的话，则利益相关者会乐于持续支持这样的经营者吗？正是因为经营者在私利一侧也踏稳的基础上，以公利一侧为轴才可以得到相关方的协助。

二是微观维度的视角。也就是说实践利他经营的当事人即经营者（或员工）每个人的内心问题。

这样一种以"利他之心"为基础的经营，实践中该如何推进呢。……我认为经营者自身的"内心提升"是至关重要的。

……在人的内心中，"利己""利他"总是互相博弈。在博弈的趋势上总是利己之心容易占上风。……这是基于以我为中心判断的结果，因而会发生与周围的冲突。

所以，我们需要每天反省，控制利己以增加"利他之心"的部分。经营者通过这样的"内心提升"，公司就一定能顺利成长。

从抑制利己之心，促进利他之心的分析可以看出，不应以"私利"一侧为轴，而应以"公利"一侧为轴。如果以"私利"一侧为轴，则会过于助长利己之心，就有可能造成利他之心被抑制①。如果进入这种状态，就会忽视追求公利。如果利己的经营无法存续下去，则对私利的追求也将破灭，最终的结果将是公利和私利一起毁掉。

在稻盛经营哲学指导下的阿米巴经营为了实现"个体利益与整体利益的调和"，需要以相关的所有当事人的利益即公利为轴。从这个意义上讲，"公利第一"是必然的。

---

① 稻盛曾在盛和塾的一次会议上，围绕怎样唤起"利他心"的问题时说："抑制利己的话，利他就会自动出现。"如果这样认识利他和利己的关系，以私利为基轴，扩张利己，利他就会自然缩小。

但是，也不能忘记个体利益即私利。在这一点上，稻盛也曾做明确提示："希望不要误解为'我不要利益，让其他人获利吧'式的轻视公司利益的经营方式。""我认为在'利他式经营'中……对正当的竞争、光明正大地追求利益的方式一定是称赞的而不是批判的。"

5　结语

本章将稻盛经营哲学与日本实业家涩泽荣一的道德经济合一说作为比较对象。通过具体分析道德经济合一说的同时，对涩泽与稻盛思想的主要相通点做了如下梳理：对于追求私利的企业活动来说，①应该有意识地追求公利（本章第 3 节），在这个过程中，②应该秉持"公利第一，私利第二"的立场（本章第 4 节），这应该作为每个人的思想根源。①包含在②之中，因而其核心是②。

关于"公利第一，私利第二"，有两点需要加以注意：

第一，这种情况下追求"公"利，并不（仅）是通常意义上的公共利益，而是本章中介绍的套盒结构中的"公"的利益，也就是说为比"己"大的"他"而努力。

推演到阿米巴经营中，则个人是为阿米巴的，而阿米巴是为整个公司的，公司是为社会而追求"公"利的。如果以多数导入阿米巴经营的企业经营理念为例，可见不仅是"为人类社会的进步发展做出贡献"，而且"追求全体员工（员工和阿米巴）物质和精神两方面的幸福"也可以认为是追求"公"利。

从这个意义上讲，在稻盛经营哲学指导下的阿米巴经营中包括追求"公"利的套盒结构。

第二，所谓"私利第二"并非"私利无所谓"或"追求私利就是低俗的"，而是要将其与公利一起加以"重视"，既不是第三也不是第十，而是第二。前文介绍了涩泽的"如果不是从私利中而来的公利则没有用处"论述，如果希望"公"利是真正的磐石，则确保追求和实现它的当事人的"私"利是不可或缺的。应该从这样的角度全力以赴追求"私"利，从而使阿米巴经营的"个体利益与整体利益的调和"得以顺利实现。

本章从上述意义讲的"公利第一，私利第二"的构造，是基于稻盛经营哲学的阿米巴经营的实践要义之一，当然，这一主张或许还有讨论的余地。如果是这样，希望以上论述能为今后进一步探讨这个构造与实现"个体利益与整体利益的调和"的阿米巴经营研究提供参考。

09

第九章

京瓷阿米巴经营与经营
环境变化

——以责任会计论与管理者
行动为视角 [①]

布里斯托大学管理会计学讲师　铃木宽之

---

① 本章是在 2015 年 12 月 15 日向曼彻斯特大学
商学院（Manchester Business School, University
of Manchester）最终提交的博士论文，以及此
前对京瓷公司所做的采访调查报告书这两种研
究成果（均未公开）的基础上经过再加工和部
分扩充形成的。

1 引言——研究的焦点

阿米巴经营的特点之一是，面对随时变化着的经营环境，全体组织可以进行灵活的应对。正如阿米巴经营名称所显示的，当某个阿米巴（单位组织）的生产（或者营业额）规模或者从业人员数量增加时，在仅靠一个阿米巴领导（经营管理责任者）无法管理到位的情况下，或者阿米巴经营领导人认为看不到阿米巴经营业绩的情况下，阿米巴经营就会被分裂。相反，当生产（或者营业额）规模缩小时，在阿米巴经营的盈利达不到一定要求的情况下，阿米巴经营就会被统合。

此外，阿米巴经营的灵活性不仅体现在组织方面，也体现在人才使用方面。在阿米巴经营者中，既有擅长拓展新事业的人才，也有擅长重建的人才。像这样根据每个阿米巴的人才特点，扶持他们在不同部门发挥特长，是阿米巴经营的日常工作。

就是说，阿米巴经营具有在不变动组织、人员的情况下，灵活应对环境变化的机制。比如，由于突发事件，某个下位阿米巴没有达成预定的计划，这个下位阿米巴所属的上位阿米巴就会为了避免完不成计划，要求其他阿米巴超额完成生产任务（或是营业额）。

本章主要阐述阿米巴经营领导人面对环境变化时的行为特

征，并着重分析阿米巴领导人以自己优先的行为（以下简称"利己行动"）和以全体组织优先的行为（以下简称"集体志向行动"）的两种类型。关于阿米巴经营管理者的利己心问题，阿米巴经营之父、京瓷创始人稻盛和夫名誉会长也常常提到。比如，他对利己心与佛教"利他"的用语进行比较，做了如下阐述：

的确如此，"想挣更多的钱""想过更富裕的生活"，这些利己的欲望是使事业向前发展的强大动力。特别是风险行业，这样的利己心往往是事业发展的原动力。实际上，保证实现这些欲望的是其背后高度的战略战术，这些原因可以导致事业的成功，这也是事实。

但是，仅仅以利己心经营的人，他的成功决不能长久。

人的内心里常常纠结着"利己"和"利他"的情感。就我们自己而论，利己心常常占有很大的比重。这被称为……以自我为中心，并常常因此引起与周围人的摩擦。

因此，我们应该每天反省自己，抑制利己心，增大"利他心"……

总之，每个人的内心都存在着"利己"和"利他"两种情感。抑制"利己心"，努力提高"利他心"的比重，笔者认为是最重要的。

但不能忽略的是，阿米巴经营者的利己行为不能说是完全不对的。阿米巴经营的目的首先是使自身赢得利益，要努力工作获得自身的"伙食费"，在此基础之上再回报社会。利己心在实现阿米巴经营目标的过程中发挥着重要作用。但是，如果这样的利己心超出了限度，就会搅乱公司整体的合谐。所以，如前所述，要考虑他人的利益，要重视他人的感受。

关于自己的利益和他人的利益的关系，在本书的第八章中以"私利"和"公利"的形式，对两个不同立场的行为进行了详细论述。本章论述的是公司内部有关"他者"的利益问题。这里涉及的"他者"的利益问题包括上一级阿米巴经营的领导人（以及他们管辖的上位阿米巴）和其他阿米巴领导人（以及他们管辖的阿米巴）的利益问题。本章也强调站在公司整体利益上思考的重要性，同时把它定义为"集体志向行动"。

作为分析阿米巴经营领导人面对环境变化的利己行为，以及集体志向行动的线索，本章将从责任会计论的会计管理这一领域展开论述。责任会计是指具有会计责任的小组织集合体，每一个小组织被称为责任中心，经营这个责任中心的是经营管理者，责任会计学就是研究这些经营管理者行为的管理会计学的一个学术领域。承担利益责任的责任中心，被称为利润中心，负责成本或者只是费用责任的责任中心，被称为成本中心。同时本章还将进一步分析，将组织分为利润中心的时候，应该注意什么。利润中心的管理责任者对收益、费用、利润负有怎样的责任也将是本章探讨的主要对象。

在此，先从管理责任者行动的角度回顾一下责任会计学的历史。"人天生就会为自己的经济利益（也可以称为效用）最大化而思考和行动"，这个经济人假设命题一直被视作讨论人类经济活动的前提。有代表性的先行研究的例子是，将上下级关系看作是"契约关系"的代理人理论。

根据这些研究，为了管理那些优先考虑自己利益的部下，上司会利用管理会计机构监视他们的业绩，根据业绩达成的情况给予相应的报酬。这种契约关系的结果是，上司自己也会最大限度地追求自己的利益。此外还有论述复数管理者之间协作关系的先行研究。这种协作关系的研究，是以管理责任者之间利害一致为前提的。近年，依然可以看到对这种假设利己管理者行为的研究。而在近年的研究中，也有对这种假设研究提出质疑的。具体地说，就是把人们由团体形成的组织看作是一个"社会"，认为管理责任者是以同属于这个社会的"他者"（同僚、上司）能够接受的方式而行动的。有人指出，这样的集体志向行动，用传统的责任会计论利己的经济合理性的观点是很难解释的。这种明显的集体志向行动可以举出很多例子，即所谓采用"日本式经营"方式的日本企业。有人甚至更偏激地认为，日本企业的员工天生就有集体志向，没有利己心。

当然，本章并不认可上述那些偏激的观点。管理责任者有可能对利己的行动和集体志向行动都会采用。管理责任者不会只考虑"天生的"利己，或者集体志向。像阿米巴经营那样的责任会计，他们会考虑用管理会计的机制激发管理责任者的利己行动和集体志向行动。本章将以分析这个机制为研究重点并回答以下问题：

阿米巴经营领导者面对环境变化所采取的利己行动或者集体志向行动，是什么因素推动着他们的行动方式？这两种行动是怎样为完成组织的目标做出贡献的？

为了回答这个问题，本章由以下内容构成。第 2 节为本章研究方法概说。在此，将说明在组织阶层中以什么样级别的阿米巴领导人为重点，以及怎样收集必要的资料。第 3 节和第 4 节以所得资料分析的结果，从两个方面进行总结：第 3 节对阿米巴经营管理会计系统中固有的、关于促进利己行动或者集体志向行动的机制，以责任会计论的观点进行论述。本节试图与读者分享对阿米巴经营管理者行动的基本认识。以这样的基本认识为前提，第 4 节转换到面对环境变化的阿米巴经营领导人的行动分析。本节从环境变化附带的追加责任，论述阿米巴经营领导人的利己行动以及集体志向行动，或者不同形式的行动。通过以上分析，第 5 节指出了从管理者行动的角度观察实践阿米巴经营时应该注意的事项，然后陈述观点，以此为本章做结。

2 研究方法

如前所述，本章主要的关注点是，面对环境变化的阿米巴经营领导人，作为经营管理责任者是怎样行动的？特别要分析阿米巴经营的本家京瓷公司（以下简称"京瓷"）的阿米巴经营领导人的管理行动。虽说京瓷公司用"阿米巴"一句话可以概括，但是它分为事业本部、事业部、部、课、系、班等六个阿米巴阶层。本章特别关注的是，每年的总体计划、每月的预定目标的设定和负有重要责任的课、系级责任者是如何行动的。

课、系级的每个阿米巴领导人是"怎样"行动的？为了理解它的"过程"，比较适合的研究方法之一是在访谈的基础上做出定性。本章对 72 名京瓷新老员工每人进行了 2 小时的采访调查①，以达到以下两个目的：第一个目的是阐明阿米巴经营组织促进管理者行动的机制。为此目的，从从事制造、营业、开发、技术、品质管理、经营管理以及人事等各种职业的员工那里收集了相关资料。第二个目的是阐明面对环境变化的阿米巴经营领导者的行为。为此目的，以作为京瓷利润中心的制造和营业部门为焦点，进行了第二次采访调查。

3 阿米巴经营、责任会计、管理者行动

本节从阿米巴责任会计的角度，分析推动阿米巴经营领导人的利己行动或是集体志向行动的机制。在日常经营实践中，阿米巴经营领导人的行动受到阿米巴经营中各种要素的影响。其结果是，每个领导人的行动有时是为了自身的阿米巴，有时又是为了其他阿米巴或是上位阿米巴。以单位时间核算表衡量业绩的尺度、基于这个尺度制订总体计划以及每个月的预定目标的预定业绩管理（预实管理）、工资报酬体系以及作为京瓷全体员工指南的京瓷哲学，这些因素左右着阿米巴经营领导人的利己行动以及集体志向行动。因此，以下将从四个方面逐一说明。

3–1 单位时间核算表

首先，由于采用单位时间核算表，每个阿米巴经营的收

---

① 此外，对系级责任者的采访与课级责任者的采访是同时进行的，采访时间总数为 112 小时 40 分钟。

益①、费用以及利润都变得相对透明，促使阿米巴经营领导人为了自己的阿米巴而行动。尤其是制造部门的课级阿米巴、系级阿米巴的核算变得透明。由于公司内部交易的价格以及营业部门的阿米巴的核算也变得透明，因此，被称为营业报酬的转账价格便起着左右阿米巴经营领导人的重要作用。其中，关于设定公司内部的合适交易价格，阿米巴经营领导人之间即便通过协商，每个人也都会为了自己的阿米巴而竞争，其结果便导致了各自为自己的阿米巴而行动。

　　一方面，单位时间核算表里包含着内部共通费用、工厂经费等，其他非核算部门分摊来的间接费用以及时间等，阿米巴领导人会参考这些内容，思考自己的阿米巴与对方阿米巴的关系，更具体地说，这给了他们一个计算服务提供者和受益者得失的机会。其结果是，阿米巴领导人自己无法管控被分摊的费用总额（尽管有部分可能），因为这些费用是整个企业不可缺少的，换句话说，是从整个公司的立场来考虑，自身应该负担的费用。这样一来，既要承担包括这些间接摊派来的费用，还要完成既定的目标，虽然可以看到利己的行动，但是实际上也包含着集体志向行动。

　　同样，作为阿米巴的卖方收益、买方费用，这些公司内部

---

① 在此应注意的是，已经缴纳了制造阿米巴使用设备的利息，营业阿米巴的应付账款以及库存成品的利息。在这个意义上，从理论上可以严格地说，不仅利润管理中心对阿米巴经营的核算负有利益责任，有效地进行投资运营的投资管理中心也有责任。尽管如此，比如说，制造阿米巴的设备投资超过一定限度的话，有必要通过书面报告请示上级批准，阿米巴领导人的权限是受到限制的。因此，可以认为经营的责任实际上是在利润管理中心。本章也是这种观点。

的交易价格和交易过程，成为思考同一个集体内的其他阿米巴之间交易关系的契机。此外，制造阿米巴向营业阿米巴支付的营业手续费，加上公司内部分担的手续费可作为营业活动的手续费，这些也成为思考制造阿米巴和营业阿米巴关系的契机。考虑到这些关系，最终就会形成站在公司立场上的集体志向行动。

3-2 预算执行与业绩管理

采用单位时间核算表管理年度总体计划和月度计划，使每个阿米巴都制定了年度总体计划和月度计划的目标，每个领导人都会为了实现自己的阿米巴目标而努力。特别是课级的制造阿米巴，就会设定"2位数增长""税前利润达到××%"的目标，这些目标的设定具有挑战性意义。完成这些高目标的压力，更加促使领导人为了自己的阿米巴而努力。其结果是，不管是制定总体计划或是每月计划之时，还是这些计划和实际业绩产生差距，导致上下级为此而争论之时，每个负有责任的阿米巴都会成为焦点。

而且，在预算与业绩管理中，尤其在管理实际业绩方面，"得分表"的存在会促进领导人为自己的阿米巴而竞争。如同相扑运动的得分表，完成了每个月的预定任务就会得到白点（胜利），没有完成预定计划就会得到黑点（失败），每个阿米巴都会做出记录，制造阿米巴在食堂公布其结果，营业阿米巴在每月的经营会议上以资料的形式发给大家。

这个得分表无疑会刺激阿米巴领导人与其他阿米巴之间的竞争意识。但是，与其说这是激励阿米巴领导人完成既定目标的主要原因，不如说是，他们不希望因自己的阿米巴得到黑点而感受耻辱。或者说，他们不希望给其他阿米巴添加麻烦。总之，形成后一种意识的背景来自于年度总计划和月度计划，来自于上位阿米巴和下位阿米巴相加值的结构。由此，下位阿米巴的领导人不仅要考虑自己的阿米巴的计划、实际业绩，同时还不得不考虑上位阿米巴的计划和实际业绩。

加之，不管是预算计划还是实际业绩，阿米巴领导人都会通过会议与上司达成共识。其结果是，阿米巴领导人理解了上司的立场，并在顾及上司立场的基础上而采取行动。这样的思考方法，到了上半期结束，对总体计划做重新评估的时候也会看到。具体地说，上半期业绩好的阿米巴并不会满足于现状，而上半期业绩不好的阿米巴，为了不给上位阿米巴的业绩带来不好的影响并完成整个集体年度计划，会在下半期修正自己的总体计划。

3-3 工资报酬体系

影响阿米巴领导利己行动及集体志向行动的第三个要素是工资、加薪和奖金报酬体系。首先，评定课级以上的阿米巴领导人的加薪、奖金的时候，会将每个阿米巴的总生产、营业额同去年同时期相比，将提高多少作为评定的一个项目。

这样一来，便激发出阿米巴经营领导人为提高自己的阿米巴业绩而努力的精神。但是，有必要在整个评价体系中体现出每个阿米巴的业绩并不占太大的比重[①]。

在审查阿米巴领导人的加薪、奖金的时候，另一个重要的

---

① 在采访中，设计、运营、维持报酬制度的人事职能部门，或者通过这个制度实际上获得报酬的制造职能部门，都对这一点再三强调过。

评价项目是对京瓷哲学行动指南的实践。京瓷哲学包含有很多重视集体志向行动的项目。其结果是，假设阿米巴领导人为了有利于自己的审查结果而活动的时候，他必须遵循京瓷哲学而行事，由此自然会使他的行动带有集体志向的特征。

此外，京瓷公司全员的奖金并不是由每个阿米巴的业绩决定的，而是和整个公司的业绩有关。如果想要得到更多的奖金，必须有提高整个公司业绩的思想意识。这就是促进集体志向行动的原因之一，阿米巴领导人也不例外，也会受到这种意识的影响。

3-4 京瓷哲学

最后一个促使阿米巴领导人的利己行动或集体行动的、也是最重要的因素是京瓷哲学。一方面，京瓷哲学包含诸多这样的要素，使领导人为自己的阿米巴的业绩以及组织的发展壮大而努力。具体地可以举出这样一些关键词，比如，"销售额最大化，经费最小化""制定高标准""定价是经营"等。

另一方面，京瓷哲学要求阿米巴领导人不仅为自己的阿米巴考虑，还要为其他的阿米巴、事业本部，甚至整个公司考虑。具体地可以举出"大家族主义""全员参与经营""合作关系""相互信赖"等关键词。更多的表述是"人往往容易被利己心所束缚。具有利他之心，兼顾其他阿米巴的利益，从长远的观点来看也是为了自己，为了整个组织的利益"。

阿米巴经营领导人可以通过各种各样的机会学习京瓷哲学。比如，领导人进修，日常会议，特别是茶话会，会上常常以京瓷哲学为话题展开议论，是学习京瓷哲学的重要形式。不管是上司还是部下，大家不问职位，都能推心置腹地对话，这本身就是实践"大家族主义"的一种表现，此外还有运动会，公司节庆活动等，都是深化理解和实践阿米巴经营哲学的好机会。

3-5 结语

至此已经分析了阿米巴经营模式中阿米巴领导人的利己行动和集体志向行动的成因。从责任会计的角度总结如下：首先，在活用公司内部交易价格、营业佣金的单位时间核算制度的基础上，各个阿米巴作为利润中心被组织起来。由此，每个负责经营的阿米巴领导人，首先要做的就是提高自己的阿米巴的单位时间附加值的业绩指标。

但是，单位时间附加值的计算，以各种形式存在于和其他阿米巴相互依存的关系中。具体地说，通过营业佣金形式存在于制造阿米巴和营业阿米巴之间，通过公司内部交易价格形式存在于制造工程的上游和下游之间，还通过内部共通费、工厂经费形式存在于核算阿米巴与非核算阿米巴之间。这些相互依存的关系也被考虑到业绩指标当中，所以某种程度上也会影响到阿米巴领导人对价格的讨价还价，以及瞪大眼睛关注非核算阿米巴的费用总额。但是，虽然有上述相互依存的关系，却不能得出阿米巴领导人能够完全管理这些关系的简单结论。

至少，在业绩指标中含有的部分相互依存性无法管理的情况下，阿米巴领导人以牺牲其他阿米巴或者全体组织的利益来扩大自身利益的同时，也孕育着一定的风险。

试举一个极端例子。制造工程上游的阿米巴，为了防止自己的单位时间附加值下降，他们可能会提高公司内部交易价格，不愿接受对整个业务来说核算性很高，但对自己的阿米巴来说核算性较低的客户的追加订单。为了防止这种过分的利己行动，阿米巴经营通过京瓷哲学、工资报酬体系推动阿米巴领导人的集体志向行动。通过这样的机制，使领导人认识到自己的阿米巴是整个组织的一部分，不能盲目追求自己的阿米巴的利益最大化，而是要追求整个组织的利益最大化。

在理解上述阿米巴经营的基础上，下一节将讨论在环境变化的情况下，阿米巴领导人的利己行动和集团志向行动是如何发生变化的。

4 阿米巴经营、环境变化、管理者行动

如第 1 节所指出的，阿米巴经营的特点之一是可以灵活地做出组织调整。这一节将对阿米巴的分裂、阿米巴的统合、阿米巴领导人的更换以及阿米巴之间的协作四种情况下，阿米巴领导人的利己行动和集体志向行动的走向进行分析。如第 2 节所述，分析将以课级单位为对象。

4-1 阿米巴的分裂

设定的第一种情况是，随着接受订单的扩大，课级阿米巴开始分裂。设想新成立的阿米巴来了新的领导，这个新领导的行动就会受到特别关注。这种情况下，新任的领导会接手前任领导制订的总体计划的一部分。换个角度看，就是要求完成前任制定的任务目标。而且，因为阿米巴的分裂发生在一定时期之内，此

时，继承的总体计划中的一部分结果已经出来了。对此，新任领导人会照原样接收过来。对从前任承继的总体计划负有的责任，会成为新任领导人为自己的阿米巴而行动的主要原因。

加之，新成立的阿米巴，例如制造阿米巴，不管是制造环境还是营业环境，都还没有稳定下来，在这种不稳定的环境下必须完成任务的压力，更加刺激了新任领导人为自己的阿米巴而努力的意识。

进一步说，继承了原分裂阿米巴领导人制订的总体计划，新任领导人会有某种将前任领导人作为竞争对手的意识。为什么会这样呢？原因在于，原分裂阿米巴领导人根据自己的意志和自信制订了总体计划，如果新任领导人觉得完不成这个计划，或者实际上没能完成，就会不得不承认自己的经营能力不如原分裂阿米巴的领导人。这种竞争意识，会成为新任领导优先考虑自己的阿米巴并采取行动的重要原因。

一方面，阿米巴分裂之际，原分裂阿米巴的领导人、他的上位的部级领导人，以及新任领导人三者，在新任领导人就任之前的很长时间里，会有各种活跃的对话交流。通过这些对话交流，会使新任领导人理解阿米巴的分裂是整个组织的需要，自己在经营阿米巴的时候，会考虑整个组织的利益。

另外，阿米巴的分裂是常有的事，新任领导人往往会观察自己过去的阿米巴上司的行为。这些上司的行为多是考虑整个组织的集体志向行动，因此新任领导人的行动也会与其相同。

4-2　阿米巴的统合

设定的第二种情况是，由于订单减少、核算恶化的课级阿米巴，被其他课级阿米巴所统合，特别是以统合以后的课级阿米巴领导的行动为重点进行分析。在这种情况下，保持良好核算的阿米巴领导，为了完成统合后的总体计划，会要求被统合的阿米巴完成此前的部分计划目标。尤其是，被统合的阿米巴的核算性大多数都很差，业绩也与计划目标相去甚远，但是新任领导也必须接受这个事实。这种核算后总体计划的压力，成为领导人为自己的阿米巴而行动的重要原因。

这种压力会以各种形式落在这个领导人肩上。首先，统合之前，新任领导人和其上司之间已经有过多次非正式的谈话，通过谈话，新任领导人就已经有了必须完成统合后的总体计划的当事者意识。接着，通过这些非正式谈话，甚至在正式的会议上，上司会对新任领导人满怀期待地说"我相信你一定能完成任务"。再有，和阿米巴分裂时一样，新任领导人过去观察在同样状况下上司的行为时，会看到他们为了完成核算后的计划而努力奋斗的情景，自身也会努力向他们学习。最后，实际统合之后，新任领导人也会在会议等场合，说明核算后的计划目标的完成情况。通过这些压力，新任领导人会将核算后的总体计划作为自己的阿米巴的计划来考虑，并为完成这个计划而努力。

如上所述，阿米巴统合之际，上司会对接受统合的领导人详细地说明，统合是组织整体必不可少的环节，进而，多数情况下上司会满怀期待地说"相信你能顺利完成任务"。这样的事前说明起到了很好的作用。会使新任领导人在接受业绩不良的阿米巴的问题上，能够从组织整体的角度去理解统合这件事。

此外，通过工作会议和其他茶话会等形式培养出来的上下级的互信关系，也成为接受统合的领导人不再仅仅关注自己的阿米巴，而能够从上位阿米巴的角度去思考和行动的重要原因之一。再有，下位阿米巴的业绩和上位阿米巴的业绩产生联动，也会成为这个领导人将自己的阿米巴作为上位阿米巴的一部分来认识和行动的契机。最后，统合的结果是，即使阿米巴的业绩一时恶化了也不影响领导人的奖金，这样的工资报酬体系也成为领导人从整个组织考虑，能够接受业绩不良阿米巴的一个重要原因。

4-3 阿米巴领导人更换

设定的第三种情况是，假设市场情况恶化、经营陷入困境的课级阿米巴，尽管拼命努力也无法改善经营，不得已更换已经丧失了信心的领导人，在任命其他领导人的情况下，新任领导人的行为将是本节分析的重点。

在这种情况下，因为假设领导人更换发生在一定时期之内，所以新任领导人必须全盘接受前任领导人制订的总体计划，以及到目前为止的计划完成状态。对从前任领导人那里接受的总体计划所负的责任，是促使新任领导人为自己的阿米巴而行动的主要原因。

再有，和其他阿米巴的统合一样，任命新任领导人的时候，上司都会在事前说出这样鼓励的话，"我相信你能够重整这个阿米巴"。但是，和这种期待相反，某种压力又会促使新任领导人只考虑自己的阿米巴。

同时，新任领导人也会认为重建阿米巴的业绩是展示自身经营能力的机会，基本上对接受阿米巴经营会采取积极的态度[①]。

　　一方面，阿米巴领导人的更换带来的一个敏感问题是，如何保护被更换领导人的工作热情。在京瓷公司，这样的问题和阿米巴的分裂、统合一样司空见惯。因此，在同一个公司内部，更换领导人绝不是怀疑或者否定一个人的能力问题，而是从整个组织的角度使用人才的结果，这也成为人们的共识。对此，换个角度看，阿米巴的业绩并不能直接反映每个领导人的经营能力。就是说，即使遇到核算性极差的阿米巴，有经营能力的领导人也会为了重建业绩而努力工作。这也成为人们的共识。

　　进一步说，领导人的频繁更换，不管目前阿米巴的核算性是好是坏，都意味着新任领导人要受到前任的影响。这种认识渗透到组织内部，不管是新旧领导人更换，还是新任接受前任的计划目标及其完成情况，人们都会认为是为了整个组织而做出的调整。另外，理解这种做法的人被实际任命为领导人时，平时也会通过会议等场合，看到上司对新任领导人完成任务的期待，促使自己站在整个组织的角度去思考和行动。

4-4　阿米巴之间的协作

　　设定的第四种情况是，假设课级阿米巴领导人，每个月的业绩很好，上司要求他要弥补其他课级阿米巴业绩下滑的部分，进而完成部级每个月的计划，将业绩再提高一步。在这种情况下，这个领导人将会采取什么样的行动呢？

　　这种情况下，这个阿米巴已经可以完成每个月的计划目

---

① 在采访中，多数制造阿米巴的领导人，对新任领导人会以"机会"来形容。

标，如果纯粹从自己的阿米巴考虑的话，这个领导人没有再提高业绩的必要。

因此，以什么理由接受上司的要求呢，这成为问题的焦点。

附带说一句，这个阿米巴超额完成了当月的计划，意味着它常常会在下个月提早完成任务，或者提早出货。就是说，超额完成当月的任务，就会提高下个月完成任务的难度。这个要完成下个月约定任务的压力，会成为领导者为自己的阿米巴而行动的主要原因之一。而且，这个压力会随着前述的得分表的存在而增大。就是说，由于对得分表有可能显示下个月落后所产生的不安，这个领导就会对提高业绩表现出犹豫不决。

而为了防止出现这种情况，从整个组织的立场进行判断，主张采取各种有效的方法。首先，上司和部下之间通过日常的工作交流，表现出领导者的能力，或者通过运动会，工作之外的茶话会等场合的接触，以及基本不受每月任务完成与否影响的工资奖励体系，培养集体意识和相互信赖的关系。再有，通过"进行公平无私的判断"这样的京瓷哲学的实践，培养同属于一个集体的其他人，同属于一个部门的其他阿米巴，具有相互协作的精神。此外，通过会议频繁交流，部下代替上司出席会议，以及日常工作中观察到的上司的做法等，看到的部级的，事业部级的，甚至是事业本部级的，比自己的阿米巴还大的团体，或者说整个公司的重要性，新任阿米巴领导人的认识会逐渐提高。在这样的框架之下，阿米巴领导人就会从整个组织的角度接受每月超出预定业绩的任务。

至此，设定了阿米巴的分裂、统合、领导人更换，以及阿米巴之间的协作等四种环境变化，分析了在这些环境变化中阿米巴领导人的利己行动和集体意志行动产生的原因。

根据以上的分析，下节针对实践阿米巴经营中应该注意的问题，提出笔者的看法，以此作为本章的结尾。

5 结语——阿米巴经营实践的理论启示[①]

整个公司的领导层，从事业本部长到系长、班长等，再到现场一线的负责人，设置了各级组织的阿米巴，在这种委任给各个阿米巴领导人的全员参与经营模式里，要特别注意每个领导人的行为结果，使其为整个组织带来最好的效果。本章将对以下问题作以分析。即，将阿米巴领导人的利己行动和集体意志行动，换句话说，以为自己的阿米巴的行动和为整个组织的行动作为基本分类，在此基础上探讨阿米巴经营的构造是怎样促使这两种行动变化的？以及作为结果，整个组织的目标又是怎样完成的？作为结论，笔者从以下三个方面对阿米巴经营实践的重点加以说明。

5-1 利己行动和集体志向行动并存

第一，为了完成整个组织的计划目标，要使利己行动和集体意志行动同时并存。单位时间核算表使得每个阿米巴的业绩

[①] 在本书的编辑会议上，提示了将理论定义为"即便脱离个别事例的脉络也可以维持其正当性的理论性说明"的观点。

变得透明，总体计划与每个月的预定计划目标一目了然。人们根据预实管理仔细地关注目标计划的完成情况，会促使每个领导人为了完成自己的阿米巴的目标而全力以赴。每个阿米巴以及领导人这种自律性的经营努力，成为整个组织完成既定目标的基础。

但是，这种自律性如果过了头，有时会给整个组织带来不良的影响。以自己的阿米巴利益为最优先的利己主义过了头，不利于整个组织的决定就可能会随之产生。为了防止这种情况发生，阿米巴经营中设计了促进阿米巴领导人集体志向行动的机制。

具体地说，可以通过会议使上下级紧密的交流、京瓷哲学讨论、茶话会、运动会等工作之外的交流方法，使阿米巴领导人认识到自己是组织中的一员，能够从整个组织的角度考虑自己应该怎样行动或者怎样实际付诸行动。

领导人有时为了自己的阿米巴，有时为了整个组织而行动的观点，既不同于传统的责任会计论主张的人天生就是利己的，也不同于一部分日本经营论主张的人天生就有集体志向的观点。阿米巴经营是以上述两种不同的人类天性描述为先行研究建立起来的理论。理解这种理论对导入阿米巴经营，特别是对上述两种先行研究很熟悉的读者来说非常重要。如果只是认为人的行为天生就是利己的，或是天生就是集体志向的，即强调任何一种都是对导入阿米巴经营的偏颇理解。

5-2 从集体志向行动思考工资报酬体系

与第一个结论相关联的第二点是，在促进阿米巴领导人集体志向行动方面，工资报酬体系所起到的作用。阿米巴经营并没有与每个阿米巴的业绩、领导人的奖金或加薪挂钩。关于这一点，在如前所述的四种不同环境下，领导人会有不同的行动变化，但不论哪一种变化，令人关注的领导人能够接受前任或者其他领导人的任务的最大理由就在这里。通过对多数人的调查也证明了这一点。这与传统的、明确每个人的责任范围，以是否完成了任务作为计算报酬标准的责任会计论主张形成鲜明的对照。

在实践阿米巴的过程中，即使因为集体志向行动一时导致各个阿米巴业绩的下滑，也不与他们的奖金或加薪挂钩，理解这一点十分重要。另外，导入阿米巴经营的时候，为了每个阿米巴领导人能够采取集体志向行动，谨慎地设计工资报酬体系也十分重要。

特别是工资报酬体系的设计者确实要做到，每个阿米巴领导人的报酬，不仅要激励他们的利己行动，同时还不要妨碍他们的集体志向行动。尤其不能忽视的是，一部分报酬与整个公司业绩挂钩，由于方法不同，有可能会成为激励集体志向行动的一种手段。

5-3　京瓷哲学的核心构成

第三点是，激励阿米巴领导人的利己行动和集体志向行动的京瓷哲学的核心作用问题。如第 3 节所述，阿米巴经营模式当中，单位时间核算制度、通过制订总体计划和每月计划的预实管理、阿米巴的业绩不与每个领导人的报酬直接挂钩的报酬体系等，这些做法都有效地激励了领导人的利己行动和集体志向行动。但是，不管是强调京瓷哲学"销售额最大化，经费最小化"等利己的一面，还是强调京瓷哲学"大家族主义"等集体志向的一面，可以说对两方面的理解是个大前提。

　　试举一例，在单位时间核算制度方面，阿米巴领导人通过内部共通费、工厂费用等，认识到自己的阿米巴与其他非核算阿米巴的关系，即这是为了整个公司的集体性行动，是以京瓷哲学"大家族主义"等为基础，将非核算阿米巴作为其中的一员来考虑的行动。如果没有这样的认识，就有可能主张在自己的单位时间核算表里删除这些费用。同样，在工资报酬体系方面，如果不能理解京瓷哲学强调"大家族主义"等集体志向行动的一面，那么业绩良好的事业本部或事业部的阿米巴领导人就有可能提出要求，所得报酬不与全公司的业绩挂钩，而是要与事业本部或者自己的阿米巴的业绩挂钩。正是如此，导入阿米巴经营的时候，每一个阿米巴的经营模式，并不是要单独的激励利己行动或者集体志向行动，而是要使所有要素浑然一体，激励两个方面的行动。在这当中，必须注意京瓷哲学是其中不可缺少的要素。

5-4　结语

　　以上是本章的结论，最后，还有一个问题需要指出 [1]。

　　这就是，在作为本章分析重点的阿米巴领导人的利己行动和集体志向行动当中，所指的"利己的"行动，是指"接受任

---

[1] 关于这一点，京都大学的泽边纪生教授和曼彻斯特大学的 Sven Modell 教授的议论很有参考价值。

命，为了阿米巴经营的"行动，它和"为了个人利益的"的行动不是一个概念。试用哲学语言解释的话，阿米巴领导人的利己行动的"己"有两个含义："文字本身所含的自己本身"和"自己的阿米巴"①。

　　然而，传统的责任会计论只是以解释前者为讨论的对象，或者将后者与前者同样看待。这样的处理方法最明显的特征是，将每个责任中心的业绩与管理责任者报酬挂钩。在这里，他们的议论未能将每个责任中心，或者每个阿米巴的得失与管理者的得失加以区别。从阿米巴领导人身上看到"自己自身"与"自己的阿米巴"这两种含义，不仅给传统的责任会计论提供了未曾有的新视角，且对从利己心的角度观察阿米巴的经营实践也具有重要的意义。限于篇幅，本章只能遗憾地就此搁笔，期待日后继续展开论述。

谢辞

　　在采访调查之际，受到了京瓷公司的精致陶瓷总部、经理经营管理本部、人事本部（均为当时的组织名称）等部门的全力协助。京瓷通信系统株式会社的各位也给予了大力协助，在此深表谢意。笔者本章的研究受到了二十一世纪学术财团的资助。

------

① 此处的议论有少许偏离论点，本书第八章从每个阿米巴和全体公司的二次元角度说明了在阿米巴经营方面，"己"的概念有可能并非只有一个定义的又一个例子。

阿米巴经营能给企业
带来成果吗？
——对 97 家导入企业的
问卷调查及分析

南山大学大学院教授　洼田祐一
神户大学大学院教授　三矢裕
神户大学名誉教授　谷武幸

1 引言

阿米巴经营是京瓷创始人稻盛和夫先生所创立的，作为推动该公司发展的一种经营手法而广为人知。近年，商务类书籍、杂志、经营学教科书等对此也多有介绍，阿米巴经营的知名度因此不断攀升。现在，不仅是京瓷，甚至很多大企业、中小企业、制造业和非制造业等也纷纷导入阿米巴经营。那么，导入企业的阿米巴经营到底有没有产生成果呢？另外，导入企业的阿米巴经营在系统和运用上与京瓷有没有不同呢？关于京瓷以外的企业导入阿米巴经营后的情况，实际上也有一些个别案例的报告，但整体倾向并不明朗。

要想弄清阿米巴经营导入后的实际情况，最好的方法是以大量样本为对象进行定量性问卷调查。于是，我们在隶属京瓷集团的咨询公司京瓷通信系统株式会社（以下称为 KCCS）的协助下，针对阿米巴经营实施了问卷调查。

先从结论说起，本问卷调查中的主要发现如下：

第一，通过各种项目对阿米巴经营的导入成果进行了评测，结果显示，所有项目均得到了改善。其中，经营"可视化"的改善效果最为显著，同时，对导入阿米巴经营的综合满意度也很高。

第二，导入阿米巴经营后，继续运用的企业（继续企业）

和中止运用的企业（中止企业）相比，在以"财务成果""人才培养""可视化"为代表的多项成果项目上，继续企业的改善更大，同时，在综合满意度方面，继续企业也比中止企业要高。

第三，导入阿米巴经营，也带来了"单据填写费事"和"会议时间长"等负担和问题，并且发现这些有可能会对综合满意度造成负面的影响。而且，在"单据填写费事"和很有可能会招致部分最佳的"利己行为"方面，中止企业也比继续企业更强烈地认为是负担和问题。

第四，在属于阿米巴经营子系统的单项组件中，九成以上的导入企业采用的是与 PDCA 循环有关的组件（单位时间核算、预定、主计划等）。但也有不少企业回答有几个组件并未采用。也就是说，即使实施阿米巴经营，也并不是全套采用所有组件。

在接下来的第 2 节，将对本研究的对象阿米巴经营做一般性说明，阐述导入阿米巴经营的预期成果、负担及问题。基于这些内容，在第 3 节提出本研究的两个研究课题和分析框架，讲述所实施的问卷调查的概要。第 4 节介绍阿米巴经营的导入目的、成果以及负担与问题。第 5 节分别列出对阿米巴经营各单项组件导入的调查结果并进行讨论。最后，第 6 节再次列出本问卷调查获得的结果要点，作为本章的结尾。

2 什么是阿米巴经营？

首先对阿米巴经营做个一般性介绍。下面列出阿米巴经营的六个主要特点：①小型利润中心；②内部交易；③单位时间核算；④PDCA循环；⑤经营理念与哲学；⑥选择性采用组件。

（1）小型利润中心

阿米巴经营是在一家公司里设立多个阿米巴，即由几人至最多50人左右组成的小规模利润中心。阿米巴就好比街道工厂和商店，要自食其力，通过自律经营创造利润。

公司内部被划分为众多的小型利润中心，让众多的员工都有机会成为阿米巴领导。领导就好比街道工厂和商店的经理，主体性参与经营，并为达成核算目标努力解决经营上的诸多问题。从人才培养的观点来看，让员工在职业生涯早期就拥有这样的经验，员工就会形成经营意识，这样更便于培养领导。进而从人才选拔的观点来看，也更容易确认领导们的工作态度和成果，因此，能够更准确地辨识未来的干部人才。

但对于阿米巴经营，一般存在这样的担忧，那就是将组织划分为众多的小利润中心，完全听凭领导的自律性经营判断，委任的领导会不会开展利己性经营、整个组织会不会出现部分最佳的情况。

但是，在京瓷的阿米巴经营中，即使下放权限，也不会听之任之。实际上，其组织结构与一般企业一样，为事业部—部—课—系的金字塔结构，事业部级别的阿米巴组织由多个部级别的阿米巴组成，部级别的阿米巴又由多个课级别的阿米巴组成，上级单位的核算是下级单位核算的总和。因此，上级单位的负责人可以以月、周、日为单位，根据反馈的核算信息，确认自己管辖的下级阿米巴是否在认真经营。如果整体核算有问题，可以一层层向下级阿米巴追溯特定原因，及时采取措施。通过在管理会计上下功夫，让该公司的组织变得十分透明，可以避免出现部分最佳情况。

但是，其他的导入企业采用和京瓷同样的方法，是否就能很好地防止部分最佳情况的出现呢？答案是未知数。

(2) 内部交易

一般的制造业多将生产线作为成本中心来对待，这样，制造部门就会对市场动向变得很迟钝，对利润的关心减弱，这个弊端广为人知。而在京瓷，甚至部分生产线也成了前述的小型利润中心。这是因为，处于生产线前工序的阿米巴将中间产品传到后工序的阿米巴时，不是做成本划拨，而是作为销售方（前工序）阿米巴与购买方（后工序）阿米巴通过谈判决定价格，在公司内部进行交易。对于销售方阿米巴来说，单价与数量的乘积作为内部销售额计算，与自己阿米巴内所产生成本的差额即视为利润。

由于是通过销售方与购买方阿米巴领导谈判来决定，所以，虽说是同一家公司，但销售方阿米巴会把购买方阿米巴当成顾客。同时，无论是销售方还是购买方，原则上都允许与公司外部进行交易，也允许为了增加自己阿米巴的利润宣布回避。也就是说，销售方阿米巴可以根据条件将自己创造的财富或服务销售给外部公司。反之，为了实现与属于内部顾客的购买方阿米巴的交易，内部谈判时，必须出示价格和质量不劣于竞争对手外部供应商的条件，让购买方接受才行。因此，必须时常关注市场动向，努力削减成本。

因为京瓷的领导们是在共享市场信息的基础上积极开展内

部交易的，所以内部交易价格也很好地反映了市场价格。这就可以说，内部交易不是以成本为基准，而是以市场价格为基准的。该公司的成本竞争力之强广为人知，其中，阿米巴经营培养了员工高度的利润意识是主要原因。

但是，在现场层面，培养精通市场动向，具有高度利润意识，进而能够进行内部交易谈判的员工并不容易。与长年实践阿米巴经营的京瓷不同，刚刚导入阿米巴经营的企业，是否是销售方和购买方通过反复的谈判来决定价格，然后在公司内部进行交易的呢？实际情况有待查证。

(3) 单位时间核算

各阿米巴的业绩评测不是看利润额，而是使用单位劳动时间的附加价值"单位时间核算"这一重要指标。制造阿米巴的单位时间核算如表 10-1 所示，是从销售额中减去人事费以外的所有经费，然后再用总劳动时间来除后计算出来的。营业阿米巴的单位时间核算如表 10-2 所示。其中重要的一点是不将对顾客的销售额视为营业活动的总收益。取而代之，由制造阿米巴按销售额的一定比率支付佣金，这才是总收益。从中减去营业阿米巴所产生的人事费以外的所有经费，然后用总劳动时间来除，计算出单位时间核算。

作为小型利润中心，阿米巴的核算是用比率而不是用绝对额来评测的。这样，阿米巴伙伴之间就能够进行比较，不会受到组织规模大小的影响。因为有竞争，领导和阿米巴会强烈意识到单位时间核算目标与实绩。而一旦本来相互依赖性很高的阿米巴伙伴陷入了过度竞争，各阿米巴就会只顾提高自己的单位时间核算，很有可能出现利己行为。如果阿米巴之间的协调受到妨碍，就有可能会助长前面所述的部分最佳。关于这几点，弄清实际情况十分重要。

表 10-1 单位时间核算表（制造阿米巴）

总出货（内部销售）	I
内部购买	II
总生产	III = I − II
各项经费	IV
阿米巴的利润	V = III − IV
总时间	VI
本月单位时间	VII = V ÷ VI

表 10-2 单位时间核算表（营业阿米巴）

总收益（制造支付的佣金）	I
各项经费	II
阿米巴的利润	III = I − II
总时间	IV
本月单位时间	V = III ÷ IV

在计算单位时间核算的数值时，阿米巴经营实施独特的程序。首先，每当中间产物在制造阿米巴之间移动时，对于销售方阿米巴来说是内部销售，而对于购买方阿米巴来说，则是内部购买。这叫作一一对应原则。同时，原本就是小规模组织的阿米巴没有多余人手，于是，便从其他阿米巴借调人员以支援业务。如果进行支援，提供支援部分的总工时要从借出人员的阿米巴的总时间中减掉，划拨到接受支援的阿米巴的总时间上。而且，公用部门和间接部门的费用也会划拨给受益的阿米

巴。阿米巴经营就是这样通过按照公司内部制定的严格规定进行会计处理，准确进行各阿米巴的核算的。

但是，随着这种运作方式，公司内部会产生海量的事务手续，比如设置经营管理部门这一专门负责阿米巴经营运作的部门等。虽然管理成本不小，但京瓷认为这是实施阿米巴经营时所必要的成本。在这一点上，导入企业又是如何认识随着阿米巴经营的运用而产生的事务负担的呢？

(4) PDCA 循环

作为阿米巴经营的特点，笔者想列举彻底贯彻基于单位时间核算的 PDCA 循环的实例。京瓷根据全公司的核算数值目标制订年度计划"主计划"。无论是多低的下级单位，各阿米巴都有应对全公司主计划的自己的主计划。而且，为了完成这个计划，还编制分解到详细月计划（核算表上的目标数字）的"预定"。领导和成员为达成自己阿米巴的预定，在日常工作中可谓是冥思苦想。因为在月会、周会和每天的早会等会议上，也会反馈实绩，所以可以确认每天的行动成果。

为了使阿米巴能够一直保持并发展下去，也需要预测未来，尤其是按订单生产的情况，要有保证未来销售额的未交货订单，这一点十分重要。于是，未交货订单也被加入管理项目，与单位时间核算的实绩一起反馈给各阿米巴。

可是，由于主计划和预定的设定是有弹性的，所以，对于领导来说也是一个巨大的压力。如果这种压力过重，领导就会短视地只看眼前的目标数值，做出部分最佳判断的可能性就更高。

为了防止这种情况的发生，京瓷的经营决策层和上司利用全公司或各级别的正式会议、早会等各种机会，共享所管辖阿米巴计划的进展情况。虽然尊重阿米巴领导的主体性，但也不是将责任全部压在领导的身上，经营决策层和上司都会协助其解决问题。同时，也以人员互借和内部交易的方式积极开展阿米巴之间的横向沟通。这些纵向的、横向的沟通使组织变得十分透明。换而言之，就是阿米巴经营的导入给经营决策层、上司、阿米巴领导带来了经营可视化的效果。这样，即使发生了部分最佳等问题，也能及时发现并采取措施。

话虽如此，但在阿米巴经营中，如果贯彻 PDCA 过头的话，又可能会出现公司内部会议时间变长、过度管理使现场活动停顿等问题。贯彻 PDCA 给不习惯运用阿米巴经营的导入企带来了什么样的影响呢？笔者对此颇感兴趣。

(5) 经营理念与哲学

阿米巴经营的创始人稻盛先生认为，践行促进领导自律经营的阿米巴经营，共享组织成员应当遵守的基本思想和供领导做判断时的通用基准不可或缺。于是制定了该公司的经营理念和哲学，并形成体系。比如，其中明确指出，为了防止在达成目标压力下的短视行为，要牢记阿米巴经营的初心，重视与周围阿米巴之间的合作关系等。同时，为了使经营理念和哲学得到渗透，让员工在早会等场合齐声诵读。

京瓷将理念哲学与经营管理机制比作汽车的两个轮子，认为在组织活动中二者缺一不可。但是，其他的导入企业是不是同样将理念和哲学捆绑在一起践行阿米巴经营呢？目前情况尚不明确。

（6）选择性采用组件

本研究认为，阿米巴经营就是一个由小集体组织体制、单位时间核算、主计划、预定、经营理念与哲学等子系统或者说组件（组成要素）组成的包。在这一点上，京瓷是全套采用了这个组件包，但刚刚开始致力于阿米巴经营的企业，尤其是小规模企业，有的并不是全套采用，而是根据各自公司的实际情况，选择性地采用组件。因此，导入企业采用组件的实际情况是我们十分关心的问题。

3 研究课题与问卷调查概要

3-1 研究课题

日本航空公司和三田工业株式会社（现京瓷文档解决方案株式会社）等经营失败的公司通过导入阿米巴经营，业绩在短时间里迅速恢复，重获新生。从这个结果来看，给人以阿米巴经营就是万灵药，只要导入就能保证出成果的印象。正如前面通过对阿米巴经营的一般性介绍所明确的，一直都有很多人指出，阿米巴经营能够提高组织运营效率，提高财务方面的成果。除此之外，还可期待在培养与选拔人才、实现经营可视化、提高间接业务的效率、实现沟通顺畅化、提高核算意识、使哲学渗透等多方面取得明显效果。

但相反，单据填写费事、会议时间延长等问题，也会成为企业负担。而且估计也会产生如达成目标的压力、过度竞争意识、利己行为等负能量的问题。一般来说，导入新的经营管理系统，已经十分熟悉的工作方法和组织文化会发生变化，因此，也会增加组织成员的不安与不满，甚至可能会造成离职率上升。在阿米巴经营中，也有此类事例的报告。

2008 年在神户大学举办的以"阿米巴经营的陷阱：实际导入情况与促进及妨碍因素"为主题的研讨会上，有人报告了 KCCS 客户中有七成企业在继续运用阿米巴经营，而有三成企业已中止运用阿米巴经营的情况。由此可以看出，阿米巴经营并不是万灵药，但是，整体倾向以及影响导入成果的主要原因目前尚不清楚。

于是，作为第一研究课题，我们想弄清楚京瓷以外的企业是出于什么目的导入阿米巴的、导入后获得了什么样的成果、是否产生了负担或发生了问题等。同时，继续运用阿米巴经营的企业和中止运用的企业在成果和负担、问题上有什么不同，这也是让我们颇感兴趣的一点。

研究课题 1（导入结果分析）

弄清楚阿米巴经营的导入目的、成果以及负担与问题的实际情况。

第二研究课题是关于阿米巴经营组件的采用问题。在京瓷阿米巴经营机制中能看到的组件是导入的全套组件。在这些组件中，有单位时间核算、主计划、预定、人员互借、内部交易、一一对应原则、早会、齐声诵读、理念和哲学等各种各样的内容。但是，也有人说由于存在行业与企业规模的差异，导入阿米巴经营时，并不一定要全套采用，而是可以选择性地采用。话虽如此，但企业也不是很清楚应该采用什么组件。同时，单项组件的采用和未采用对

阿米巴经营的导入成果和负担与问题的影响也不明确。

研究课题 2（组件分析）

弄清楚阿米巴经营单项组件的采用情况。

图 10-1 是表明两个研究课题关系的分析框架。

图 10-1　分析框架

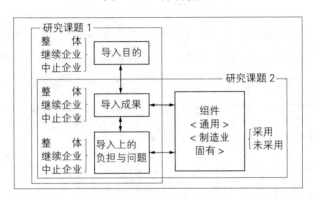

3-2　问卷调查概要

问卷调查是以阿米巴经营学术研究会（以下称为学术研究会）为调查主体，在 KCCS 的协助下实施的。2011 年 1 月中旬，向 KCCS 所保有的客户企业清单中拥有阿米巴经营导入经验的 326 家企业发送了问卷[①]。回信不是给 KCCS，而是直接发送给学术研究会。在第一个截止日期的 1 月末，回收了 83 封。然后，为了获得更多的回信而进行了催促。3 月末是第二个截止日期，

---

① 为了保证调查的独立性，写明只有学术研究会才能获得各家企业对问卷调查委托书的回答，且只将所有回答的统计数据反馈给 KCCS。

回收了 14 封。以第二次截止日期前回收的邮件为有效邮件，共计 97 封，回收率为 29.8%。

为了在本研究中弄清阿米巴经营的实际导入情况，需要对继续企业和中止企业进行比较。可是，KCCS 在咨询服务结束后，也没有完全把握客户企业是否还在继续运用阿米巴经营。于是，将 A 表"还在继续运用阿米巴经营的企业"和 B 表"已停止运用阿米巴经营的企业"这两种表格装在同一个信封里邮寄，希望企业回答是属于哪一种。最终获得了继续企业 83 家（85.6%）、中止企业 14 家（14.4%）的回复数据[1]。

从回答企业的属性来看，中小规模企业居多。看整体的中位数，销售额为 25.39 亿日元，员工为 104 名。在检验差异时，没有发现继续企业与中止企业之间在销售额、经常利润、营业利润、员工人数上存在显著性差异。

4 导入目的、成果以及负担与问题的实际情况
——研究课题 1 的结果

关于本研究的研究课题 1，让我们来看看问卷调查的结果。从导入阿米巴经营时的目的、之后的成果以及负担与问题几个方面，就"回答企业整体的实际情况"与"继续企业和中止企业的差异"进行了研究。

---

[1] 本次中止企业的比例比正文中顾问提到的三成这个值还要小。因此，不可否认存在不表达观点的人。

4-1　导入阿米巴经营的目的

(1) 导入目的（回答企业整体）

假设导入阿米巴经营的企业事先抱有想取得某些积极成果的期待，并将此期待作为导入目的来考虑。

对于问卷调查中"决定导入阿米巴经营时，对以下各项的重视程度如何？"的提问，采用"完全不重视"（1分）"重视程度中等"（4分）"非常重视"（7分）的7分李克特量表得到了回答。具体导入目的有9项，分别为："增加利润和销售额等财务成果（财务成果）""提升产品与服务的质量（质量提升）""培养优秀人才（人才培养）""优秀人才的选拔（人才选拔）""实现经营可视化（可视化）""提高经营管理业务的效率（业务效率化）""实现沟通顺畅化（沟通）""提高员工的核算意识（核算意识）""使本公司的经营理念和哲学得到渗透（理念渗透）"。

核算意识、人才培养、可视化、财务成果这4个导入目的的平均值用7分尺度来衡量，均在6分以上，由此可见，期待值是极高的（表10-3）。

而平均值低的是质量提升、业务效率化、人才选拔。尽管如此，但所有项目均超过了4分。可以说，导入企业对阿米巴经营都抱有各种期待。

(2) 导入目的的差异（继续企业与中止企业）

虽然本调查中中止企业的回答数据较少，但比较继续企业与中止企业的导入目的，发现人才培养以外的项目均没有显著性差异（表10-4）。也就是说，当初的导入目的似乎对是继续还是中止运用阿米巴经营的判断几乎没有影响。

表 10-3　导入目的描述性统计量

（回答企业整体）

	N	平均值	标准偏差	最小值	最大值	四分位距		
						25%	50%	75%
财务成果	95	6.20	1.068	4	7	5.00	7.00	7.00
质量提升	93	4.75	1.442	1	7	4.00	4.00	6.00
人才培养	95	6.33	0.856	4	7	6.00	7.00	7.00
人才选拔	93	5.03	1.528	1	7	4.00	5.00	6.00
可视化	95	6.29	1.119	1	7	6.00	7.00	7.00
业务效率化	94	4.81	1.667	1	7	4.00	4.00	6.00
沟通	94	5.30	1.318	1	7	4.00	6.00	6.00
核算意识	96	6.72	0.517	4	7	6.00	7.00	7.00
理念渗透	94	5.51	1.690	1	7	5.00	6.00	7.00

表 10-4　导入目的描述性统计量

（继续企业与中止企业）

		N	平均值	标准偏差	最小值	最大值	四分位距			Z值
							25%	50%	75%	
财务成果	继续	81	6.27	1.037	4	7	6.00	7.00	7.00	1.68
	中止	14	5.79	1.188	4	7	4.75	6.00	7.00	
质量提升	继续	80	4.81	1.433	1	7	4.00	4.00	6.00	0.95
	中止	13	4.38	1.502	1	7	4.00	4.00	5.00	
人才培养	继续	81	6.42	0.772	4	7	6.00	7.00	7.00	2.22*
	中止	14	5.79	1.122	4	7	4.75	6.00	7.00	
人才选拔	继续	80	5.05	1.517	1	7	4.00	5.00	6.00	0.18
	中止	13	4.92	1.656	2	7	4.00	5.00	6.00	
可视化	继续	81	6.33	1.140	1	7	6.00	7.00	7.00	1.36
	中止	14	6.07	0.997	4	7	5.00	6.00	7.00	
业务效率化	继续	81	4.77	1.698	1	7	4.00	4.00	6.00	0.52
	中止	13	5.08	1.498	2	7	4.00	6.00	6.00	
沟通	继续	81	5.40	1.232	1	7	4.50	6.00	6.00	1.38
	中止	13	4.69	1.702	1	7	4.00	5.00	6.00	
核算意识	继续	82	6.74	0.517	4	7	7.00	7.00	7.00	1.50
	中止	14	6.57	0.514	6	7	6.00	7.00	7.00	
理念渗透	继续	81	5.53	1.696	1	7	5.00	6.00	7.00	0.48
	中止	13	5.38	1.710	1	7	4.50	6.00	7.00	

Mann-Whitney 的 U 检验[1]，***$p < 0.001$，**$p < 0.01$，*$p < 0.05$

---

[1] 严格来说，在 Mann-Whitney 的 U 验证中，并未验证两组间平均值之差，但验证了总体是否有差异。

4-2 导入阿米巴经营的成果

（1）导入成果（回答企业整体）

接着，将阿米巴经营实施后的结果与导入时相比较，对获得了什么样的改善成果进行了调查。提问项目同样设置了如上一节讲到的可以与导入目的做比对的 9 项。同时，除单项成果之外，也询问了对导入阿米巴经营的"综合满意度"。在 7 分李克特量表中，单项成果的顺序为"变得非常差了"（1 分）"无变化"（4 分）"改善非常大"（7 分），综合满意度的顺序为"非常不满意（1 分）""不好说"（4 分）"非常满意"（7 分）。继续企业评价的是回答时的状态，中止企业评价的是中止时的状态。

①阿米巴经营的成果

表 10-5 所示的是阿米巴经营导入成果的描述性统计量。综合满意度的平均值为 5.59，是一个较高的值。同时，所有单项成果项目的中位数都在 5 分以上，总的来说都得到了较高的评价。

②改善尤其明显的单项成果

从平均值来看，单项成果高的依次是可视化、核算意识、人才培养。这些在导入目的中也全都排在前面。其中，在导入目的的所有项目中重视程度排名第三的可视化，在 9 个单项成果中，平均值最高，到 25% 四分位都是 6 分（表 10-5）。京瓷 PDCA 循环的成果如上所述，这样是不是可以说其他导入企业也可以通过采用单位时间核算来反馈结果以及进行纵向与横向沟通，实现公司的透明化与经营的可视化呢？

表 10-5　导入成果的描述性统计

（回答企业整体）

	N	平均值	标准偏差	最小值	最大值	四分位距		
						25%	50%	75%
财务成果	96	5.05	1.23	2	7	4.00	5.00	6.00
质量提升	95	4.82	0.85	2	7	4.00	5.00	5.00
人才培养	95	5.34	0.81	4	7	5.00	5.00	6.00
人才选拔	95	4.99	0.82	4	7	4.00	5.00	6.00
可视化	95	6.04	0.81	4	7	6.00	6.00	7.00
业务效率化	95	4.96	1.26	1	7	4.00	5.00	6.00
沟通	95	5.19	0.84	3	7	5.00	5.00	6.00
核算意识	96	5.77	0.73	4	7	5.00	6.00	6.00
理念渗透	95	5.29	1.00	2	7	5.00	5.00	6.00
综合满意度	97	5.59	1.02	2	7	5.00	6.00	6.00

③导入目的与导入成果的差异—预期成果与实际改善成果的差距

如表 10-6 所示，从导入目的与导入成果差异的检验结果中，未发现人才选拔、沟通、理念渗透有显著性差异。也就是说，这些项目似乎实现了预期的改善。而财务成果、人才培养、可视化、核算意识的导入目的比导入成果得分高，有显著性差异。也因为原本的期待值就非常高，所以要取得同样的改善成果可以说是很难的。

表 10-6　导入目的与导入成果差异检验

（回答企业整体）

	财务成果	质量提升	人才培养	人才选拔	可视化	业务效率化	沟通	核算意识	理念渗透
N	95	93	95	93	95	94	94	96	94
Z 值	6.12^{***}	0.32	6.74^{***}	0.37	2.28^{*}	1.15	0.98	6.99^{***}	1.86

Wilcoxon 符号秩序检验，$***p < 0.001$，$**p < 0.01$，$*p < 0.05$

④综合满意度与单项成果的关系

下面，为了弄清如果哪个单项成果高，综合满意度就高的问题，让我们来看看综合满意度与单项成果的关系。如表 10-7 所示，综合满意度与所有单项成果之间存在显著的关系。这些单项成果中，尤其是财务成果与人才培养的相关系数在 0.56 以上，比其他都要高。由此可知，如果财务上的成果高，人才得到培养，阿米巴经营的综合满意度就高。

表 10-7　综合满意度与单项成果的相关系数

（回答企业整体）

	财务成果	质量提升	人才培养	人才选拔	可视化	业务效率化	沟通	核算意识	理念渗透
N	96	95	95	95	95	95	95	95	95
相关系数	0.590***	0.418***	0.561***	0.445***	0.453***	0.474***	0.506***	0.416***	0.431***

***$p < 0.001$，**$p < 0.01$，*$p < 0.05$

(2) 导入成果的差异（继续企业与中止企业）

继续企业与中止企业在导入成果上是否有差异呢？在导入目的中排名靠前的财务成果、人才培养、可视化这三项，加上人才选拔、业务效率化、沟通共六个单项成果以及综合满意度方面，两组企业存在显著性差异，所有项目都是继续企业较高（表 10-8）。而核算意识在导入目的中是最受重视的一项，但在导入成果中，继续企业、中止企业得分都很高，两组没有显著性差异。

虽然样本数量少，但根据这一结果，可以做出如下推测：如果采用阿米巴经营，员工的核算意识会提高，但当未能带来财务成果与人才培养及可视化等实际业务上的具体效果时，对阿米巴经营的综合满意度不会提高，想必很容易做出中止运用的判断。

表 10-8　导入成果的描述性统计量

（继续企业与中止企业）

		N	平均值	标准偏差	最小值	最大值	四分位距			Z 值
							25%	50%	75%	
财务成果	继续	82	5.15	1.248	2	7	5.00	5.00	6.00	2.19*
	中止	14	4.50	1.019	2	6	4.00	4.50	5.00	
质量提升	继续	81	4.88	0.872	2	7	4.00	5.00	5.00	1.80
	中止	14	4.50	0.650	4	6	4.00	4.00	5.00	
人才培养	继续	81	5.47	0.760	4	7	5.00	5.00	6.00	3.84***
	中止	14	4.57	0.646	4	6	4.00	4.50	5.00	
人才选拔	继续	81	5.07	0.818	4	7	4.00	5.00	6.00	2.47*
	中止	14	4.50	0.650	4	6	4.00	4.00	5.00	
可视化	继续	81	6.16	0.766	4	7	6.00	6.00	7.00	3.42***
	中止	14	5.36	0.745	4	6	5.00	5.50	6.00	
业务效率化	继续	81	5.11	1.183	2	7	4.00	5.00	6.00	2.57*
	中止	14	4.07	1.385	1	6	3.00	4.50	5.00	
沟通	继续	81	5.28	0.840	3	7	5.00	5.00	6.00	2.78**
	中止	14	4.64	0.633	4	6	4.00	5.00	5.00	
核算意识	继续	82	5.82	0.739	4	7	5.00	6.00	6.00	1.29
	中止	14	5.50	0.650	4	6	5.00	6.00	6.00	
理念渗透	继续	81	5.37	1.018	2	7	5.00	5.00	6.00	1.93
	中止	14	4.86	0.770	4	6	4.00	5.00	5.25	
综合满意度	继续	83	5.77	0.831	3	7	5.00	6.00	6.00	3.62***
	中止	14	4.50	1.345	2	6	3.75	5.00	5.25	

Mann-Whitney 的 U 检验，***p < 0.001，**p < 0.01，*p < 0.05

4-3　导入阿米巴经营的负担与问题

(1) 导入上的负担与问题（回答企业整体）

从以已经作为制度稳固下来的京瓷为对象的调查中很难发现阿米巴经营带来的负担和负面问题。而新导入阿米巴经营的企业却不得不变更以前已经熟悉的业务程序和业绩评价方法。在阿米巴经营中，PDCA 会得到彻底贯彻，但单据填写费事和会议时间延长等会成为企业的负担，达成目标的压力、过度的竞争意识、利己行为等问题的发生也在意料之中。除此之外，一般来说，导入新的经营管理系统，会增加组织成员的不安和不满，还有可能会使离职率上升。

在调查中，作为导入阿米巴经营后的负担与问题，设想了"单据填写费事（单据费事）""会议时间延长（会议长）""达成眼前目标的过度压力（压力）""过度的竞争意识（竞争意识）""阿米巴领导的利己行为（利己行为）""离职率提高（离职率）"这 6 个项目，采用"完全不觉得是负担和问题"（1 分）"不好说"（4 分）"非常大的负担和问题"（7 分）的李克特量表进行了评测。状态评测时间设定继续企业为回答时，中止企业为中止时。

①阿米巴经营的负担与问题

结果如表 10-9 所示。平均值高于 4 分的是单据费事和会议长这两项。虽说基于数据贯彻 PDCA 循环是阿米巴经营的重要特点，但总体上对于导入公司来说，完善 PDCA 相关数据和研究业绩的会议就成为一种负担，这种情况已经十分清楚。而压力、竞争意识、利己行为、离职率的平均值都低于 3.40，似乎不是大的问题。

表 10-9　导入上的负担与问题的描述性统计量

（回答企业整体）

	N	平均值	标准偏差	最小值	最大值	四分位距		
						25%	50%	75%
单据费事	97	4.20	1.57	1	7	3.00	4.00	5.00
会议长	97	4.08	1.60	1	7	3.00	4.00	5.00
压力	97	3.39	1.34	1	6	2.00	3.00	4.00
竞争意识	97	3.04	1.29	1	6	2.00	3.00	4.00
利己行为	97	2.85	1.29	1	6	2.00	3.00	4.00
离职率	97	2.47	1.37	1	6	1.00	2.00	4.00

②成果和负担与问题的关系

表10-10所示的是导入成果与负担和问题的相关分析结果。发现除压力以外的项目，均与导入成果的综合满意度之间存在显著的负关联，即可以说未能减轻这些负担并解决相应问题的企业，对阿米巴经营的综合满意度低。另外，人才培养与单据费事、压力、竞争意识、利己行为之间存在负关联。这一结果应该暗示，尽早培养领导人才对于抑制因导入阿米巴经营所带来的问题是有效的。

(2) 导入上的负担与问题的差异（继续企业与中止企业）

对继续企业与中止企业的差异进行了验证。结果如表10-11所示，在单据费事和利己行为上，两组企业有显著性差异。

表 10-10 导入成果和导入上的负担与问题的相关系数

（回答企业整体）

	N	单据费事	会议长	压力	竞争意识	利己行为	离职率
财务成果	96	−0.096	−0.094	−0.109	−0.213*	−0.085	−0.169
质量提升	95	−0.168	−0.149	−0.126	−0.215*	−0.157	−0.094
人才培养	95	−0.228*	−0.189	−0.225*	−0.204*	−0.277**	−0.145
人才选拔	95	−0.143	−0.181	−0.154	−0.167	−0.135	−0.040
可视化	95	−0.141	−0.134	−0.001	−0.211*	−0.214*	−0.135
业务效率化	95	−0.332***	−0.287**	−0.188	−0.250*	−0.078	−0.037
沟通	95	−0.193	−0.148	−0.138	−0.209*	−0.243*	−0.149
核算意识	96	−0.104	−0.149	−0.172	−0.141	−0.130	−0.110
理念渗透	95	−0.160	−0.200	−0.190	−0.161	−0.194	−0.274**
综合满意度	97	−0.274**	−0.350***	−0.174	−0.214*	−0.281**	−0.296**

***$p < 0.001$，**$p < 0.01$，*$p < 0.05$

表 10-11 导入上的负担与问题的描述性统计量

（继续企业与中止企业）

		N	平均值	标准偏差	最小值	最大值	四分位距 25%	四分位距 50%	四分位距 75%	Z 值
单据费事	继续	83	3.98	1.51	1	7	3.00	4.00	5.00	3.26**
	中止	14	5.50	1.29	3	7	4.75	5.50	7.00	
会议长	继续	83	3.94	1.59	1	7	3.00	4.00	5.00	1.82
	中止	14	4.93	1.44	3	7	4.00	4.50	6.25	
压力	继续	83	3.40	1.37	1	6	2.00	3.00	4.00	0.09
	中止	14	3.36	1.15	1	5	2.75	3.50	4.00	
竞争意识	继续	83	2.94	1.25	1	6	2.00	3.00	4.00	1.81
	中止	14	3.64	1.39	1	6	2.75	4.00	5.00	
利己行为	继续	83	2.71	1.24	1	6	2.00	2.00	4.00	2.41*
	中止	14	3.64	1.34	1	6	2.75	4.00	4.25	
离职率	继续	83	2.39	1.40	1	6	1.00	2.00	4.00	1.82
	中止	14	3.00	1.04	1	4	2.00	3.00	4.00	

Mann–Whitney 的 U 检验，***$p < 0.001$，**$p < 0.01$，*$p < 0.05$

关于单据费事的问题，假设问卷调查样本企业都是在同一家咨询公司的指导下导入标准化阿米巴经营机制的，那么，在记账程序等实际工时上各企业想必没有很大的差异。如果是这样的话，应该就是继续企业与中止企业存在认知差异。虽说终归只是推测，但如果能够认识到这种费事属于容许范围或者是未来获得回报所必须投入的话，负担感就会减少。反之，不能达到这种认知高度的企业就有可能因此而中止运用。

从利己行为的平均值来看，继续企业为 2.71，中止企业为 3.64，继续企业中位数是 2.00，中止企业是 4.00。也就是说，似乎利己行为也不是那么频繁地发生。但是一旦发生，就会让人感到阿米巴经营有副作用，说不定还会因此做出中止阿米巴经营的决定。

5　单项组件的实际情况——研究课题 2 的结果

接下来，让我们来探究一下研究课题 2，即阿米巴经营单项组件的实际采用情况。由于导入企业的组件采用情况也受行业特性的影响，所以我们分为"制造业与非制造业的通用组件"和"主要用于制造业的组件"来研究。另外，该研究只采用了继续运用阿米巴经营的企业的回答。

5-1　阿米巴经营的组件

（1）制造业与非制造业通用组件的采用情况

作为制造业与非制造业的通用组件，列出了 14 个项目。表

10-12 所示的是其内容和采用情况。下面讲几种比较有特点的
组件的采用情况。

表 10-12　通用组件的采用情况

单项组件	具体内容	采用	未采用
单位时间核算	以单位时间核算为指标的月度实绩统计	80（98.8%）	1（1.2%）
月度预定	设定作为月度预定的目标	80（100.0%）	0（0.0%）
实绩研究会	实施月度实绩研究会	79（97.5%）	2（2.5%）
主计划	制订相当于年度计划的主计划	72（90.0%）	8（10.0%）
人员互借	有人员互借情况时阿米巴之间的实绩划拨	75（94.9%）	4（5.1%）
公司内部利息	设定公司内部利息规则	51（67.1%）	25（32.9%）
向下级推行	向下级推行单位时间核算（比如，最初核算表只做到课级，但后来也扩展到系级）	59（75.6%）	19（24.4%）
实绩早日化	尽早制作月度核算实绩（从阿米巴经营导入时起，就使月度核算实绩能够早日确定）	58（72.5%）	22（27.5%）
按周按日开展	按周、按日开展（比如，最初只是制作月度核算表，但后来也开始按周按日进行核算管理）	27（34.2%）	52（65.8%）
差距	利用辅助单据等管理会计信息及财务会计信息进行差距分析（将管理会计的部分信息用于财务会计的外部报告）	32（40.5%）	47（59.5%）
统一化	管理会计与财务会计的统一化	20（25.3%）	59（74.7%）
早会报告	在早会（午会、日总结会）等上报告实绩	51（65.4%）	27（34.6%）
齐声诵读	在早会（午会、日总结会）等上齐声诵读经营理念、信条、哲学	60（76.9%）	18（23.1%）
教育培训	实施现场层面的阿米巴经营培训	64（83.1%）	13（16.9%）

① PDCA 循环方面的组件

首先，90% 以上的继续企业所采用的组件为单位时间核算、月度预定、实绩研究会、主计划、人员互借。

从该结果中可知，九成以上企业都是系统默认采用与 PDCA 循环有关的基本组件的。用单位时间核算作为核算指标，制作相当于年度行动计划的主计划。在确认该主计划目标值的妥当性并根据必要参考最新信息等的基础上设定月度预定。在每月的实绩研究会上，将主计划和上月设定的预定及实绩值作比较，调整活动。由此可知，实施以上的基本 PDCA 循环，在阿米巴经营中不可或缺。

② 人员互借

根据问卷调查，有 94.9% 的导入企业，在阿米巴之间存在实际支援互借（人员互借）。当人手不够时，就与有多余人员的阿米巴交涉，获得支持。这种时候，如果利润中心规模大，在内部协调人员就可以，但是，从该结果可知，在组织被细分且各自独立核算的阿米巴经营中，每当发生支援，都会划拨时间。乍一看，让人觉得繁琐，但如果不这样做，就无法准确进行出各阿米巴的核算。人员互借划拨时间，是阿米巴经营的必要程序。

③ 单位时间核算制度的高度化

在采取与单位时间核算制度高度化有关的各项措施方面，导入企业之间存在差异。即使想将组织细分化，但是因为所需的领导人数不够，或者在管理上太费事等原因，在导入阿米巴时，往往就会在更高层的组织单位设定阿米巴。笔者猜测，这种情况的做法应该是当熟练运用阿米巴经营后，再将组织进一步细分，向下级推行单位时间核算（向下级推行）。调查结果显示，75.6%的导入企业实施了向下级推行。

另外，月末立即确定各实绩数值，完成月决算并不是一件容易的事情。虽说如此，但对于经营决策者和各阿米巴的领导来说，还是希望早日获得实绩反馈。可以预料得到，为了尽早实现月决算，导入企业的经营管理部门反复琢磨，努力逐步缩短确定实绩所要的时间。

调查结果显示，有72.5%的企业为早日实现月决算（实绩早日化）付出了努力。

由于一般企业都是按月统计核算，因此，笔者猜测，应该是导入阿米巴经营之初，只是按月统计核算，后来，熟练后就提高反馈频度，开始按周按日进行核算管理（按周按日开展）。可是，问卷调查结果显示，采用按周按日进行核算管理的只有34.2%。京瓷的阿米巴经营，系统默认的是每天决算，但大多导入企业核算管理的基本循环依然是按月进行的。

利用属于管理会计的会计信息的单位时间核算时，往往容易与财务会计数值产生偏差。如果两者有差距，特别是经营决策层就很难做出决策。对于这一问题，可通过使用辅助单据等把握管理会计信息与财务会计信息之间的差距。同时，还有一种方法就是统一管理会计与财务会计。问卷调查结果显示，导入后为把握差距采取了措施的企业为40.5%。统一了管理会计和财务会议的企业有25.3%。可知在消除财务会计与管理会计的偏差上，企业之间存在差异。

(2) 制造业组件的采用情况

主要用于制造业的组件有 7 项，表 10-13 所示的是其内容与采用情况。下面阐述与阿米巴经营的重要特点小型利润中心化有关的内容以及其他颇有意思的内容。

表 10-13　制造业组件的采用情况

组件	具体内容	采用	未采用
营业佣金	向营业支付佣金（= 将营业部门的收益改为从制造支付的佣金中减去营业部门发生的经费的形态）	42（84.0%）	8（16.0%）
未交货订单	将未交货订单作为一项管理项目加入核算表中	17（30.4%）	39（69.6%）
R&D	不仅是制造和营业部门，研发部门也计算单位时间核算（将研发部门从 NPC 改为 PC）	19（33.3%）	38（66.7%）
内部交易	实施公司内部交易（内部交易）	53（93.0%）	4（7.0%）
市场价格基准	在内部交易中，不是成本，而是确定反映市场价格的内部交易单价	34（60.7%）	22（39.3%）
主体性价格确定	在内部交易中，相应领导之间主体性确定公司内部交易单价。	29（51.8%）	27（48.2%）
一一对应	随着物品的移动，销售额和经费是一一对应的	46（82.1%）	10（17.9%）

①小型利润中心

要在公司内部设立众多小型利润中心，阿米巴经营就需要下各种工夫。93.0% 的导入企业的制造阿米巴伙伴们在公司内部交易的各工序中创造财富与服务。在京瓷，公司内部交易的价格是以领导们为主体，通过谈判确定的（主体性价格确定），这一点已广为人知。超过半数的 51.8% 的企业也采用这种做法。结果显示，很多企业虽然都在企业内部进行交易，但到底领导被授予多大的主导权，这在企业之间还是存在差异的。

下面让我们来看看内部交易单价是如何确定的。在京瓷，无论是销售方还是购买方，阿米巴都认可回避宣言，对公司外部企业的动向有很强的意识。在这种前提下设定公司内部交易的单价，也可以说是市场价格基准。关于这一点，问卷调查结果显示，在导入企业中，按照市场价格基准确定内部交易单价的为 60.7%。因为有时很难把握市场价格，所以，这个值是高是低不可一概而论。但也并不是所有导入企业都考虑市场价格基准的。

另外，作为阿米巴经营的特点，制造企业并不是将对客户的销售额本身视为营业部门的总收益。作为营业活动的对价，由制造阿米巴支付佣金，才是其总收益。有 84.0% 导入阿米巴经营并在继续运用的企业采用了这种方式。

②其他项目

每当中间产物在制造阿米巴之间移动时，对于销售方阿米巴来说作为内部销售、对于购买方阿米巴来说作为内部购买进行单据处理。82.1% 的制造企业采用了这种一一对应原则。也就是说，导入阿米巴经营时，一一对应原则就是系统默认的。

回答的制造企业有 58 家，其中，按订单生产的 43 家（74.1%），按预测生产的 15 家（25.9%）。虽然按订单生产的较多，但将未交货订单作为管理项目加入核算表的比率（未交货订单）有 30%

左右 [①]。

让我们来回顾一下以上的内容。由于本调查将阿米巴经营分解成了组件，所以可知虽然都是导入阿米巴经营，但在实际采用情况上各企业之间还是存在差异的。很多人都是总体性地来理解阿米巴经营，因此，将其分解到组件层面来研究意义重大。

5-2 阿米巴经营的组件和导入成果及负担与问题

(1) 通用组件和导入成果及负担与问题

成果及负担与问题是否会因采用和未采用组件而出现差异呢？对此，我们也进行了分析（表10-14）。如上所述，成果、满意度、负担问题等各项目是用7分的李克特量表来评测的。尺度值的值越高，就认为成果改善越大，满意度也越高。另外，负担与问题值越高，就认为导入企业问题越大。

下面列出对成果及负担与问题产生显著影响的项目。

①如果消除单据填写的负担感，实绩早日化和按周按日开展就能得到推动

首先，采用和未采用实绩早日化和按周按日开展，在单据费事（制作单据费事）上发现了显著性差异。结果是采用这些组件的企业反而感觉单据制作负担减轻。本来，这些举措有可能加重导入企业的负担，但结果却相反，这一点值得关注。

也就是说，导入阿米巴经营后感到了单据制作负担的企

---

① 也存在未交货订单管理没有进步的可能性，但提问项目的表述是"作为管理项目加入核算表"，有可能因为核算表上没有而判断未采用。

业，应该不会更进一步地尽早确定核算实绩，或者积极制作月核算表、周核算表和日核算表。换言之，就预示着只有达到感觉单据处理不费事的程度，才有余地为实绩早日化和按周按日开展采取行动。

表 10-14　通用组件的采用、未采用和导入
成果及负担与问题

组件	成果负担	采用	N	平均值	标准偏差	最小值	最大值	四分位距			Z 值
---	---	---	---	---	---	---	---	25%	50%	75%	---
实绩早日化	单据费事	采用	58	3.71	1.53	1	6	2.00	4.00	5.00	2.77**
		未采用	22	4.77	1.23	1	7	4.00	5.00	5.25	
按周按日开展	单据费事	采用	27	3.48	1.50	1	7	2.00	3.00	5.00	2.30*
		未采用	52	4.27	1.50	1	6	4.00	5.00	5.00	
早会报告	人才选拔	采用	51	5.22	0.81	4	7	5.00	5.00	6.00	2.18*
		未采用	25	4.80	0.82	4	7	4.00	5.00	5.00	
	理念渗透	采用	51	5.51	1.10	2	7	5.00	6.00	6.00	2.18*
		未采用	25	5.04	0.74	4	7	4.50	5.00	6.00	
齐声诵读	质量提升	采用	59	5.02	0.86	3	7	4.00	5.00	5.00	2.05*
		未采用	17	4.47	0.87	2	7	4.00	4.00	5.00	
	理念渗透	采用	59	5.54	1.02	2	7	5.00	6.00	6.00	2.67**
		未采用	17	4.82	0.88	6	6	4.00	5.00	6.00	
主计划	沟通	采用	70	5.36	0.87	3	7	5.00	5.00	6.00	2.09*
		未采用	8	4.75	0.46	4	5	4.25	5.00	5.00	
	综合满意度	采用	72	5.83	0.82	3	7	5.00	6.00	6.00	2.04*
		未采用	8	5.25	0.89	4	7	5.00	5.00	5.75	
	单据费事	采用	72	3.88	1.53	1	6	2.25	4.00	5.00	2.07*
		未采用	8	5.13	0.99	4	7	4.25	5.00	5.75	

Mann–Whitney 的 U 检验，***p < 0.001，**p < 0.01，*p < 0.05

②早会报告对人才选拔和理念渗透有作用，齐声诵读对理念渗透和质量提升有作用

接下来发现，采用早会报告和未采用的企业相比，在人才选拔的成果上有差异。采用企业在人才选拔方面做得更好的原因在于，在早会做实绩报告时，领导不仅在成员面前报告实绩的进展情况和预定，也表明今后的方针；如果实绩可能达不到预定，就会当场确认不能达到的原因，推动成员间进一步合作。

也就是说，早会不单纯是传达信息的场合，也是发挥领导能力的场合。从该分析结果可以推测到，管理层应该是通过观察员工在早会上的言行来选拔人才的。

另外，还发现了在早会等场合齐声诵读经营理念、信条、哲学的企业，理念渗透与质量提升的成果更高这一结果。在早会等场合齐声诵读，有助于提高经营理念渗透的成果，这一点不难想象。另一方面，在质量提升方面出现了差异，原因也许是齐声诵读的词句中有与质量相关的内容（"质量第一"等）。

③主计划可促进沟通，提高综合满意度

虽然未采用主计划的企业为数不多，但我们还是对此进行了分析，以供参考。结果显示了制订主计划能够使沟通顺畅，提高阿米巴经营的综合满意度这一倾向[1]。对此，可以做如下解释：也就是说，制订主计划时，阿米巴领导要在参考过去的实绩，洞察未来的前提下研究草案。制订主计划，就是描绘愿景和梦想，约定满含对经营的希望的目标数字的过程。因此，可

---

[1] 也发现存在越来越不会感到单据制作费事的倾向。

以肯定主计划为顺畅的沟通做贡献的可能性。制订主计划，似乎也会对阿米巴经营的综合满意度产生积极的影响。

（2）制造业的组件和导入成果及负担与问题

关于主要用于制造业的组件，也对会不会因采用和未采用而在成果和负担、问题上产生差异等方面进行了调查。结果如图表 10-15 所示。

表 10-15　制造业的组件的采用、未采用和导入成果及负担与问题

组件	成果负担	采用	N	平均值	标准偏差	最小值	最大值	四分位距			Z 值
								25%	50%	75%	
市场价格基准	核算意识	采用	33	5.97	0.77	4	7	5.50	6.00	6.50	2.21*
		未采用	22	5.55	0.67	5	7	5.00	5.00	6.00	
——对应	财务成果	采用	45	5.13	1.20	2	7	5.00	5.00	6.00	2.14*
		未采用	10	4.20	1.23	3	6	3.00	4.00	5.25	
	质量提升	采用	44	4.95	0.71	4	7	4.25	5.00	5.00	2.43*
		未采用	10	4.30	0.67	3	5	4.00	4.00	5.00	
	业务效率化	采用	44	5.32	1.07	2	7	5.00	5.50	6.00	2.01*
		未采用	10	4.50	1.18	3	6	3.75	5.00	6.00	
	理念渗透	采用	44	5.52	0.90	4	7	5.00	6.00	6.00	2.63**
		未采用	10	4.70	0.67	4	6	4.00	5.00	5.00	

Mann–Whitney 的 U 检验，***p < 0.001，**p < 0.01，*p < 0.05

首先，结果显示，采用市场价格基准的企业核算意识更高。采用基于市场价格的划拨价格，而不是制造成本，就能够意识到市场售价，核算的意识自然就会得到进一步提高。

另外，采用和未采用一一对应原则的企业，在财务成果、质量提升、业务效率化、理念渗透的成果上出现了显著性差异。

在京瓷，"贯彻一一对应原则"也被纳入经营哲学之中，成为日常工作中的思想之一。如果在日常工作中严格遵守一一对应原则，就会带来业务效率化；在各活动的收益与经费准确对应的情况下，可以实施严格的核算管理；还可以通过改善内部统一管理，避免报销遗漏以及消除多余的盘库资产以改善现金流。由此可知，应该会对财务成果带来有利影响。而且，因为一一对应原则也有助于减少不良库存，所以，如果可以避免材料等因长期保管而发生质量劣化，那么，也可以想象得到对提高质量所产生的影响。在应用该原则的企业，和京瓷一样的思想可能得到了很好的渗透。

6　结语

以日本航空为代表，现在，阿米巴经营依然在不断导入到京瓷集团以外的企业。然而，迄今为止的现行研究几乎都是个别案例的报告，关于实际导入企业的导入结果（成果和负担与问题）和组件采用、未采用的整体动向，情况依然不明。

本研究以"弄清阿米巴经营导入的目的、成果以及负担与问题的实际情况"（研究课题 1）和"弄清楚阿米巴经营单项组件的采用情况"（研究课题 2）为目的，针对拥有阿米巴经营导入经验的企业首次进行了系统性问卷调查。

主要调查结果如开篇所介绍的。虽然是重复，但还是在这里再总结一下。首先，研究课题 1 获得了三个结果：

第一，根据用各种项目对阿米巴经营的导入成果进行的评测，所有项目均发现有改善。其中，经营的"可视化"改善效果最佳。同时，对导入阿米巴经营的综合满意度也高。

第二，将导入阿米巴经营后的继续企业与中止企业相比较，以"财务成果""人才培养""可视化"为首，很多成果项目都是继续企业的改善更大。另外，综合满意度也是继续企业比中止企业要高。

第三，导入阿米巴经营带来了"单据填写费事"与"会议时间长"等负担和问题，并发现这些对综合满意度可能会造成负面影响。而且，在"单据填写费事"与很有可能招致部分最佳的"利己行为"方面，中止企业比继续企业更强烈地认为是负担和问题。

关于研究课题 2，在阿米巴经营的单项组件中，九成以上的导入企业采用了与 PDCA 循环有关的内容（单位时间核算、预定、主计划等）。而对于几个组件，回答未采用的也为数不少。也就是说，即使导入阿米巴经营，也不一定都是采用全套组件。

虽然定量研究的结果解释存在极限，但优点是能够俯瞰整体倾向。本调查对迄今为止基于个别案例的先行研究的知识见解进行了定量分析，这一点意义重大。笔者认为本调查提供了京瓷与导入企业的差异、继续企业与中止企业的差异等新视角。

今后，应对本调查获得的结果背后的因果关系，以及仅在少数企业观察到的例外现象再次实施定性研究并深入挖掘。希望定量研究与定性研究互为补充，让阿米巴经营的实绩业务与研究的融合取得更大的进展。

附记

对协助调查的 KCCS、回答企业、阿米巴经营学术研究会的成员表示衷心的感谢！本研究是利用从科学研究费补助金［基础研究（C）课题号 21530464、基础研究（C）课题号 15K03795］获得的部分资金实施的成果。

本论文是在洼田祐一、三矢裕、谷武幸《阿米巴经营能给企业带来成果吗？（上）（中）（下）》从及《企业会计》第 67 卷第 11 号（2015 年 11 月）pp.97-103，第 67 卷第 12 号（2015 年 12 月）pp.20-126，第 68 卷第 1 号（2016 年 1 月）pp.124-130 的基础上进行加工和修改后完成的。

日本航空公司重建过程中
稻盛经营哲学的作用

京瓷通信系统株式会社董事长、会长
大田嘉仁

1 引言

2010 年 1 月申请《会社更生法》的日本航空公司（以下简称"日航"）于 2011 年结束了重建计划，并在 2012 年完成了再次上市。从申请《会社更生法》到重新上市只用了 2 年零 8 个月。这是个没有先例的重建速度。

主导日航重建的是京瓷创始人稻盛和夫。稻盛在日航破产后就任该公司的董事长，他以自己的经营哲学为基础，对公司员工进行理念教育，并导入由他创建的、经过京瓷等企业实践的阿米巴经营的分部门核算制度。与重建有关的多数当事者都认为，公司能够重建，稻盛的经营方法和领导能力是最重要的原因。

笔者作为稻盛的秘书工作了 19 年，之后又随同稻盛赴任日航。作为董事长助理以及负责意识改革的专务执行董事参与了经营重建。

近距离观察稻盛在日航的领导能力，同时从推进意识改革的工作立场出发，笔者认为，该公司意识改革的成功是稻盛以经营哲学为基础，确立日航员工共同的价值观和判断标准，并致力于日常工作中实践的结果。

如何将领导核心的判断标准渗透到公司内部，进而创造企业的文化和风气呢？

稻盛指出，经营哲学就是判断标准。这是经营领导者应该具备的，同时以此培育员工，使其成为整个公司的判断标准，成为整个企业的精神支柱，形成企业的风气。就是说，企业有这样的认识，形成这样的氛围，就会形成企业文化。

如果说有企业文化的话，那么，这种企业文化是从员工的内心里表现出来的，创造了企业的精神风貌。总之，必须使全体员工都理解形成企业文化的哲学精神。

稻盛推进的意识改革给日航主要带来了三点影响：

第一点是，员工学会了作为人应该具有的做人准则。承认失败反省自己的态度，职场上努力为同事、为顾客着想的利他精神，这些变化从员工的内心表现出来，改变了每个人的行动。

第二点是，员工有了集体感。日航破产的时候，员工多是从自己的权利和利益去考虑得失。经营危机出现之后，现场的员工多是认为责任在公司领导，公司领导则多是认为责任在员工、在工会。就如母公司和子公司、总公司和现场、干部和一般员工那样立场不同，想法各异。经过意识改革形成了具有一体感的集体。

第三点是，培育了经营者意识。稻盛十分重视的"销售额最大化，经费最小化"的经营原则得到了贯彻，员工有了核算意识，为了提高经营核算每天都兢兢业业地工作。

稻盛常常使用"利他"的这个词。作为经营者的稻盛所说的利他行为，就是守护员工的幸福生活。

稻盛倡导的意识改革的目的就是为了解除处于破产状态下

员工的困苦，并想方设法使他们幸福。三万两千名员工感受到了稻盛的大爱和利他精神，才使如此巨大企业的意识改革得以顺利实现。

随着意识改革的推进，员工之间的协作顺畅了，顾客服务的质量提高了，经费节省也取得了进展，员工感受到劳动的价值，其他相关部门的满意度也提高了。日航的重建正是基于这种对员工和客户的人文关怀、真情善意而实现的。

在最近的会计造假、以次充好等不良事件频发的经营环境下，稻盛的经营方法使全体员工参与经营而提高了业绩，提升了服务质量，这种经营方法具有极高的实效力，是稀有的范例。本文试从稻盛经营哲学的角度探讨稻盛经营方法的精髓，日航重建过程中意识改革的效果，以实证方法检验稻盛经营哲学扮演的角色，进而考察稻盛经营哲学的价值。此外，笔者因为与重建过程有关，所以在考察过程中要尽量避免主观片面性和感性色彩。

2　日本航空公司意识改革的前提

在考察之前，首先从日航创建的经过和历史、员工的面貌，了解一下它是怎样的一个企业。进而明确作为意识改革基础的稻盛经营哲学是怎样的体系。

2-1　日本航空公司的历史与文化特征

日航的设立可以追溯到第二次世界大战。二战后，根据驻日盟军总司令的规定，不管军用还是民用，日本籍的飞机一律禁止飞行。1950 年 6 月解除了禁止航运令，1951 年 1 月日本航空准备事务所成立。同期有 4 家公司申请加入日本航空运输业，最终，日本航空一体化，1951 年成立了由政府主导的半官半民体制的日本航空公司。

1954 年，日航在第二次世界大战以后，开通了最初的国际航线，此后，随着日本经济的高速增长，其规模也急速扩大。

1972 年，根据运输大臣的通知决定，日航主要飞国际航线和国内航线，全日本航空（全日空）主要飞国内航线和地方航线。此后形成两个公司分担航线的经营状况。到了 20 世纪 80 年代，国际航线的限制有所缓和，全日空开通国际航线，竞争开始激化。其结果是，航空运费下降，再加上日元升值，使日本出国的人数激增。

在这样的环境中，日航包括客运和货物运输的业绩持续增长，超过常年的对手泛美航空公司，1983 年之后连续 5 年成为世界第一。此后，日航维持着持续增长的业绩。2007 年第 3 期的收益性虽然不高，营业额却突破了 23,000 亿日元，作为代表日本的国际企业受到了国内外的好评，企业人气排名在日本常常高居首位。

而 1985 年 8 月在日本群马县御巢鹰山发生了世界单机罹难者最多的日本航空公司客机坠落事故，由此，公司在安全体制上受到了严厉的批判。同年，时任日本首相的中曾根康弘提出了推进国营企业、特殊法人的民营化政策。1987 年 11 月日航被完全民营化。民营化后，涉足包括酒店服务业在内的其他行业，如教育行业、IT 业、餐饮业、出版业等子公司纷纷成立，企业呈现多元化经营的局面。

在此期间，官僚出身者就任企业经营主管，半官半民时代的风气被保留了下来。轻率的多元化经营，大量购入巨型飞机，政府干涉下的赤字航线的飞行等，使企业一直处于不安定的状态。此外，企业和工会的矛盾也是一直没有解决的悬案。民营化之后，没有解决的劳资对立使企业成本居高不下，成为此后养老金债务的远因之一。1985年嘉娜宝公司的伊藤淳二就任日航会长，两年后卸任。

到了20世纪90年代，由于海湾战争，出国人数减少，加之燃料费上涨、泡沫经营的崩溃等外部环境的变化，以及对燃料期货交易判断的失误、工会活动促使人工费高涨等原因，使企业持续处在严峻的经营状况下。

1992年综合财务报表显示，日航税前赤字达到567亿日元。虽然采取了变卖国内外酒店资产，导入"协议制客室乘务员制"等用以削减人工费，废止不盈利航线运营等措施，但是并没有从根本上推进企业的经营改革。

进入2000年后，由于2003年海湾战争爆发以及"非典"疫情等原因，出国人数骤减，公司业绩也随之急剧恶化。为了打破这种状况，日航提出了"无禁区削减成本"的口号，力图进行彻底的企业重组。但是，并没有能够消除高成本的体制和官僚式的管理陋习。

2007年后期，由于全球性的经济危机、雷曼事件冲击、原油涨价、新型流感等原因，2008年以后的经营状况愈加恶化。到了2009年，媒体开始频繁地报道日航的经营危机。政府于同年8月召开日本航空公司经营改善专家会议开始研究对策。2009 年 8 月，日航的重建成为刚执政的民主党政权最大的课题，为此成立了"特别调查委员会"代替专家会议。虽然为了日航重建想尽了各种办法，但日航最终还是于 2010 年 1 月 19 日，带着 23,000 亿日元的战后最大债务，申请了《会社更生法》。

以上就是日航从创建到破产的经过。在这个过程中，怎样认识日航的文化特征呢？首先，关于"日航所缺少的东西"，公司经营破产后，就任董事长的大西这样指出：

我接受稻盛名誉会长"没有经营资质的人太多了"的尖锐批评。尽管这话很扎心。

确实如此。对于"谁在负责利润责任？"这样的质问，当时的日本航空公司恐怕没有人举手回答，只有我这个总经理在举手。我是这个部门的负责人，这是一个没有其他人举手负责的组织。

因为没有利润责任感，更没有收入的最大化和削减经费的想法和意识。

稻盛名誉会长又指出，日航没有经营理念和哲学。实际上，关于这一点我们有很大的误解。我认为，我们公司是自由的，是每个带有自由意志的人走到了一起。如果是自发地走到一起，成为寻求某种快乐的集体，这样也说得过去。但是不能成为有某种目的的组织。

我误以为我们的公司没有经营理念，没有哲学，但是有自由想法。结果无法形成统一的步调。因为没有明确的经营目的，致使员工都在随意工作。对此至今仍感同身受。

没有经营体系，没有经营方针，看不到全公司的经营指标。没有明确的经营目的，没有为了实现目标的计划指标。欠缺集体感，没有共同的目标，因而也没有核算意识、危机意识，这就是我们的现状。

大西指出的问题，从公司内部的文化、风气中就能看得出来。如果用一句话表现日航破产时的风气的话，那就是，大家都是旁观者，缺乏当事者意识。还有，母公司和子公司，经营干部和现场员工都比较散乱，缺乏民营企业的经营意识。因此，面对企业破产的事实，仿佛与己无关一样。公司内没有团结一致为重建而努力奋斗的气氛。

某个公司董事这样说："你认为利润最重要，这基本上是错的。日航作为公共交通机构是不能有盈利的。有了盈利，国土交通省就会要求降低运费，工会就会要求提高工资，政治家就会要求我们去飞那些不赚钱的航线。所以，至今都在努力不要出现盈余，你们反而要提高利润。航空产业不同于其他产业，你们根本就不懂。"

这样的价值观，应该是形成于公司成立前后和它的发展中，是公司破产的主要原因。

2-2　稻盛经营哲学的概要

下面阐述一下稻盛经营哲学是怎样的哲学体系。

稻盛经营哲学是稻盛27岁时在朋友支持下创建京瓷以来，倾注心血、致力于经营而创造出来的。它包括经营的目的，经营的判断标准，以及人生价值的判断标准。

创业之初的稻盛没有经营经验，没有相应的知识，也没有从事经营的亲戚朋友。在这种情况下，稻盛作为经营者，从营业、开发、生产到人事等，所有与经营有关的问题都需要自己做出判断。创业之初的京瓷公司是个只有 28 名员工的中小企业，这使稻盛具有一旦经营判断失误，就会陷入经营困境的危机感。怎样才能把经营搞好？经过反复思考，稻盛认为，如果把"作为人，何谓正确"作为判断的标准，就不会有大的问题出现。于是将此作为判断的基准。

稻盛指出："作为人，何谓正确"就像从父母或者学校老师那里学到的，一个人做什么是正确的，做什么是错误的标准一样。就如公平、公正、正义、勇气、诚实、忍耐、努力、亲切、善良、谦虚、博爱等词语所表现的那样。京瓷公司正是一直坚守这些看上去很朴素的判断标准，才有了持续不断的发展。

如果我多少有些经营经验或知识的话，知道能不能赚钱，是损失还是获利？就会将这些作为判断标准吧？或者，比起拼命干活，懂得适当妥协，背后运作的手法，就会多多少少轻松一些。但是，如果以这样的态度进行经营的话，京瓷绝不会有今天的成功。因为没有那样做，而是以"作为人，何谓正确"的判断标准进行经营，才打下了京瓷发展的基础。

以做人的正确姿态进行经营，就如公司规则所写的"敬天爱人"那样。"敬天爱人"是稻盛出身地鹿儿岛的一个伟人——西乡南洲喜欢说的一句话。

"敬天"是指遵守道理，依据道理、规则思考问题，"爱人"是指以内心深处表现出来的善意去爱人。依从天道，遵从本心去行动。"敬天爱人"这句话贯穿了稻盛经营哲学的全部，是标志性的语言。

在公司"敬天爱人"这个思想基础上，稻盛提出了自己的经营理念。经营理念表现了经营的目的，对此，京瓷公司做了如下规定：

> 在追求全体员工物质和精神两方面幸福的同时，为人类社会的进步发展做出贡献。

它的特征就是，将追求所有员工的幸福作为经营的目的。它的意义将在后文说明。

为了实现这个经营理念，员工应该具有的理念就是"京瓷哲学"。具体地说就是"怀有诚实之心""常怀谦逊之心"这样朴素的伦理观，"努力直到成功""给自己加码"这样的克己奉公的生活信条。这些前后有 78 项之多的规定显示了"作为人，人何谓正确"的具体判断标准和行动指南[①]。

稻盛的经营哲学向更加注重实践、多领域、多样化发展。指导公司成功经营的实践项目有"稻盛经营十二条"，对人生、工作的重要实践项目有"六项精进"，体现会计部门原理原则的有"稻盛会计学七项基本原则"，这些都显示了经营的重要指导

---

① 《京瓷经营理念》，编写于 1994 年纪念京瓷创立 35 周年之际，是一本包含 78 项条目的手册。此后，又整理追加了 43 项新条目，成为《京瓷经营理念Ⅱ》。

方针。作为管理会计方法的"阿米巴经营"也是为了实现经营理念而创造出来的，与京瓷哲学有密切的关系。

稻盛倡导的做人应该具有的形象并不是一句口号，他身体力行，同时要求公司员工在日常工作中践行。可以说，稻盛经营哲学并不是学术意义上哲学，而是以实践为重的实践哲学，在日航的日常工作中进行实践就发挥了它的真正价值。

3　日本航空公司重建的过程

日航最终实现了在产业史上少有的精彩重建。毫无疑问，最大的原因是稻盛的存在、稻盛经营哲学的实践、以阿米巴经营为代表的稻盛的经营方法。在此回顾一下以稻盛经营哲学的浸透为基础的公司重建过程。

3-1　稻盛会长就任董事长时的致辞

稻盛在就任日航董事长的讲话中，除了表明接受这一职务的意义之外，还表明了自身的决心、日航经营的目的等。这个讲话包括了意识改革在内的，使日航成功重建的所有基本要素。

首先，稻盛对就任董事长的意义做了这样的说明：

首先谈对日本经济的影响。日本航空公司不仅是日本的代表企业，也是日本的象征。日本航空公司如果不能从衰退中重建，如果第二次破产，不仅会给日本经济带来恶劣影响，也会加速日本国民自信心的丧失。相反，如果重建成功，就会给日本经济带来好的影响。

其次，保证不解雇日本航空公司员工的问题。为了重建的成功，遗憾的是必须辞掉很多员工，但是，如果重建成功，又能保住很多员工的工作。

第三，为了顾客的方便。如果日本航空公司破产的话，日本国内航公司的大企业就只剩下一家。这样一来，失去了竞争，运费就会高涨，服务就会恶化。这绝不是顾客所希望的。资本主义经济正是因为有了健全的竞争机制，才能享受到它带来的好处。这一点航空业也不例外。因为有了多数航空公司的相互竞争，才会为顾客提供更低的价格和更好的服务。

稻盛在就任之初提出了以上三点大政方针。同时强调："经营的目的就是要追求全体员工的物质和精神两方面的幸福，此外没有其他的目的。""我对航空公司来说是个外行，但是我希望以我 50 年经营者的经验，以我的经营哲学为基础进行意识改革，导入阿米巴经营。只要这样做的话就能够实现公司重建，希望大家和我一起来干。"

此外，作为重建的心理准备，稻盛介绍了中村天风"实现重建计划就是要有不屈不挠的精神，勇往直前的干劲和高昂的斗志"的讲话。强调要以心无旁骛、一心一意的态度进行重建。同时又说："我已经 78 岁高龄了，还兼有其他工作，无法百分之百地专注于日本航空公司的重建工作，我决定不拿工资就任董事长职务。"

3-2　推进意识改革的 6 个原则

日航的意识改革，很难说一开始就很顺利。媒体评论认为"日航的意识改革是最难的"。公司里有人认为"有关稻盛的想法，通过他的书我们了解了。但是，因为是制造业，所以行得通，但服务业就行不通了"。

在这样的背景下，诞生了 6 点推进意识改革的原则，并以这些原则为基础实施了各种措施。以下是这 6 点原则和相关措施。

意识改革的 6 点原则

①创造公司自己的文化

②从领导干部先改变

——领导的意识改变了，下属的意识也就改变了

③使全体员工有一体感

——增加上层领导和一线员工接触的机会，整合力量

④努力提高一线员工的参与意识

——感谢一线员工的积极努力

⑤推进变革，坚持不懈

⑥重视效率

——重要的事情一气呵成

（1）创造公司自己的文化

所谓"创造公司自己的文化"是指日航员工自己规定应该具有的价值观、判断标准以及经营上的想法，并以自己之力互相学习、互相启发实践，使之成为企业文化。

日航原来是没有这种想法的。作为有着半官半民企业经历

的日航，或许就没有"公司自己的文化"这样的概念。

　　日航也曾经热衷于员工的培训，但是并没有达到使员工具有共同的价值观的目的。培训的对象只限于正式员工。培训的方法也是从外部请来有名的教师举办演讲会。以这样的形式进行教育，或许能够提高正式员工的一般修养，但是由于员工的人生观不同，对企业的认识也不同，即使学到了一般的修养，也不能具有日航的风范，企业应有的文化也形成不了。在现场工作的派遣员工，以及正式员工以外的其他人员都不在培训对象之内，这种培训学习无法普及到全体员工。

　　在推进意识改革的过程中，以"创造公司自己的文化"为重点，教育对象也扩大到全体员工，教师的教材、课程安排也都事前做好准备。其结果是，在日航工作的全体员工，理解了经营管理者要创造什么样的企业文化。因为一般员工也可以编写教材、担任教师，于是形成了教师也参与学习的局面。因此，这成为顺利推进意识改革的重要原因之一。

　　"创造公司自己的文化"的想法，关系到日航企业文化原点"日航经营理念"的形成。日航经营理念由两个部分40个项目构成。第一部分以"为了美好的人生"为题，以稻盛的人生方程式"人生·工作的结果 ＝ 思维方式 × 热情 × 能力"为基础予以说明，指出了正确想法来自于"美丽的心灵"的重要性，以及谦逊、诚实等品格。其次谈到的是热情，陈述了努力坚持的重要性。最后论述的是"能力一定会进步"。

　　第二部分以"为了成为卓越的日航"为题，论述了每个员工具有当事者意识、自己管理好自己公司的重要性，以及提高核算意识、日航上下团结一致的必要性，树立远大目标和持续发展的重要意义。

日航经营理念虽是以"京瓷经营理念"为基础，但是并非简单地模仿。其经营理念的用语，基本上都在日航内部经过反复讨论后而形成了自己特色。日航经营理念，以手册的形式发给日航的全体员工。

（2）从领导干部先改变
——领导的意识改变了，下属的意识也就改变了

稻盛认为"决定经营好坏的是领导干部的才能"，推举优秀的具有人情味的人才做经营领导干部是企业经营的要义。不管遇到什么困难都能够面对，不逃避，不动摇，具有迎难而上的勇气。关爱部下和同伴，常怀谦虚之心而不懈怠。没有这样的领导干部，即便是很小的部门也难以管理，这是稻盛在组织运营和领导干部任命上最基本的思考。

但是，日航破产时，领导干部们缺乏当事者意识，始终以旁观者姿态出现的领导干部不在少数。他们从"非典"疫情、雷曼冲击等外部找原因，而直面问题，反省自己，怀抱勇气推进改革的领导干部几乎没有。在这样的状态下重建是没有希望的。应该尽快培育优秀的经营管理领导干部。2010 年 6 月，包括社长在内的经营管理领导干部约 50 人，开始了严格的"领导干部教育"培训。时间约为 1 个月，每周 4 次，共举办了 17 次。因为已经决定导入阿米巴经营进行企业重建，培养阿米巴经营人才就成了当务之急。

"领导干部教育培训"开始的时候，日航干部中出现了强烈的反对意见，即反复要求把"领导干部培训"改为"经营培

训"。但是，这个培训的目的是教育领导干部能够带领下属为同一个目标而努力，而不是为了提高他们的管理下属的能力。

要求变更名称的原因是，对经营领导干部的必要资质的认识不同，但经过说服工作，得到了大家的理解。

当时正处在招募希望退休人员的时期，重建计划也在设计之中，董事领导干部们异常繁忙。有人提议实施频度和时间为每月1次，入秋开始。考虑到没有优秀的领导干部就难以完成重建，教育培训按照当初的设想开始了。

经营领导干部通过教育培训，全面地学到了稻盛关于经营以及人生的基本思想。具体可以举出如"稻盛会计学七项基本原则""稻盛经营十二条""六项精进"等。特别是"稻盛经营十二条"，稻盛作为主讲人，每周1次，共分5次进行了讲解，之后还出席了联欢会。

但是，初次参加者热情并不高。日航的经营干部多数都具有高学历。最重要的是"作为人的正确思考""要有激情"这些话，他们不可能一下子理解。还有，员工正在夜间紧张地工作，公司的会议室里却举行联欢会，也显得很不协调。

尽管如此，随着教育培训的深入，大家的眼神慢慢改变了。甚至有人这样说："果然是稻盛先生的话有魄力，完全理解了。""如果早一点接受这样的教育培训，日航就不会破产了。"经过1个月严格的教育培训，领导干部们相互间产生了强烈的集体感。

作为教育培训的总结并为进一步增强领导干部之间的感情，并使他们真正具有领导干部的素养，还策划了两天一夜的旅游集训。最初还有人反对，一旦集训开始，几乎所有人的话题都是关于日航的，大家积极而认真地讨论，有时甚至直到清晨。

通过教育培训，人们看到了这些经营领导干部的成长进步，很多人也希望参加这样的教育培训。针对这种情况，在最初定员的基础上又进一步扩大，接收了 3,000 名管理层员工参加教育培训。此后，每个月大约有 400 名从全国各地而来的经营领导干部参加定期举办的学习会。

乍一看这样的教育方法有点乱，但是参加过教育培训的经营领导干部却说："如果没有那次的领导干部教育培训，就没有今天。一个月的培训教育虽然紧张，却第一次知道了什么是经营，知道了作为领导干部应该具备的能力，也知道了稻盛为什么在会议上那样讲话。"

(3) 使全体员工有集体感
——增加上层领导和一线员工接触的机会，整合力量

所有的组织要想取得成功的话，不可缺少的是要有共同的目标以及为了共同目标的互相合作。

但是，日航的总公司和子公司、公司和一线、经营领导干部和一般员工根本就没有集体感。此外，不仅有正式员工，还有契约员工、派遣员工、委托员工等，各种雇佣形态的员工在一线现场工作，员工之间也没有统一的协调。客室、营业、维修等各部门的部长之间也缺少沟通。

散乱而没有集体感的原因在于，类似于官僚公务员制度的人事制度。但是，对照稻盛经营哲学，更根本的原因在于没有明确的经营目的，全体员工没有共同的价值观逐渐作为问题浮

现出来。没有明确的经营目的和价值观，形式上不管采取什么样的措施，包括领导干部在内的全体员工也无法统一步调。

因此，为了使全体员工有集体感，必须要有如前所述的"日航理念"。领导干部教育结束之后，成立了10人左右的策划制定日航经营理念委员会，参考稻盛的经营哲学，制定了"日航经营哲学"。

最初，委员会甚至连理念是什么都不知道，相互意见不一致。争论在吵吵嚷嚷中进行着，策划制定工作也在顽强地进行，2010年末，终于完成了"日航理念"的制定并发给了全体员工。因海外也有很多日航员工，于是又马上翻译成英语、汉语。

日航的雇佣形态中的契约员工、派遣员工、委托员工等占了全体员工的大半。要成功地实现意识改革，除了正式员工，实际上在一线现场努力工作的他们，也有必要成为教育的对象。说起来，在客人的眼里，穿着日航制服的人与雇佣形态没有关系，他们都是日航的员工。现场所有的工作人员的思想与行动不改变的话，就无法改善对客人的服务。因此，集合全体员工，不分职业、职责以及雇佣形态，每年举办四次理念教育讲座。

对全体员工进行同样的教育，带来了超出想象的效果。比如，地方机场的员工多数是委托员工，此外，空乘、装卸的员工也没有多少是正式员工。他们与日航正式员工干一样的工作，却没有同等的待遇，因人事费很便宜，仅是作为劳动力被使用的。让这些委托员工、派遣员工同正式员工一起在教室里接受理念教育，他们会看到日航理念中的"每个人都是日航"的用语，会产生"我也是日航重要的一员，必须一起为了企业重建而努力"的想法。

另外，与其他工种员工对话的经验也具有很重要的意义。不管是正式员工、契约员工、派遣员工，还是维修工、驾驶员或空姐，都不存在身份的区别，而且，不论是刚参加工作的员工还是干部，无关职务，都要参加日航理念教育，在坦率的讨论中，互相理解对方的辛苦付出。通过理念教育，不仅仅使员工学到了理念，同时对增强大家的集体感，也产生了巨大的效果。

日航的员工诚恳地接受了经营理念。很多部门，包括一些相关公司也都举办了经营理念学习会。就连普通员工也自主地举办学习会，努力将经营理念融汇到血液里。其结果是，在任何场合，从普通员工到干部员工，大家都能够以经营理念为依据处理日常业务。

(4) 努力提高一线员工的参与意识
——感谢一线员工的积极努力

日航有各种不同的分工。一般认知度比较高的应该是飞行员和空姐吧。但要顺利完成航空运输任务，也离不开那些在机场、机场维护部门踏实工作的一线员工。要特别重视那些工作在第一线的员工，要尽可能地提高他们的积极性。

不分职业、雇佣形态地举办理念教育学习班，期待着能带来激发第一线员工积极性的效果。此外，公司内部刊物也大量报道了在机场、机场维护部门努力工作的第一线员工。被称为"日航奖"的表彰制度，也尽可能地表彰默默在第一线勤奋工作而并非管理干部的员工。

此前，第一线员工对日航的认知度很低。甚至有人说虽然喜欢航空产业，但是不喜欢日航。通过理念教育，从"每一个人都是日航"开始，第一线的大多数工作人员都具有作为日航一员的经营者意识，有了自己的公司必须自己干好的强烈使命感，职场上下形成一体，大家拼命地工作。

(5) 推进变革，坚持不懈

企业改革，不管具有怎样的性质，领导班子如果不能全力投入的话，就不会得到员工的配合，也是不可能成功的。

此前，日航的经营管理者发表新的工作方针之后，虽然员工鼓起了干劲，但是经营领导者却没有了热情，形成了虎头蛇尾，甚至常常又提出了完全相反的工作方针。其理由是，其他公司好像又开始新的活动了，国土交通省又来了新的指示等，多是在强调外部的原因。多次经历这种方针转换的员工们，开始怀疑经营领导者是不是真心要做事。关于意识改革，员工们抱有看看再说的态度，认为"现在说是全力以赴，过一阵肯定就会又变了"。要想推进意识改革，经营领导者的决心和态度必须通过明确的行动传达给员工。

为此，为了推进意识改革，推出并实施了一项又一项措施。开始意识改革之时，向全体员工公布了稻盛的信，开始领导干部教育。稻盛的口号贴满了工作场所。公司刊物为之一新，以经营哲学为特辑出刊。公司网站登载了稻盛的语录。日航经营哲学的制定、经营理念的更新、经营哲学手册的发放、经营哲学教育教室的准备、面向全体员工的经营哲学教育、公司经营哲学委员会的设立、举办经营哲学交流大会以及日航奖的设立等先后出台的各项措施，使日航的意识改革不断发生变化。

根据一以贯之的方针出台的各项新措施，使员工认识到"经营领导者是在认真地进行着意识改革，自己也必须紧紧跟上"。其结果是，大多数员工都以同样的态度投入到意识改革中来。

(6) 重视效率
——重要的事情一气呵成

稻盛在就任之初就表示要用 3 年时间完成重建，这是和政府的约定。意识改革也同样必须在 3 年内完成。如上所述的各种举措，也是在全力实施的过程中一气呵成的。

或许有"快而不精"的批评。关于日航意识改革，可以从两个方面认识速度的重要性。首先是要求日航的高管要"言必行，行必果。绝对信守诺言"，一定要遵守意识改革的日程。言行一致体现了经营哲学精神，作为经营哲学象征的意识改革决不能耽误。其次是，人的思想意识不是一点一点改变的，而是要一鼓作气地改变。比如，以领导干部教育为例，一个月的集中培训，要比每月一次、坚持一年的效果好。

(7) 公司内部制度的调整

如上所述，意识改革工作遵循 6 个基本原则。与此相应，为了提高意识改革的效果又采取了其他的措施，在此介绍的是公司内部制度的调整。

即便有充实的经营哲学教育，如果公司的内部制度有与经营哲学相悖的地方，员工们也会因此感到矛盾而不相信经营哲学。实际上，日航内部制度上确有很多地方与经营哲学产生了矛盾。比如会计制度、人事制度，还有购买渠道、禀议制度等。因此，很多公司内部制度的改革也都在同时进行。比如人事制度，包括人事考核等，以及历来受官僚习气影响较深的部门制度，为了适应经营哲学也都进行了全面改革。其结果是，经营哲学思想更加深入人心。

4　意识改革带来员工的行动变化

意识改革使员工的思想和行动都发生了变化，进而带来了工作方法和成果、企业业绩的变化。日本航空公司员工在行动上发生了哪些变化？这些变化与提高服务质量、提高成本核算有着怎样的联系？以下试做分析。

4-1　灵活对应供需矛盾的变化

在重建过程中，日航接连不断地遭遇了各种事件，2011 年 3 月发生了东日本大地震，此后日中关系恶化，新型客机波音 787 出现故障等。如果是以前，这些事件可以成为业绩下降的借口。在意识改革之后的日航，有关各方齐心协力思考对策，相互合作，努力提高服务质量，降低成本，推进企业业绩的提高。

比如，在航班需求减少的情况下，以前的做法是不做航班调整，即便是空座席也照飞不误。随着意识改革的推进，这种情况下，会灵活地将大型客机改为中型客机，努力做到每一架飞机的收支平衡。在机种变更的情况下，也需要调整飞行员和空姐，由于集体感、核算意识的养成，进而形成了超出组织和职业界限的合作风气。

4-2　服务质量的提高

以前对顾客的服务，有指南手册至上的一面，因此也招来"过分殷勤"的批评。对此，稻盛在就任之初就对员工强调指出"航空产业终究是服务业"。经营哲学教育开始后，基于经营哲学，指南手册写的"如何让客人高兴"一项，一线员工也有了自主的思考和行动。因此得到了很多赞誉和表扬。听到了一线员工这样说："学习了经营哲学，自己有了正确的判断，结果客人高兴了，工作也顺利了。"

以前，机内飞行员的广播内容是固定的。现在飞行员可以根据自己想到的内容，用自己的语言对客人进行广播了。喜欢听广播的顾客也多起来了。此外，飞行员在登机的时候，在登机口向旅客敬礼致谢也成为一种习惯。

又比如，负责售票业务的地面工作人员，做了指南手册没有要求的工作，因此受到很多客人的赞扬。某个地面工作人员，遇到一位最后一次旅行的老人，这位工作人员打算送老人一个纪念相册。于是，在确认了老人的旅途之后，先后与机场、客舱乘务员取得联系，在各地人员的协助下，这位老人沿途还得到了很多礼品，留下了纪念照片。老人激动地说这是他一生得到的最好礼物。

4-3 销售额最大化，经费最小化的实践

在各个现场，由于经费的透明化等，人们自主地努力削减经费。导入阿米巴经营之后，全体员工都在思考如何提高本部门的营业额，如何能够削减经费，为提高核算做出了巨大贡献。

在维修部门，在废棉纱头、劳动手套等日常劳动用品上都标了价签，意思是提醒大家节省使用，努力做到再利用。

在公务舱或头等舱有空座席的情况下，机场地面的工作人员会在柜台前或登机口通知旅客，方便利用，努力使服务质量与收入同时得到提高。与客服中心服务有关的公司，以建成世界最好的联络中心为目标，提出了要以使命感为旅客、日航做出贡献。以提高服务质量，让顾客满意为目标，亲切、热情地对答，短时间内链接预约等，这些做法既让顾客满意了，也提高了利润。

4-4 业绩变化带来的成果

员工行动的变化带来的结果明确地显示在业绩上。日航申请适用《会社更生法》后的业绩发生了如下变化：2011年3月期的营业额为13,622亿日元，营业利润为1,888亿日元。由于重建计划的实施，规模缩小了，营业额减少了，但是营业额的营业利润率却大幅提高到13.8%。2012年3月期的营业额为12,048亿日元，营业利润达到了2,049亿日元。从破产开始仅用了2年零8个月就完成了再次上市。

在这期间，日航从物理环境上看并没有任何变化。机器和材料仍是过去的，与其他拥有新式飞机的公司相比十分逊色。

IT 系统也没有更新，很多还是手工作业。员工的待遇从经营破产开始更加恶化，工资水平也低于其他公司。由于很多员工离职，每个人的工作量都相应增大了，职场的工作环境并不好。

物理环境没有任何改变，日航却在短时间内成为高效益的企业，实现了重建。对此，日航的干部这样说："我们的硬件和软件也许都是陈旧的、二流的。但是，我们的人是最强的，所以我们能成为强者。感谢公司让我掌握了经营哲学。"

眼睛看得见的机器设备等硬件会随着时间而老化，软件也相对落后，但是人心一定会随着时间的磨炼而成长。在经营破产的严酷环境下，公司里留下的员工们拼命地学习经营哲学，改变自己的认识，改变自己的行动，其结果就是日航在短期内实现了重建。

5 稻盛经营哲学的价值

最后是对稻盛经营哲学的价值分析。

从日航重建的过程可以看到，稻盛经营哲学具有改变人心和改变企业的力量。稻盛从零开始成功地创建京瓷公司、KDDI 公司也反映了同样的效果。

为什么稻盛的经营哲学会有改变人心的力量呢？稻盛经营哲学的前提是，肯定人是最美好的人性观。即便是一时失足的罪犯，他们都有乐于助人，过美好生活的心愿。每个人都有乐善好施的一面。

但是，人又都有本能，要自我保护，都有向他人展示自己光鲜一面的心理。因为一边是带有良心，一边又受本能驱使，所以哪怕碰到一点儿不满意的事情，便不知反省，向他人发泄不平和不满。这种受本能驱使的行为，正是我们日常生活中的情形。总之，在日常生活中，人的形象是沾满污垢的。

除去这些污垢，露出人的本来面目，便可以看到美丽的心灵。对日航的员工来说也是如此。日航的员工多是一些具有高学历，自豪感很强的人。在公司官僚式的管理下，大多数人只关心公司的事情，对来自外部的不断批评，他们只是抱怨为什么受到这样不公平的待遇。这正是人的美好心灵蒙受污垢的表现。

日航的员工在稻盛经营哲学的影响下，特别是学习了哲学之后，清除了思想污垢，显露出美丽的心灵和良知。就是说，人心是可以改变的。于是，全体员工依靠经营哲学，以美丽的心灵，为了顾客，为了同事，为了公司重建而拼命工作，才使日航得以重生。

稻盛经营哲学的价值就在于使人具有的美好心灵得以重新发光。

当然，只是对员工进行一般教育，稻盛经营哲学也许不能发挥本来的能量。在组织中发挥稻盛经营哲学的能量需要一定的条件。这个条件首先是要求领导干部认真学习稻盛经营哲学，率先垂范，并体现在实践中。

领导干部必须做那些正确的事情，就是说，只有践行经营哲学，更多的人才能理解它的重要性，才能认同，才能觉得要"努力学习，一起实践"。

在日航，无论是稻盛做经营决策，还是他的日常言行、生活起居，都体现了他的经营哲学。日常接触到稻盛的干部们也受其影响，行为上也一点点地体现出稻盛经营哲学的风范。与这些经营领导干部一起工作的员工，在意识和行动上也发生了变化。于是日航改变了，业绩上去了。

体现稻盛经营哲学最重要的方面是充实自己的内心。要对他人表现出真诚的关心和热情、纯粹的爱，怀有这样一颗美好的心灵，处处表现出"利他"的情怀。如果仅仅是为自己考虑，事事都考虑自己的得失，不管怎样学习稻盛经营哲学，也不能贴近员工的心，也无法改变现状。领导干部学习稻盛经营哲学，最重要的是实践。为此，必须首先修炼自己的内心，使自己的内心变得更加美丽。

不管什么样的企业，对于已经是企业领导干部，或者是准备做领导干部的人来说，最重要的是充实自己的内心。这样一来，你就会成长起来，周围就会有更多的人协助你，你就会自然地成为优秀的领导干部。

此外，稻盛经营哲学对一般人也有很重要的价值。日航经营哲学的第一部分是"为了美好的人生"。稻盛经营哲学是为所有人的幸福人生而设计的。不论稻盛创建京瓷、KDDI 的经营理念，还是重建日航的经营理念，首先强调的就是"追求全体员工物质和精神两方面的幸福"，并作为经营的目标铭记在心。

因此，稻盛经营哲学可以理解为是为了培养优秀的企业领导干部，为了所有员工的幸福而考虑设计的，所以才会在日航重建的过程中发挥巨大的作用。

12

合作对价方式的提案

——在医疗、护理行业以及
日本航空公司的应用

京瓷通信系统株式会社

咨询事业本部部长

松井达朗

1 引言

"阿米巴经营"是京瓷创始人稻盛和夫的创造。

它源于1965年京瓷公司的一次销售会。会上采用了显示制造部门生产率、利润率指标的"扣除单位时间的营业额"（以下称"单位时间附加值"）的管理方法。

最初，"单位时间附加值"的管理方法仅是制造部门会计管理上的一个指标。此后，根据稻盛先生的指导，发展成为整个公司的会计管理体系。

1965年实施"单位时间附加值"方法的时候，还只限于5个制造部门，此后扩大到营业部、管理部以及公司的所有部门。

从数字的精确度来看，京瓷"重复检查""一一对应"的会计原则，在票据处理等实务方面得到了遵守，形成了无法随意处理票据的体制。

为了计算出"单位时间附加值"的营业额、经费、时间（劳务费）的各个数据，根据整理的信息系统，使其和财务会计用的数据形成一元化，以此促进与财务会计业务实现高度联动性的公司发展目标。

计算各个部门收支不可缺少的收入分配结构，也随着京瓷事业的扩大得到了完善。京瓷是从接受订货型企业开始创业的。因此，阿米巴经营最初也是为接受订货型企业设计的。

之后，随着京瓷向着生产型企业发展，又设计了与此相适应的组织机构。

到了1989年，阿米巴经营增加了咨询服务业务，此后，阿米巴经营方法开始向京瓷以外的企业发展。到了2013年9月末，接受阿米巴经营咨询服务业务的企业已经达到669家。

表1　正式导入阿米巴经营咨询服务的企业
（不同行业的法人数）

	共计
01_制造业	332
02_建设、工程	41
03_批发、零售	95
04_服务业	117
05_教育、学校	7
06_医疗、护理	77
总计	669

从实施咨询服务的行业来看，制造业332家，建设、工程41家，批发、零售95家，服务业117家，教育、学校7家，医疗、护理77家。占导入总数最多的是制造业，所占比率为49.6%。

阿米巴经营最初产生于京瓷公司的一个制造部门，是作为管理会计的方法而设计的。就是说，它最初面向的是制造业，是接受订货型企业，属于面向十分有限的业态业种的经营方法。尽管如此，从接受咨询服务的企业名单中可以看到，除制造业以外，阿米巴经营方法还适用于很多其他业态业种。因此阿米巴经营方法是可以适用更多领域的。

从导入阿米巴经营咨询服务的角度看，每个业态业种的特性都得到了充分的考虑。这和在京瓷公司内部一样，为预期生产型企业重新设计收入分配方案具有同样的意义。

在京瓷公司，阿米巴经营方法使其发生了变化，针对不同的业态业种，阿米巴经营咨询服务开发了相应的方案和运用方法。

作为典型的例子，可以列举阿米巴经营模式在医疗机构的运用。根据设计的"合作对价方式"，即便在业务流程复杂的医疗机构，也可以实行简便而适时的收入分配方式。

医疗机构由于导入了阿米巴经营方法，各个部门之间可以把握收支状况，很多员工可以一边考虑收支状况，一边从事医疗服务。于是，为了改善收支状况，医师和检验师、医师和护士，不同职种间的交流自然就增加了，他们的交流不仅局限于收支改善方面，也会涉及如何提高医疗服务质量。不仅是医师，其他职种的员工也会参加到经营中来，为改善收支，提高医疗服务质量而勤奋工作。这可以说是实现了阿米巴经营的目标之一——全员参与经营。

完成收支改善与提高服务质量的过程，从 2010 年稻盛致力于日本航空公司的重建中也可以看到。

稻盛认为，日本航空公司的重建在经营理念与阿米巴经营方法两个方面取得了成功，同时抓住了旅客运输业这个"终极服务业"。将日本航空公司的本质定义在"终极服务业"，而不是旅客运输业。这种认识对导入阿米巴经营咨询服务也产生了很大的影响。日本航空公司全员参与经营，同时实现了收入的改善和服务质量的提高。

以此为开端，向日本航空公司导入阿米巴经营的咨询机构，运用"合作对价方式"取得了成功。此后，阿米巴经营模式在日本航空公司有效地发挥了作用。

基于阿米巴经营模式在日本航空公司的成功运用，"合作对价方式"在医疗机构的收入分配方式上也做了有计划的尝试，并由此做出了面向全体服务业的具有可行性的发展计划。

本文将在肯定"阿米巴经营"有助于促进全员参与经营的前提下，以成功地采用了"合作对价方式"的医疗机构、旅客运输业（日本航空公司）为例，验证阿米巴经营怎样适应不同的业态业种，进而增加可能适用的业种。同时涉及阿米巴经营模式在其他业态业种适用的可能性问题。

2　阿米巴经营是促进全员参与型经营机制
　　——适用于制造业的应用实例

阿米巴经营学术研究会对阿米巴经营作了如下定义：

> 阿米巴经营是每个部门活用各自的核算制度，使所有组织成员参加到经营中来。

"使所有组织成员参加到经营中来"一句，与阿米巴经营目的的第三条"实现全员参与经营"相吻合。这个定义可以理解为，为了实现全员参与经营，各个部门要活用各自的核算制度。

这符合阿米巴经营的实际业务。咨询服务部门为了实现"全员参与经营"，下大功夫使每个部门努力贯彻稻盛提出的"销售额最大化，经费最小化"的经营理念。

具体地说，不仅是经营部门，为了把握收入和经费，制造部门内部也调整了交易规则，并尽可能地做到组织的细分化。

关于促进全员参与经营的构成机制说明如下。

2-1 构建内部交易规则，促进制造部门对收入的认识

在制造业，大多数员工隶属于制造部门。为了促进全员参与经营，首先必须使制造部门尽可能地了解收入和支出。为此作为项目开发的是"接受订单生产方式"的收入分配原则。

"接受订单生产方式"是指从特定的客户那里接受制作订单，确定每件产品的价值，然后着手进行生产的商业形态，并在此基础上营业部门和制造部门再进行收入分配的方式[①]。

制造部门根据客户要求制作成产品后，计算出订单金额和收入（生产金额）。营业部门在计算出营业额之后，从制造部门收取营业费（手续费）作为收入。

怎样从"市场决定的价格中取得利益？"这是京瓷创始人稻盛和夫思考和所要解决的问题。

---

① 基本上是操作方法确定之后接受订货，设想开始生产活动的流程。但是，操作方法确定后，在不断接受订单生产的情况下，如果没有正式签约，要预测到以后的订货，也可以有计划地着手生产。

制造部门要从市场决定的价格中争取利益，就要努力制作富有创意的产品。营业部门为了使制造部门专心生产，就要努力获取足够的订单。制造部门和营业部门在事业发展上目标是一致的。明确各自的责任，分配利润收入。

另外，对预计的生产交易采用了此后开发的"在库销售方式"来分配收入。

"在库销售方式"是指针对那些不固定的客户，根据对市场的预测，公司自己生产产品，一边保有在库商品一边销售的商业模式。京瓷在生产照相机、打印机和再结晶宝石的事业扩展中开发了这一商业模式①。

预测生产交易与接受订单交易相比，缺少相对灵活的批发、零售的渠道，存在着库存积压的风险特征。"在库销售方式"是基于这个风险特征而设计的。

收入分配是以营业部门向制造部门订货的形式进行的。当时的订货金额是考虑了市场价格、流通渠道的利润后由两个部门协商决定的。并不是在原价基础上加价或者减价，最终还是要考虑市场价格、流通领域的动向，通过两个部门协商决定单价的多少（结算价格）。

有了这种方式，当市场价格下降时，营业部门和制造部门也会协商下调结算价格。通过营业部门向制造部门下订单的方式，使之确保核算、促进全员参与经营成为可能。

阿米巴经营通过接受订单和在库销售的方式，使制造部门

---

① 采用在库销售方式还是接受订货方式最重要的标准是，决定产品制作方法的主体是自家公司，还是客户。如果是自家公司的话，采用在库销售方式生产比较合适。

的收入计算成为可能，进而实现了利润管理。

2-2 尽可能地细分组织，使每个部门认识收入

在制造部门的人们认识了收入后，下一步就是细分组织，使员工实际感受到自己对公司盈利的贡献。

组织细分化成 5 人、10 人的小单位后，其组织所管理的金额，不管是收入还是支出，都会成为与员工的工作密不可分的事情。而对管理各部门的领导人来说，其工作也会变得相对容易。组织细分化之后，促进了每个员工为"销售额最大化，经费最小化"而努力，同时也培育了具有经营意识的领导人。

组织细分化之后，向细分化的部门分配收入属于"公司内部交易"，稻盛对"公司内部交易"有如下论述：

比如精致陶瓷的制作，可以分为原料、成形、烧制、加工等工序。将各个工序分割成一个单元，原料部门向成形部门销售原料，原料部门发生了"销售"，成形部门发生了"采购"。就是说，各个工序之间形成了产品的交易，各个最小单位如同中小企业一样独立核算，各自遵循着"销售额最大化，经费最小化"的原则，形成了自主经营。这就是京瓷公司所谓的"公司内部交易"，也是阿米巴经营的最大特征。

"公司内部交易"，使公司各部门之间确定了产品价格（销售的产品），交付产品后以"单价 × 数量"成为卖方的收入，买方则计算出收入的损失。精确地运用这种方法，使制造部门的员工努力实现"销售额最大化，经费最小化"的目标成为可能。

2-3 接单生产中全员参与型经营的形成过程

基于这样的结构规划，以怎样的形式实现全员参与经营呢？在此对以接受订单的生产方式做一考察。

例如京瓷公司在以接受订单的方式生产的情况下，将与客户交易的结果转到营业部门，营业部门将加工要求、数量、期望价格、交货日期等信息传递给制造部门。

根据制造部门从营业部门得到的信息，设计部门着手进行研究并试做产品。在这个时候，公司各部门开始根据客户的期望价格进行交易。客户的期望价格实际就是市场价格。怎样将价格乘以数量得出的预计收入分配给各个部门，是各部门领导人需要协商调整的。

在协商过程中，所有部门都会绞尽脑汁想法扩大利润，减少支出。这时，市场会要求卖方降价，而卖方则要讨价还价。企业内部的交易如同引入了市场的价格机制。

另外，在企业内部的销售价格交涉中，各部门的领导人需要具备与经营者同样的价值判断能力。这就要求部门领导人提高部门核算的责任感和意识，避免主观独断，为他人着想，具有利他主义的精神。

能够感受到夹在利他与利己之间的部门领导人，为了做出正确判断内心所产生的纠结。这种纠结是企业经营者每天都会遇到的，部门领导人处在这种环境里，对培养他们具有经营者的自我意识并迅速成长，是个绝好机会。

公司各部门进行交涉之后，担任最终发货的外部公司将制造部门的报价单提交给营业部门。营业部门根据这份制造报价单正式做成给客户的报价单，与客户进一步交涉之后最终接受订货。

正式接受订货后，产品在各部门之间转移之时，公司内部的交易就开始了。每次交易的业绩也被记录下来。

产品最终完成后，公司外部的发货部门将计算出生产的实际数量。在产品发货的同时，营业部门计算出营业额并收取相应的营业费。

在这些环节中引人注目的是，营业部门与客户交涉的情报，在接受订单之前已经传到了制造部门，所有与此有关的部门和员工，都会为了盈利而想尽各种办法。这样一来，小部门有了对收入和支出的认识，因此，与客户交易的信息，即市场信息的传播，形成了全员参与创收利润的基础。

稻盛认为经营者必须要有"活的数字"，并对此做了如下阐述：

面对瞬息万变的市场，在产品制作过程中，有必要及时地管理成本费用。对经营者来说最重要的是，公司现在的经营状况如何？用什么办法可以解决？必须要有"活的数字"。

市场价格每时每刻都在变化，如果不能及时应对，抢占先机，就很难获得产品附加值和利润。

究竟怎样才能获得订单？获得的订单需要多少经费？为此而困扰甚至束手无策，正是企业经营者的常态吧？稻盛认为，要想将这种困扰的体验传达给公司的所有员工，就需要将组织细分化，建立使每个组织都清楚认识收入和支出的制度。

3 服务业中阻碍阿米巴经营应用的因素及合作对价方式的开发

如上所述说，制造业导入阿米巴经营模式采用了接受订货生产方式、在库销售方式、公司内部交易方式。因为有效地采用了这些方式，才使大多数员工致力于贯彻"销售额最大化，经费最小化"的原则，进而实现"全员参与经营"。

但是，服务业采用同样的方式就比较困难。这是因为制造业与服务业的形态不同。

正如人们常说的，服务业的特点是"同时性"与"无形性"。同时性是指生产（带来附加值）与消费同时进行的。无形性是指没有生产的东西。

广本敏郎与挽文子在《成本计算论（第3版）》一书中指出，服务业向客户提供的不是单一的服务，而是可以理解为复数的"服务集合"。该书指出：

制造业的产出是"产品"，能够看得见，容易定义。服务业的产出可以说是"服务"，但是眼睛看不见，也不容易定义。甚至有人认为是不可能定义的。比如大学的产出，也许从授予学位的数量看得出来，但是很多对此进行批评的人认为，大学真正的产出是"学生大脑里获得的知识"。

虽然说产出不好定义，但是在利润管理、成本管理上就无所作为了吗？不，比如大学，怎样向学生提供教育服务，为此需要怎样的成本，这些都是可以测算的。

这样思考的话，服务业向客户提供的不是单一的"服务"，而是可以理解为复数的"服务集合"。如果有必要，可以从中选出主要的服务项目，定义它的产出，每个单位的成本，也可以计算出它的利润。

针对服务业的这个特点，采用"公司内部交易"的方法会怎样呢？

因为无形性，即没有产品的传递，所以很难在部门间形成对收入的认识。再有，服务业的生产活动，不是单一的，而是可以理解为复数的"服务集合"，因此可以设想收入的分配也同时以复数的形式发生了。

考虑到同时处理复数的内部交易，以及多是面对顾客的情形，所以，一一对应原则、双重把关原则、每次在现场开发票等都是不现实的。

解决这个问题的方法就是"合作对价方式"。"合作对价方式"是京瓷通信系统株式会社（KCCS）的咨询机构向医疗机构导入阿米巴经营时采用的方案，是新的收入分配方式。

"合作对价方式"与"公司内部交易"比较有以下的不同特征：

第一个特征是，在服务业，体系设计上的服务对象是明确的。请求服务的部门称为"利润责任部门"，将个别的服务部门组织起来，承担着进行"服务集合"的角色，以及完成全体"服务集合"收支的责任。

有的制造部门也设计有与"利润责任部门"同样性质的原承包部门。但这不是必须的，只是在考虑到工程的多寡、个别工程作业性质不同时的一种选择。因此，要特别强调在"合作对价方式"中必须设立"利润责任部门"。

此外，公司内部交易的支付对价部门常常是"利润责任部门"，而收取对价部门则成为"利润责任部门"的协作部门。在制造部门，如果按照工程顺序设计公司内部交易的话，中间工程部门从前期工程部门买来部件，支付货款，再向后期工程部门卖出产品，收取货款。在一个公司内部形成了买卖的双方，这并不是"合作对价方式"的形态。

另一个特征可以说是，计算公司内部所有交易营业额的同时，进行所有的收入分配。

计算营业额的时候，"利润责任部门"计算出所有的收入。与此同时，劳务协作的各部门与"利润责任部门"再进行内部交易。

表 2　公司内部交易与合作对价方式的比较

收入分配方法	原承包部门	内部交易的实施方法	收入分配的时机
公司内部交易	不要求（有可能设置）	一个部门可以进行支付和接收两个环节	公司每次的内部交易，会发生个别情况
合作对价方式	必须	只有原承包部门支付，不接收 只有原承包部门以外的部门接收，不支付	计算营业额的时候同时进行

"合作对价方式"的特征，或者说与"公司内部交易"的差异，是在适应各自的商业形态时产生的。

在制造业，投入的原材料经过各个程序的加工，成为最终制品。被加工品按照加工程序移动，各部门的每次接收和转移，自然地形成了内部交易。因此，如果像服务业那样，卖方就会在算出营业额，完成交货之后看不到收益。这是不太容易让人接受的，不自然的。不能忽视经过努力使员工迅速看到收益和成果这一促进全员参加经营的重要因素。

服务业是向顾客提供"服务集合"的。怎样设计"服务集合"的内容？它的收支结果如何？为此有必要设立责任部门。如果是医疗机构，对于患者是否进行X光透视，是否让其入院，是否开药？决定这些医疗"服务集合"的是医师，是医师所属的医疗科。这是"利润责任部门"。

算出营业额的同时进行收入分配的规则，是很自然的事情。但是在医疗机构，X光检查之后，没有必要马上进行内部的交易。考虑到事务部门的成本，在算出营业额的时候，同时对护士、药剂师等其他劳务人员也进行收入分配是比较合理的。这样就不会因此而损害员工们的认同感。

这就是根据业态业种的不同而做的考量。

4　在医疗机构的运用

在此，再详细地考察一下"合作对价方式"是怎样在医疗机构实施、运用的。

阿米巴经营咨询部门为医疗机构设计"合作对价方式"始于 2006 年。此后，几乎所有导入阿米巴经营模式的医疗机构的案例采用的都是"合作对价方式"。到 2016 年 9 月底，阿米巴经营模式已经导入 50 家医疗机构。

针对医疗机构的固有特点，"合作对价方式"仍在研发和发展。

4-1　特征①：所有业务上的流程都有医生存在并做出指示

医疗界的特征之一是，所有业务上的流程都要有医生或者医生所属的诊疗所介入。

医疗机构一般是由具有专业资格的，多个高级职种构成的组织。业务上，是从诊疗室的医生向护士、放射线技师、检查医师等医疗人员做出指示而展开的。各个部门根据医师的指示进行操作，并将结果报告给医师。

以放射科为例，它的业务流程如下：

图1　业务流程图例

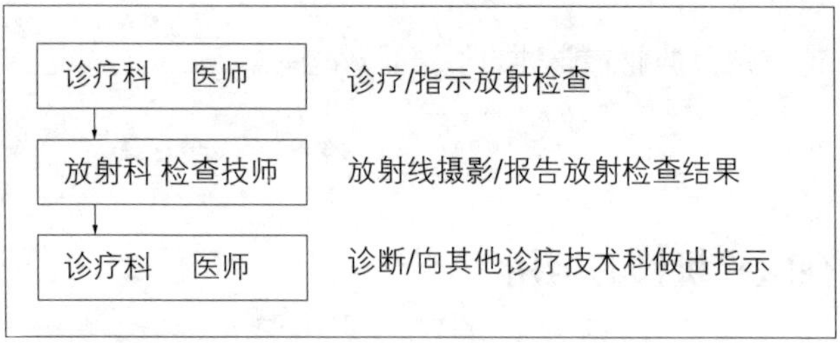

这是放射科的例子，其他科室的业务流程也是如此，即根据诊疗科医生的指示操作，并将检查结果报告给医生。如果病人需要手术住院的话，在检查、入院、手术、出院等各个环节中，医生常常都要参与，并向相关人员发出指示，各相关人员根据其指示进行操作。

如前所述，医疗机构一般是按职种组成的。如图1所示，诊疗科与其他医务部门是并列的，并非上下级关系。但是，诊疗科是发出指令的部门，其他医务部门则是接受其医疗指示。实际在现场的医务人员都知道医疗指示是由医生做的，而且都要接受。这是医疗界的一个特点。

在向患者提供医疗服务时，诊疗科承担着主要的角色。如果按照服务业的特征理解的话，诊疗科承担着将放射线摄影、药剂配制这些个别的服务进行汇总，然后向患者提供"服务集合"的任务。诊疗科提供的"服务集合"，决定了其他医疗部门的工作。

对于这样一个业务流程，有必要引入一个"总承包人"概念。如果各部门间发生内部交易，分配收入的话，诊疗科作为原承包人，自然会与其他医务部门发生内部交易。此外，保险医生所属的诊疗科通过医疗保险能够向国家医疗保险机构收取作为医疗报酬的收入，因此，诊疗科与其他医务人员之间采用"合作对价方式"，也符合国家医疗保险的规定。

4-2　特征②：诊疗报酬的存在（内部交易单价标准的存在）

医疗界的另一个特征，即医疗机构从国家得到的医疗保险收入，是根据相关健康保险法律明确规定的每次医疗行为的单价获得的收入，这是一个庞大的经费项目。

如果在医疗机构内部采用部门间的内部交易，依照医疗报酬规定的单价进行是合理的，也会得到医务人员的高度认同。

这个医疗报酬的积分在具体医疗行为上规定得非常详细。

一般急诊医院一个月规定使用的点数种类大约 1.5 万至 2 万件，大规模的综合医院据说有 5 万件。要准确、迅速地处理这些种类的内部交易的话，重新确定单价，与计算医疗收入手续联动，以内部交易方式进行处理也是合理的。

制造业的公司在进行内部交易时，买卖双方在交涉中十分重视价格的确定。正是在"谈判"这样的过程中出现了市场行为。这是因为在经营实践过程中，当事者双方互相认可、达成一致。医疗机构以厚生劳动省庞大的数据、实例为基础，公正、公平地决定每个交易单价，是能够获得认同感的。

4-3　特征③：员工对追求利润的思考

医疗界的第三个特征是，职员不追求利润的性格。虽然有个性差异，但从事医疗事业的人员，基本上都对自己从事的关乎生命的职业有着自豪感。感觉不到在他们的意识里有通过医疗活动获取利润、赚钱的倾向。

制造业导入阿米巴经营的时候，形成经营者意识、买卖意识，明确地提出对利润的追求。医疗界却不强调这一点，医疗事业的发展，要重视一切为了患者的意识。但是为了医院的存续，保证适当的利润是必要的。

"合作对价方式"的含义反映了医疗界对追求利润的认识。医务人员是不会认可将医疗活动比喻成买卖的。这里不是说在医疗部门之间进行买卖，而是指医务人员和医生通过"协作"的医疗活动，向患者提供综合医疗服务的思想，体现了"合作对价方式"。

归纳这些特征的结果，"合作对价方式"呈现以下形态：

◎诊疗科作为"利润责任部门",是所有的内部交易的支付方。

◎核算内部交易收入的时候,核算所有的分配。

◎内部交易不以"买卖"称呼,而是称为"合作对价"。

4-4　实现全员参与经营的方法

医疗机构导入阿米巴经营方式,实现全员参与经营有一个模式。

医疗机构里占多数的是相关医务人员,医生是医疗服务的中心,人员比例上只占不到 10%。如果要实现全员参与经营,有必要让占大多数的相关医务人员知道自己部门的收入,考虑经费支出的平衡,并为实现这一目标而努力。

促进相关医务人员参与经营的方法之一是,设置促进与医生对话的"全体医务会议"。"全体医务会议"是指每月召集医疗机构的各部门负责人参加例会,围绕提高收支各自发表意见。一般导入阿米巴经营的企业将其称作"经营会议"。

"全体医务会议"的重点是,各部门医务人员为了促进本部门的收支改善,向医生表达各自的要求。

在医疗界,医生与其他医务人员的关系比较简单,医生发出指示,其他医务人员听从其指示操作,不可能有相反的情况。

"全体医务会议"的设置打破了这个常识。有很多在"全体医务会议"上反映的要求,最终促进了收支改善的实例。医疗机构导入阿米巴经营以后,收到了以下明显的效果:

◎在药剂部门,库存有同样疗效的 6 种药品,这是药剂师为了平衡选药而出现的情况。于是,药剂部门建议将 2 种药品汇总，使得库存降低 15%，减少过期药物的浪费。

◎在营养科，医务人员为参与指导人数的减少而苦恼。与医生商议之后，医生指导他们开设营养培训班，参加的人数一下子提高了 500%。

◎在放射科，附近医疗机构介绍来检查的人数很少，医生为此举办了面向附近医疗机构的学习班，介绍来的检查人数增加了 10%。

再一次强调的是，在"全体医务会议"上其他医务人员对医生提出自己的要求，这从常识上来讲是没有的。摆脱医疗界这个固有的旧习，是实现全员参与经营必须要做的。

要建立这种关系的前提是，各部门要把握收入和开支，理解医疗报酬是收入的基础，具有利润既关系到医院的存续和发展，也关系到永远向患者提供优质的医疗服务的使命感。这就是阿米巴经营的"合作对价方式"带来的结果。

5   在日本航空公司的应用

面向医疗界开发的"合作对价方式"的概念，此后也在日本航空公司导入阿米巴经营时被采用。

日本航空公司的工作具有"无形性"和"同时性"，可以说是向顾客提供"服务集合"，与服务业具有相同的特点。因此，公司内部的收入分配机制是以"合作对价方式"为基础，经过改良之后建立的。特别应该指出的是，推广阿米巴经营的咨询机构完成的以下几点：

5-1 要点①：设置利润责任部门"航线统一管理总部"

日本航空公司在 2010 年申请了《会社更生法》，稻盛和夫就任董事长。就任初期，稻盛和夫就指出，日本航空公司没有管理利润的责任部门。

日本航空公司的组织由销售、货物邮寄、航运、客室、机场、维修、经营策划，以及其他的间接部门构成。航运、客室、机场、维修各个部门只是根据预算制度管理经费。销售、货物邮寄部门计算了收入和支出，但支出部分由各自部门根据主要活动进行管理。因此并设有负责收支管理的部门。

根据这种状况，负责导入阿米巴经营的咨询机构设置了负责提供"服务集合"，并且负责收支管理的部门。利润责任部门的概念，指的就是航线统一管理总部。

航线统一管理总部负责计算每次航班产生的收入和支出，并将其作为各自部门的业绩。在航运本部、客室本部、机场本部、维修本部的协助下，实行实际的运营。每次航班都支付给协作部门合作对价。支付的单价是根据日本航空保有的各部门的原价数据计算的。日本航空的原价计算精确度很高，以此为基准设定合作对价，公司员工对此都能够理解和认同。

为了使收入最大化，有必要和负责营业的旅客销售统合本部协作，并为此支付给旅客销售统合本部酬金。

在航线统一管理总部内部，每条线路、每个区域都成立基层小组，每个小组都以"收入最大化、支出最小化"为目标。工作人员针对每次航班，确认收支的动向，与营业部门协作，采取促进销售的措施，以达到满员的效果。达不到满员效果的情况下，可以更换小型飞机，减少航运成本，削减经费。这时候，有必要实行飞行员、机组人员的交替，同时请求航运本部、客室本部协助。

基于利润责任的角色，深化与其他部门的合作，航线统一管理总部可以灵活地快速修正促销、航运计划。这可以理解为是日本航空公司的"每个人都是日航""最好的交接"等理念的具体体现。

5-2 要点②：构建信息体系，及时统计每个航班的收支情况

为了推动各部门实现"收入最大化，支出最小化"的活动，开发了早期汇集收支，能够迅速反馈的信息系统。这个系统能够迅速反应每次航班的收入，这是从来没有过的尝试，因此将其命名为日本航空公司企业动态分析信息系统（JEDAL-JAL Enterprise Dynamic Analysis information system）。

每个月，JEDAL 能够处理日本航空公司超过 500 万件的数据资料，计算出各部门的收入、支出以及合作对价成果，并于下个月第七个工作日将核算表送到各个部门。同时还具备管理各种计划的功能，从侧面有力地支持了各部门的核算管理。

特别值得注意的是，每次航班的收入和以燃料费为主的支出，海外航班在三天后、国内航班在第二天就迅速地整理出来。每天处理的 16 万件数据结果，在日本时间每天早上 9 点提供给世界各地的组织部门，成为航线统一管理总部最重要的分析数据。

5-3　要点③：举办研究收支的"业绩报告会"

阿米巴经营十分重视会议，认为"会议是生动的现场教育场所"。日本航空公司以"业绩报告会"为题举办了讨论收支的会议。

"业绩报告会"有以稻盛为首的本部一级的干部参加。各部门向本部报告每个月的业绩和不足，发表对未来3个月的业绩估算。对此，以稻盛为首的高层领导对各部门进行方法与对策指导。

稻盛很早就指出"业绩报告会是最重要的会议"，有助于提升业绩，解决许多日本航空公司的问题。为此，领导者的"只有业绩才是经营目的"的说法，成为改变核算意识薄弱的日本航空公司文化的起因。

"业绩报告会"随着组织机构、情报系统的建设而调整变化。公司重建初期的2010年，组织和情报系统还没有完善，更生计划以本部为单位按月灵活规划，计划完成的情况每月向各本部报告，要求报告者计算好每个科目的业绩以及与计划的差距。进而抛开"预算"的想法，不能止步于完成了更生计划，还要削减超出计划的经费。这对提升本部长削减经费的意识具有很强的效果。结果是，各部部长根据本部长的指示详细把握实际情况，强有力地推进了经费削减。

公司重建第二年的2011年，机构调整、各情报系统的建设有了进展，各部门根据核算制度的业绩报告会也可以举行了。各部门制定了总体规划，确立了负责执行的组织，为了完成计划，每个月报告本部门的业绩完成情况和预期目标。各部门内部也逐级召开业绩讨论会，阿米巴经营与核算意识得到了落实和发展。

日本航空公司的重建远远超出了原有的更生计划。重建第一年的2011年3月，营业额达到了13,622亿日元，营业利润达到1,884亿日元。2012年3月，营业额达到了12,048亿日元，营业利润达到2,049亿日元。

稻盛指挥重建改革的支柱是，理念上的意识改革与阿米巴经营两个方面。由于理念的渗透，使服务的质量、员工每个人的集体感、核算意识等都发生了新的变化，在此基础上形成了具有合作对价方式、情报信息系统、业绩报告会等的经营环境，促进了收支的提高。

6　应用合作对价方式的阿米巴经营的展开

以上论述的公司内部交易与合作对价方式的流程，以图文形式表述如下。

公司内部交易的情况是，制品在各部门间转移之时，计入每次交易的实际成果。对此，以合作对价方式，在原承包部门计算出营业额的时候，进行所有收入的分配。针对业态业种性质的不同，调整收入分配的方法，是不是可以做到呢？

合作对价方式在医疗界运用之后，转用到旅客运输业的日本航空公司，这种转用的可能性，是不是由服务业具有的共通性所决定的呢？展望今后，不仅是医疗界和运输业具有"同时性"和"无形性"，针对顾客提供"服务集合"的其他业态业种，是不是也可以设置"利润责任部门"进行收支管理呢？

图2 公司内部交易与合作对价方式

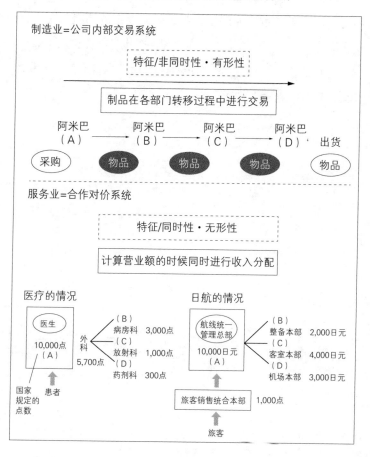

此外，将内部交易计入营业额时，用预订单价同时进行分配的方法，从高效处理数据的意义上说，比如对电商，庞大的销售数据以及处理内部数据相关的行业也具有很高的关联性。

实际上，KCCS 开发的应用合作对价方式的情报系统已经取得了许可（收入分配装置及其方法，许可第4800334号）。由于情报信息系统的灵活运用，合作对价方式的应用可能会更加广泛吧。比如，也可能适用于主题公园、铁道部门、饮食业、小卖店等。水利部门、电力、煤气部门等也可以探讨。

对其他业态业种适用的可能性，今后根据咨询部门累积的实例，将做出进一步验证。

后记

　　2010 年"阿米巴经营学术研究会"出版了第一部著作《阿米巴经营学》，至今已经过去 6 年了。为了纪念研究会成立 10 周年，今天又迎来了《阿米巴经营的进化：理论与实践》一书的出版。

　　2010 年，京瓷稻盛和夫名誉会长接受了政府的邀请，开始日本航空公司的经营改革，在该公司导入了新的经营理念和阿米巴经营模式。改革使日本航空公司的盈利大幅提高，一跃成为世界上业绩骄人的航空公司，阿米巴经营方法也引起了人们的高度关注。

　　本公司经名誉会长稻盛和夫的认可，30 年来致力于阿米巴经营的咨询指导，使服务业导入阿米巴经营模式的实例大幅增长，大企业导入的实例也在增加。近年来，在医疗护理、饮食行业，以及在其他业态业种的经营改善成果也在显著增加，其适用范围在进一步扩大。

　　本书以不同业种的阿米巴经营实例为基础，汇集了日本经营学、会计学学者们的研究成果，形成以《阿米巴经营的进化：理论与实践》为题的论文集。本书的出版得益于长期致力于阿米巴经营研究的阿米巴经营学术研究会现任委员长、神户大学大学院三矢裕教授，副委员长、一桥大学大学院挽文子教授，京都大学大学院泽边纪生教授等人的不懈努力。

　　本书作为学术论文集，如果能对有志于研究经营学、会计学的人们以及企业经营者们有所帮助的话，则深感荣幸。进一步说，阿米巴经营这种源于日本的经营管理方法，从导入中国、韩国等亚洲各国开始，能够面向世界推进研究和普及的话，则是我们发自内心的愿望。

京瓷通信系统株式会社董事长、社长　黑濑善仁

作者介绍

加护野忠男

1970 年　神户大学经营学部毕业

1972 年　神户大学大学院经营学研究科硕士课程结业

1973 年　神户大学大学院经营学研究科博士课程退学

1973 年　神户大学经营学部助教，专任讲师，副教授

1988 年　神户大学经营学部教授

1999 年　神户大学大学院经营学研究科教授

2011 年　甲南大学特别客座教授

三矢裕

1990 年　神户大学经营学部毕业

1990 年　入职川崎制铁株式会社（水岛制铁所总务部经理科工作）

1993 年　川崎制铁株式会社辞职

1994 年　神户大学大学院经营学研究科博士前期课程结业

1997 年　学习院大学经济学部专任讲师

2000 年　学习院大学经济学部副教授

2001 年　神户大学大学院经营学研究科博士后期课程结业

2003 年　神户大学大学院经营学研究科副教授

2008 年　神户大学大学院经营学研究科教授

稻盛和夫

1955 年　鹿儿岛大学工学部毕业

1955 年　入职松风工业株式会社

1959 年　设立京都陶瓷（现为京瓷株式会社），任社长，会长。1997 年任名誉会长

1984 年　设立第二电电株式会社（DDI），任会长。

2000 年　DDI（第二电电）、KDD、IDO 合并，设立 KDDI株式会社，任名誉会长

2001 年　KDDI 株式会社最高顾问

2010 年　日本航空（JAL，现日本航空公司），任会长

公司董事长兼会长，2013 年任名誉会长，2015年任名誉顾问

近藤大辅

2003 年　TAC 株式会社正式会计师讲座专任讲师

2004 年　法政大学经营学部毕业

2010 年　一桥大学大学院商学研究科硕士课程结业

2013 年　一桥大学大学院商学研究科博士后期课程修满

2013 年　法政大学大学院革新管理研究科专任讲师

2016 年　立正大学经营学部专任讲师

挽文子

1987 年　横滨市立大学商学部毕业

1993 年　一桥大学大学院商学研究科博士后期课程修满

1993 年　一桥大学商学部助教

1995 年　和光大学经济学部专任讲师

1998 年　一桥大学商学部专任讲师，一桥大学大学院商学研究科副教授

2007 年　一桥大学大学院商学研究科教授

泽边纪生

1990 年　京都大学经济学部毕业

1994 年　（财）日本证券经济研究所研究员

1995 年　京都大学大学院经济学研究科博士后期课程研究指导

1995 年　立命馆大学经营学部专任讲师

1997 年　立命馆大学经营学部副教授

1999 年　九州大学经济学部副教授

2003 年　京都大学大学院经济学研究科副教授

2007 年　京都大学大学院经济学研究科教授

庵谷治男

2005 年　明治大学商学部毕业

2009 年　早稻田大学商学学术院助教

2011 年　早稻田大学大学院商学研究科博士后期课程退学

2011 年　长崎大学经济学部助教

2013 年　长崎大学经济学部副教授

北居明

1990 年　滋贺大学经济学部毕业

1995 年　神户大学大学院经营学研究科博士后期课程结业

1995 年　大阪学院大学经营科学部专任讲师

1998 年　大阪学院大学经营科学部副教授

2004 年　大阪府立大学经济学部副教授

2008 年　大阪府立大学经济学部教授

2015 年　甲南大学经营学部教授

铃木龙太

1994 年　神户大学经营学部毕业

1996 年　神户大学大学院经营学研究科博士前期课程结业

1997 年　静冈县立大学经营情报学部助教

1999 年　神户大学大学院经营学研究科博士后期课程结业

2001 年　静冈县立大学经营情报学部专任讲师

2005 年　神户大学大学院经营学研究科副教授

2013 年　神户大学大学院经营学研究科教授

小野康裕

1983 年　大阪经济大学经营学部毕业

1987 年　科学技术学园高等学校工作

2015 年　京都教育大学大学院联合教职实践研究科硕士课程结业

2016 年　甲南大学大学院社会科学研究科博士后期课程入学

上总康行

　　1972 年　立命馆大学经营学部毕业

　　1977 年　立命馆大学大学院经营学研究科博士课程就读

　　1989 年　名城大学商学部教授

　　1996 年　京都大学经济学部教授

　　1997 年　京都大学大学院经济学研究科教授

　　2007 年　福井县立大学经济学部教授，京都大学名誉教授

　　2012 年　公益财团法人 MELCO 学术振兴财团代表理事，福井县立大学名誉教授，立命馆亚洲太平洋大学客座教授

尾畑裕

　　1982 年　一桥大学大学院商学部毕业

　　1984 年　一桥大学大学院商学研究科硕士课程结业

　　1987 年　一桥大学大学院商学研究科博士课程修满

　　1987 年　一桥大学商学部专任讲师，副教授

　　1999 年　一桥大学商学部教授

　　2000 年　一桥大学大学院商学研究科教授

丸田起大

　　1995 年　九州大学经济学部毕业

　　2000 年　九州大学大学院经济学研究科博士后期课程结业

　　2000 年　佐贺大学经济学部讲师，副教授

2003 年　北海道大学大学院经济学研究科副教授

2007 年　九州大学大学院经济学研究院副教授

2016 年　京都大学经营管理大学院客座副教授

潮　清孝

2002 年　京都大学经济学部毕业

2003 年　麻省理工学院通信研究课程结业

2005 年　京都大学大学院经济学研究科硕士课程结业

2005 年　索尼株式会社经理部工作（2007 年截止）

2009 年　京都大学大学院经济学研究科博士后期课程退学

2009 年　中京大学经营学部商业创新研究科专任讲师

2012 年　中京大学经营学部商业创新研究科副教授

2015 年　中央大学商学部副教授

田中一弘

1990 年　一桥大学商学部毕业

1999 年　一桥大学大学院商学研究科博士后期课程结业

1999 年　神户大学大学院经营学研究科副教授

2003 年　一桥大学大学院商学研究科副教授

2010 年　一桥大学大学院商学研究科教授

铃木宽之

2008 年　一桥大学商学部毕业（毕业生代表）

2009 年　一桥大学大学院商学研究科硕士课程结业

2015 年　一桥大学大学院商学研究科博士后期课程单位修

满退学

    2015 年   英国曼彻斯特大学商学院会计和金融学博士结业

    2016 年   英国斯望西大学管理学院会计学讲师

    2016 年   英国布里斯托大学经济学院管理会计学讲师

洼田祐一

    1995 年   滋贺大学经济学部毕业

    2000 年   神户大学大学院经营学研究科博士课程结业

    2000 年   爱知大学经营学部专任讲师

    2003 年   爱知大学经营学部副教授

    2004 年   大阪府立大学经济学部副教授

    2011 年   大阪府立大学大学院经济学部研究科教授

    2014 年   南山大学大学院商学研究科教授

谷武幸

    1967 年   神户大学经营学部毕业

    1969 年   神户大学大学院经营学研究科硕士课程结业

    1969 年   神户大学大学院经营学研究科博士课程退学

    1969 年   神户大学经营学部助教，专任讲师，副教授

    1985 年   神户大学经营学部教授，神户大学大学院经营学
研究科教授

    2006 年   桃山学院大学经营学部教授

    2010 年   桃山学院大学经营学部退休

            神户大学名誉教授

大田嘉仁

1978 年   立命馆大学经济学部毕业

1978 年   入职京都陶瓷株式会社（现在京瓷株式会社）

1990 年   美国乔治·华盛顿大学商学院结业

2003 年   京瓷株式会社执行董事

2007 年   同社首席执行董事

2010 年   日本航空（JAL，现日本航空公司）财产管理人代理

2010 年   京瓷株式会社常务执行董事

2010 年   日本航空公司专务执行董事

2013 年   日本航空公司专务执行董事   辞职

2015 年   京瓷通信系统株式会社董事长、会长

松井达朗

1985 年   武藏工业大学大学院（现在东京都市大学大学院）工学研究科工学专业结业

1985 年   入职京瓷株式会社

1995 年   派往新设立的京瓷通信系统株式会社，2000 年转籍

2006 年   转入新设立的 KCCS 管理咨询株式会社，任同社董事，常务董事，2015 年任专务董事

2011 年   日本航空公司导入部门核算制度，担任计划总负责人

2016 年   京瓷通信系统株式会社和 KCCS 管理咨询株式会社合并，担任京瓷通信系统株式会社董事，咨询事业本部长

黑濑善仁

1985 年　庆应义塾大学经济学部毕业

1985 年　入职京瓷株式会社

1995 年　派往新设立的通信系统株式会社，2000 年转籍

2004 年　同社董事，IP 服务事业本部长

2010 年　同社常务董事，工程事业统括本部副统括本部长

2015 年 4 月　同社专务董事长，工程事业统括本部统括本部长

2015 年 12 月　董事长、社长

关于日本阿米巴经营学术研究会

从学术的角度研究"阿米巴经营"，以确立代表日本的管理会计为目标。

京瓷创始人稻盛和夫创立的、支撑京瓷集团发展的阿米巴经营，被国内外众多企业所导入。以日本航空公司为先例，被各种业态业种的企业导入后，成为企业业绩增长的原动力。在大学等研究机构，正在从学术角度对各个领域的阿米巴经营展开研究。

日本阿米巴经营学术研究会成立于 2006 年，主要成员由一桥大学、神户大学、京都大学的经营学和会计学领域的学者组成。"从学术上确立 21 世纪代表日本的管理会计""传播阿米巴经营研究成果，启蒙产业社会，为日本企业的发展做贡献"等是研究会的目标，并为此不懈努力。

关于京瓷通信系统株式会社（KCCS）

京瓷集团的信息通信企业。以京瓷创始人稻盛和夫设计的阿米巴经营为核心，在 IDT、通信工程方面，展开支持企业经营发展的咨询服务事业。KCCS 提供的阿米巴经营咨询服务，为众多企业的成长与发展贡献力量。

参考文献

第一章

Anthony, R. N. and V. Govindarajan [2007] *Management Control Systems. 12thed.,* McGraw Hill Irwm.

Carlson, J [1987] The Moment of Truth, Cambridge, Mass: Ballinger.（堤猶二訳 [1990]『真実の瞬間──SAS のサービス戦略はなぜ成功したか』ダイヤモンド社）

Chase, R. B. [1978] Where does the Customer Fit in a Service Operation?, *Harvard Business Review,* Vol.56, November-December, pp.137-142.

Heskett, J. L. [1986] *Managing in the Service Economy,* Harvard Business School Press.（山本昭二訳 [1992]『サービス経済下のマネジメント』千倉書房）

アメーバ経営学術研究会編 [2010]『アメーバ経営学─理論と実証─』KCCS マネジメントコンサルテイグ。

稲盛和夫［2006]『アメーバ経営─ひとりひとりの社員が主役─』日本経済新聞出版社。

庵谷治男 [2014]「ホテル日航プリンス京都におけるアメーバ経営の導入と実践」,『企業会計』第 66 巻第 12 号, pp.1870-1876。

挽文子 [2014]「病院の変革とアメーバ経営」,『會計』第 185 巻第 4 号,

pp.472-485。

挽文子 [2015]「管理会計の多様化と普遍性」,『會計』第 187 巻第 2 号,
pp.156-168。

三矢裕［2003］『アメーバ経営論—ミニ・プロフェイットセンターのメ
カニズムと導入—』東洋経済新報社。

三矢裕、谷武幸、加護野忠男 [1999]『アメーバ経営が会社を変える』ダ
イヤモンド社。

JAL 社内報 [2009 ～ 2011]『ROUTE』。

JAL 新人研修資料 [2010]『JAL グループを知る』。

JAL リーダー教育資料 [2011]『JAL リーダー教育　稲盛会長講話集』。

RBBTODAY[2013/1/7]「世界で一番愛される航空会社へ—JAL の CA が
心がけるサービスの極意とは？」。

第二章

稲盛和夫［2006］『アメーバ経営—ひとりひとりの社員が主役—』日本
経済新聞出版社。

尾畑裕 [1993]「サービス業の生産・原価理論とその製造業への適用」,
岡本清編『ソフト・サービスの管理会計』中央経済社所収。

鈴木竜太 [2013]「関わりあう職場のマネジメント」有斐閣。

日本医療 [2013]「TOP 対談『経営講義』—生活の視点を持ちつつ地域
で協力しながら高齢患者を診るのが中小病院,診療所の役割—」,
『最新医療経営フェイズ・スリー』8 月号, pp.8-11。

挽文子 [2013]「病院における経営と会計」,『會計』第 183 巻第 6 号,
pp.715-729。

挽文子 [2014]「病院の変革とアメーバ経営」,『會計』第 185 巻第 4 号,
pp.472-485。

挽文子 [2015a]「管理会計の多様化と普遍性」,『會計』第 187 巻第 2

　　号，pp.156-168。

挽文子 [2015b]「医療の質向上と管理会計」，廣本敏郎・挽文子編著『日本の管理会計研究』中央経済社所収。

廣本敏郎・挽文子 [2015]「アメーバ経営研究序説」，アメーバ経営学術研究会編『アメーバ経営学―理論と実証―』KCCS マネジメントコンサルティング所収。

廣本敏郎・挽文子 [2015]『原価計算論（第3版）』中央経済社。

Kaplan R.S. and R.Cooper[1998]*Cost and effect:using integrated cost systems to drive profitability and performance,* Harvard Business School Press.（桜井通晴監訳 [1998]『コスト戦略と業績管理の統合システム』ダイヤモンド社）

Porter M.E. and E.O. Teisberg[2006] *Redefining health care:creating value based competition results,* Harvard Business School Press.（山本雄士訳 [2009]『医療戦略の本質―価値を向上させる競争―』日経 BP センター）

アメーバ経営倶楽部 [2016]「特集アメーバ経営が医療を救う―医療・介護法人向け アメーバ経営に学ぶ―」，「情報誌アメーバ経営」通巻21号。

プレジデント編集部 [2013]『PRESIDENT』3 月 18 日号，pp.56-57。

第三章

Cooper, R. [1994] Kyocera Corporation: The Amoeba Management System, *Case Study, 9-195-064,* Harvard Business School, pp.1-12.

Cooper, R. [1995] *When Lean Enterprise Collide: Competing through Confrontation,* Harvard Business Press.

Lukka, K. [2014] Exploring the Possibilities for Causal Explanation in Interpretive Research, *Accounting, Organizations and Society,*

Vol.39, No.7, pp.559-566.

Lukka, K., and S. Modell [2010] Validation in Interpretive Management Accounting, *Accounting, Organizations and Society,* Vol.35, No.4, pp.462-477.

Sawabe, N. and S. Ushio [2009] Studying The Dialectics between and within Management Credo and Management Accounting, *The Kyoto Economic Review,* Vol.78, No.2, pp.127-156.

Takeda, H and T. Boyns [2014] Management, Accounting and Philosophy: The Development of Management Accounting at Kyocera, 1959-2013, *Accounting, Auditing and Accountability Journal,* Vol.27, No.2, pp.317-356.

Ushio, S. and Y. Kazusa [2013] The Development of Accounting Calculations as Chronological Network Effects: Growth Rings of Accounting Calculations, *Journal of Accounting and Organizational Change,* Vol.9, No.4, pp.380-407.

稲盛和夫［2010］『六つの精進』サンマーク出版。

稲盛和夫［2014］『京セラフィロソフィ』サンマーク出版。

引頭麻美［2013］『JAL 再生　高収益企業への転換』日本経済新聞社。

潮清孝［2016］「実地調査からみた京セラのアメーバ経営：京セラフィロソフィの役割を中心に」上總康行・澤邉紀生編著『次世代管理会計の構想』中央経済社所収。

潮清孝［2010］「京セラ・アメーバ経営における時間当り採算の歴史的形成過程についての研究：時間当り採算の『年輪』を読む」，アメーバ経営学術研究会編『アメーバ経営学—理論と実証—』KCCS マネジメントコンサルティング所収。

潮清孝［2011］「管理会計のユビキタス化：全員参加経営における会計管理の役割」，『中京経営研究』第 20 巻第 1/2 号，pp.145-156。

潮清孝［2013］「アメーバ経営の管理会計システム」中央経済社。

潮清孝·桐畑哲矢［2013］『アメーバ経営の導入による企業再生―被導
　入事業における受容プロセスを中心に―』,『メルコ管理会計研究』
　Vo1.6，No.1/2，pp.51-62。

大西康之［2013］『稲盛和夫　最後の戦い』日本経済新聞社。

澤邉紀生［2010］「賢慮を生み出すアメーバ経営：経営理念を体現し
　た管理会計の仕組み」,アメーバ経営学術研究会編『アメーバ経営
　学―理論と実証―』KCCS マネジメントコンサルティング所収。

澤邉紀生［2016］「管理会計研究の辺境におけお理論と実践」,『會計』
　第 189 巻第 2 号，pp.135-147。

澤邉紀生·D.Cooper·W.Morgan［2008］「管理会計研究におけるケース
　スタデイ研究の意義」,『メルコ管理会計研究』Vo1.1，pp.3-20。

谷武幸［1997］「エンパワメントの管理会計：ミニ·プロフィットセン
　ター」,『Business Insight』Winter，No20，pp.28-35。

谷武幸［1999］「ミニ·プロフィットセンターによるエンパワメント」,
　『国民経済雑誌』第 180 巻第 5 号，pp.47-59。

谷武幸［2000］「マイクロ·プロフィットセンターによるエンパワメン
　ト」,『JICPA ジャーナル』No.541，pp.80-85。

谷武幸·窪田祐一［2010］「アメーバ経営導入による被買収企業の組織
　変革―チェンジ·エージエントの役割―」,アメーバ経営学術研究会
　編『アメーバ経営学―理論と実証―』KCCS マネジメントコンサル
　ティング株式会社所収。

谷武幸·窪田祐一［2012a］「被買収企業の組織変革におけるチェンジ·エ
　ージェントの役割：アメーバ経営導入と経営フイロソフィの浸透」,
　『経済研究』（大阪府立大学）第 57 巻第 4 号，pp.35-47。

谷武幸·窪田祐一［2012 b］「管理会計システムの導入による組織統合
　と戦略実施：京セラミタにおけるアメーバ経営導入のケース」,『原

価統計研究』Vo1.36, No 1, pp.107-118。

原英次郎［2013］『心は変えられる』ダイヤモンド社。

三浦后美［2013］「日本航空（JAL）とアメーバ経営」,『社会科学論集』（埼玉大学）第 139 号, pp.59-73。

水野一郎［2012］「京セラアメーバ経営の展開：JAL の再生を中心にして」,『關西大学商学論集』第 57 巻第 3 号, pp.129-146。

三矢裕［2000］「Robin Cooper のアメーバ経営研究に関する考察」,『学習院大学経済経営研究所年報』第 14 巻, pp.65-74。

三矢裕 [2003a]『アメーバ経営論』東洋経済新報社。

三矢裕 [2003 b]「ミニ・プロフイットセンター研究のレビュー： 課題と展望」,『會計』第 164 巻第 2 号, pp.252-266。

三矢裕 [2010]「アメーバ経営の導入―アクテックの事例」,アメーバ経営学術研究会編『アメーバ経営学―理論と実証―』KCCS マネジメントコンサルティング所収。

三矢裕 [2012]「ミニ・プロフィットセンター」,廣本敏郎・加登豊・岡野浩編著『体系現代会計学第 12 巻 / 日本企業の管理会計システム』中央経済社所収。

三矢裕・谷武幸・加護野忠男 [1999]『アメーバ経営が会社を変える―やる気を引き出す小集団部門別採算制度―』ダイヤモンド社。

三矢裕（司会）・松井達郎・荻野武男・芦田庄司・藤井敏輝 [2009]「第 64 回ワークショップアメーバ経営の陥穽： 導入実態と促進・阻害要因」,『ビジネス・インサイトワークショップ』No.1, pp.1-24。

森田直行 [2014]『全員で稼ぐ組織：JAL を再生させた「アメーバ経営」の教科書』日経 BP 社。

横田絵理・金子晋也 [2014]「組織文化との関係」,『マネジメント・コントロール―8 つのケースから考える 人と企業経営の方向性』有斐閣所収。

[ホームページ]

「稲盛和夫 Offcial Site」http://www.kyocera.co.jp/inamori/(2016 年 6 月
　　3 日閲覧)

第四章

Van der Vegt.G.S.,B.J.M.Emans and E.Van de Vliert [2001] Patterns of
　　Interdependence in Work Teams:A Two-Level Investigation of The
　　Relations with Job and Team Satisfaction. *Personnel Psychology*
　　Vol.54 No.1, pp.51-69.

稲盛和夫 [2006]『アメーバ経営—ひとりひとりの社員が主役—』日本
　　経済出版社。

稲盛和夫 [2010]『アメーバ経営はどのようにして誕生したのか』,ア
　　メーバ経営学術研究会編『アメーバ経営学—理論と実証—』KCCS
　　マネジメントコンサルティング所収。

木岡一明 [2003]『学校の組織設計と協働態勢づくり』教育開発研究所。

丸西直樹 [2015]「公立小学校の組織改革—組織を変えるツールとして
　　の『奈良県版コミュニティ・スクール』の可能性—」,大阪府立大学
　　大学院経済学研究科博士前期課程論文。

三矢裕 [2003]『アメーバ経営論—ミニ・プロフェイットセンターメカ
　　ニズムと導入—』東洋経済新報社。

小野康裕 [2015]『アメーバ経営による学校経営の考察—学校組織のマ
　　ネジメント・コントロール—』,京都教育大学大学院連合教職実践研
　　究科修士論文。

佐古秀一・葛上秀文・柴山明義 [2003]「『学級崩壊』に対する小学校の
　　組織的対応に関する事例研究（1）—学校組織における個業性維持
　　の実態とその要因に関する考察」,『鳴門教育大学紀要』第 20 巻,
　　pp.37-49。

佐古秀一［2003］「学校組織の個業化が教育活動に及ぼす影響とその変革方略に関する実証研究—個業化, 協働化, 統制化の比較を通して—」,『鳴門教育大学紀要』第 21 巻, pp.41-54。

鈴木竜太［2011］「職場における創意工夫のマネジメント：関わり合う集団の研究開発者の進取的行動への影響に関するクロスレベル分析」,『組織科学』第 44 巻第 4 号, pp.26-38。

鈴木竜太［2013］「関わり合う職場のマネジメント」有斐閣。

文部科学省 HP「学校基準調査—平成 27 年度（確定値）結果の概要—」。

http://www.mext.go.jp/component/b_menu/other/_icsFiles/afieldfile/2015/12/25/1365622_2_1.pdf

文部科学省 HP「『職業実践専門課程』について」。

http://www.mext.go.jp/a_menu/shougai/senshuu/1339270.htm

リクナビ HP「2013 年度は 8 大学が開設予定！ 年々増える『看護学部・学科』」

http://journal.shingakunet.com/column/2273/

第五章

大西賢 [2012]「日本航空の今」, *Amoeba Management Report*, Vol.6, pp.4-9。

大野耐一 [1978]『トヨタ生産方式—脱規模の経営をめざして—』（第110 刷）ダイヤモンド社, 2013 年。

上總康行 [2007]「京セラの大家族主義経営と管理会計—アメーバ経営と時間当り採算—」,『管理会計学』第 15 巻第 2 号, pp.3-17。

上總康行 [2010]「アメーバ経営の仕組みと全体最適化の研究」, アメーバ経営学術研究会編『アメーバ経営学—理論と実証—』KCCS マネジメントコンサルティング所収。

上總康行 [2011]「京セラのアメーバ経営の仕組み—機会損失の創出と

全員参加経営の視点から—」,『セミナー年報　2010』(関西大学経済・政治研究所) pp.131-146。

上總康行 [2014]「日本的経営と機会損失の管理—アメーバ経営とトヨタ生産方式の同質性—」,『企業会計』第 66 巻第 2 号, pp.14-26。

上總康行 [2016]「日本的経営における機会損失管理と固定費管理—日本的管理会計の基本的特徴の析出—」, 上總康行・長坂悦敬編著『ものづくり企業の管理会計』中央経済社所収。

上總康行・澤邉紀生 [2005]「京セラのアメーバ経営と利益連鎖管理(PCM)」,『企業会計』第 57 巻第 7 号, pp.97-105。

佐藤信博 [2012]「インタビュー　理論ではない。マインドが, 成果を変える。」, *Amoeba Management Report*, Vol.6, pp.14-16。

日本航空 [2013]「日本航空株式会社　2013 年 3 月期決算」2013 年 4 月 30 日。

柊紫乃 [2009]「TPS(トヨタ生産システム)と会計的評価—適正な企業業績評価の実現可能性—」愛知工業大学博士学位請求論文。

柊紫乃・上總康行 [2016]「生産現場の改善と原価計算—改善効果の見える化—」,『原価計算研究』第 40 巻第 2 号, pp.72-86。

藤本隆宏 [2001]『生産マネジメント入門 I』日本経済新聞社。

森田直行 [2012]「日本航空再建への取り組み—企業経営の原点を考える—」, *Amoeba Management Report*, Vol.6, pp.10-13。

森田直行 [2014]『全員で稼ぐ組織—JAL を再生させたアメーバ経営の教科書—』日経 BP 社。

吉田和男 [1996]『解明　日本型経営システム』東洋経済新聞社。

第六章

尾畑裕 [1996]「収益作用因の理論的分析とその収益計算・原価計算への応用」,『一橋論叢』第 116 巻第 5 号, pp.60-73。

尾畑裕 [1997]「レベニュードライバーと原価計算」,『JICPA ジャーナル』Vol.1, No.1, pp.54-55。

尾畑裕 [2010]「アメーバ経営と原価計算」,アメーバ経営学術研究会編『アメーバ経営学―理論と実証―』KCCS マネジメントコンサルティング所収。

尾畑裕 [2014]「アメーバ経営と原価計算」(第 201 回公開講座),『セミナー年報』(関西大学経済・政治研究所) pp.193-201。(http://www.kansai-u.ac.jp/Keiseiken/publication/seminar/seminar13.html)

森田直行 [2014]『全員で稼ぐ組織』日経 BP 社。

米澤章 [2013]「(講演録) 変革する社員意識と部門別採算制度」(アメーバ経営学術研究会 第 3 回シンポジウム講演), Amoeba Management Report, Vol.9, pp.18-21。

第七章

Cooper, R.[1995] *When Lean Enterprises Collide: Competing through Confrontation,* Harvard Business School Press.

Merchant,K.A.and Van der Stede,W.[2007] *Management Control Systems: Performance Measurement, Evaluation, and Incentives,* 2nd ed., Prentice Hall.

アメーバ経営学術研究会編『アメーバ経営学―理論と実証―』KCCS マネジメントコンサルティング。

稲盛和夫 [2006]『アメーバ経営―ひとりひとりの社員が主役―』日本経済新聞社。

潮清孝 [2006]「実地調査から見た京セラのアメーバ経営―京セラフィロソフィの役割を中心に―」,上總康行・澤邉紀生編著『次世代管理会計の構想』中央経済社所収。

潮清孝 [2016]「アメーバ経営の多様性と採算表比較」，上總康行・長坂
　　悦敬編著『ものづくり企業の管理会計』中央経済社所収。

上總康行 [2010]「アメーバ経営の仕組みと全体最適化の研究」，アメー
　　バ経営学術研究会編『アメーバ経営学―理論と実証―』KCCS マネ
　　ジメントコンサルティング所収。

上總康行 [2012]「脱賃加工戦略と中国戦略―カーテン製造（株）カズマ
　　の成長戦略―」，上總康行・中沢孝夫編著『経営革新から地域経済
　　活性化へ』京都大学学術出版会所収。

北居明・鈴木竜太 [2010]「マネジメントシステムとしてのアメーバ経
　　営―R. リカートによるシステム 4 との比較を通じて―」，アメーバ
　　経営学術研究会『アメーバ経営学―理論と実証―』KCCS マネジ
　　メントコンサルティング所収。

窪田祐一・三矢裕・谷武幸 [2015]「アメーバ経営は企業に成果をもたら
　　すのか（下）―アメーバ経営のコンポーネントとまとめ―」，『企業
　　会計』第 68 巻第 1 号，pp.124-130。

澤邉紀生 [2010]「賢慮を生み出すアメーバ経営―経営理念を体現した管
　　理会計の仕組み―」，アメーバ経営学術研究会『アメーバ経営学―
　　理論と実証―』KCCS マネジメントコンサルティング所収。

丸田起大 [2008]「管理会計の利益概念に関する一考察―互酬性原則と貢
　　献利益―」，藤田昌也編著『会計利潤のトポロジー』同文舘所収。

丸田起大 [2010]「京セラ・アメーバ経営の責任会計の一考察―計算構
　　造論，社会心理学，文化人類学の視点から―」，『メルコ管理会計研
　　究』Vol.3, pp.27-37。

丸田起大 [2013]「アメーバ経営における中国人従業員の採算意識への報
　　酬制度の影響―（株）カズマでの質問票調査から―」，『経済学研究』
　　（九州大学）第 80 巻第 4 号，pp.97-107。

丸田起大 [2014]「アメーバ経営の導入効果の検証―（株）カズマにおけ

る従業員意識と財務業績の向上—」,『経済学研究』(九州大学) 第
81 巻第 1 号, pp.1-20。

丸田起大 [2016]「アメーバ経営の導入効果の検証—予定難易度向上と速
度連鎖効果—」,上總康行・長坂悦敬編著『ものづくり企業の管理
会計』中央経済社所収。

三矢裕 [2003a]『アメーバ経営論—ミニ・プロフィットセンターのメカ
ニズムと導入—』東洋経済新報社。

三矢裕・谷武幸・加護野忠男 [1999]『アメーバ経営が会社を変える—や
る気を引き出す小集団部門別採算制度—』ダイヤモンド社。

第八章

アメーバ経営学術研究会編 [2015]『アメーバ経営学—理論と実証—』
KCCS マネジメントコンサルティング。

堂目卓生 [2008]『アダム・スミス—『道徳感情論』と『国富論』の世
界—』中央公論社, pp.55-56。

廣本敏郎・挽文子 [2010]『アメーバ経営研究序説』,アメーバ経営学術
研究会編『アメーバ経営学—理論と実証—』KCCS マネジメントコ
ンサルティング所収, p.29, pp.33-34。

稲盛和夫 [1992][稲盛和夫経営講話『利他の心』] 1992 年 10 月 25 日,
盛和塾富山例会。

稲盛和夫 [2004]『生き方』サンマーク出版, pp.180-181。

稲盛和夫 [2010]『アメーバ経営—ひとりひとりの社員が主役—』(日
経ビジネス人文庫) 日本経済新聞出版社, pp.52-53,p.75,p.113。

稲盛和夫 [2014]『京セラフィロソフィ』サンマーク出版, p.67,
pp.373-374。

稲盛和夫 [2015][なぜ経営に『利他の心』が必要なのか],立命館大
学稲盛経営哲学研究センター,開設記念講演講話録 (2015 年 6 月

25 日，立命館大学大阪いばらきキャンパス），pp.13-15。http//www.ritsumei.ac.jp/research/riprc/common/file/pdf/news/150605_kaisetsukinen.pdf.

上總康行［2010］『アメーバ経営の仕組みと全体最適化の研究』，アメーバ経営学術研究会編『アメーバ経営学—理論と実証—』KCCS マネジメントコンサルティング所収。

Koehn,D.［2001］*Local Insights, Global Ethics for Business.* Amsterdam: Rodopi.

澤邉紀生［2010］「賢慮を生み出すアメーバ経営—経営理念と体現した管理会計の仕組み—」，アメーバ経営学術研究会編『アメーバ経営学—理論と実証—』KCCS マネジメントコンサルティング所収 ,p.93。

渋沢栄一［1926］『青淵百話　再版』同文舘 ,p.122。

渋沢栄一［1937］『青淵先生演説撰集』竜門社 ,p.307。

渋沢栄一［1975］『論語講義　新版』明徳出版社 ,p.177, pp.266-268,p.284。

渋沢栄一［1926］『論語と算盤』国書刊行会。

渋沢青淵記念財団竜門社［1959］『渋沢栄一伝記資料　第 26 巻』渋沢栄一伝記資料刊行会 ,p.87,p.834。

Smith,A.［1937］*An Inquiry into the Nature and Causes the Wealth of Nations,* (edited by R.H.Campbell, A.S.Skinner and W.B.Todd), Oxford: Clarendon Press.(杉山忠平訳『国富論（一）〜（四）』岩波書店)

Smith,A.［1982］*The Theory Moral Sentiments,* (edited by D.D.Paphael and A.L.Macfie),Indianapolis:Liberty Fund.(水田洋訳『道徳感情論（上）（下）』岩波書店), p.86。

田中一弘［2014a］「道徳経済合一説—合本主義のよりどころ—」，パトリック・フリデンソン・橘川武郎編著『グローバル資本主義の中の渋沢栄一』東洋経済新聞社所収)。

田中一弘［2014b］『「良心」から企業統治を考える』東洋経済新聞社。

Tanaka,K.［2014］"Prioritizing Public Interest:The Essence of Shibusawa's Doctrine and Its Implications for Re-invention of Capitalism," Paper presented at First World Business History Conference, Frankfurt am Main, March.

和辻哲郎［2007］『倫理学（一）～（四）』岩波書店。

吉田賢抗［2002］『論語』（新釈漢文大系 1）明治書院, p.148。

第九章

Adler,R.W.and T.Hiromoto［2012］Amoeda Management:Lessons from Japan. *Sloan Management Review,* 54(1), pp.1-7.

Antle,R.and J.S.Demski［1988］The controllability principle in responsibility accounting. *Accounting Review,* 63(4), pp.700-718.

Bol,J.C.,G.Hecht,and S.D.Smith［2015］Managers'discretionary adjustments: The influence of uncontrollable events and compensation interdependence. *Contemporary Accounting Research,* 32(1), pp.139-159.

Demski,J.S.［1976］Uncertainty and evaluation based on controllable performance. *Journal of Accounting Research,* 14(2), pp.230-245.

Frow,N.,D.Marginson, and S.Ogden［2005］Encouraging strategic behaviour while maintaining management control:Multi-functional project teams, budgets, and the negotiation of shared accountabilities in contemporary enterprises. *Management Accounting Research,* 16(3), pp.269-292.

Modell S., and A.Lee［2001］Decentralization and reliance on the controllability principle in the public sector. *Financial Accountability & Management,* 17(3), pp.191-218.

Ouchi,W.C. [1980] Markets, bureaucracies, and clans. *Administrative Science Quarterly,* 25(1), pp.129-141.

Roberts,J. [1991] The possibilities of accountability. *Accounting, Organizations and Society,* 16(4), pp.150-163.

Roberts,J. [2001] Trust and control in anglo-American systems of corporate governance: The individualizing and socializing effects of processes of accountability. *Human relations,* 54(12), pp.1547-1572.

Suh,Y.S. [1987] Collusion and noncontrollable cost allocation. *Journal of Accounting Research,* 25(3), pp.22-46.

Suzuki,H. [2015] Responsibility accounting in constant and incremental changes:A case study on Kyocera's *Amoeba Management* 廣本敏郎・挽文子編著『日本の管理会計研究』中央研究社所収。

稲盛和夫 [2015]「なぜ経営に『利他の心』が必要なのか」,稲盛経営哲学研究センター開設記念講演会講話録。

三矢裕・谷武幸・加護野忠男 [1999]『アメーバ経営が会社を変える―やる気を引き出す小集団部門別採算制度―』ダイヤモンド社。